# 渔业伦理与
# 渔业治理

何妤如 ◎ 著

中国农业出版社

北　京

中国渔业经过数年发展，先后解决了"捕鱼难""养鱼难"及"吃鱼难"等问题，相关治理手段也不断完善，保障了渔业的持续稳定发展。渔业领域主要矛盾已从基本温饱和生计问题，转向更高层次的生境、人权、产权和公平等维度。然而，作为上层建筑的渔业伦理研究尚未得到应有重视。我国现代渔业治理体系中更强调管理和法律等手段，对伦理道德的调节作用的重视不足。当前政府和民间推行的多项渔业活动已呈现出鲜明的伦理特征，现代多目标治理场景需要引入价值判断加以权衡。

传统渔业管理关注政策和法律层面的制度突破。政策和法律固然重要，但在面对充满不确定性的"现代病"时也存在局限。例如，它可以将电鱼、毒鱼、炸鱼者绳之以法，却难以强制要求渔民善待生态环境、关心鱼类福利。它可以明示、预防、规范和矫正渔业活动的行为和后果，却难以指导渔业利益相关方的道德行为选择。它可以为失海渔民提供各类政策保障，却难以弥合"渔民-海洋"纽带被切断后的心理创伤。它可以依照科学模型和数据制定总可捕量目标，却难以对渔家妇女在生活、职业和情感上的遭遇加以同情和关心。正如决定技术的往往是非技术因素，涉渔法律和政策不应被指望能解决所有问题。倘若文化、伦理不能发挥价值规训作用，那么政策和法律也终将失范。

当前，养护渔业资源、维护渔业公正已成为时代大势，现代渔业治理不仅要务实，也要务虚，以便从战略全局高度推进确立治理措施的正当性和合法性。实际上，人们道德伦理价值观的影响会渗透到渔业公共政策过程的各个环节，可持续、负责任的渔业发展依赖于一个明确性的规则指引，在治理中开展价值性分析显得十分重要。

国内外渔业资源的衰退趋势，以及不断涌现的现代性社会问题，让形而上学的价值回溯变得更为必要而迫切：渔业行为的善恶是非是什么？伦理判断有哪些原则和标准？何种治理才是在伦理意义上具备正当性和合法性的治理？如何破解渔业治理中存在的伦理困境？中国怎样利用已有道德资源和智慧应对未来渔业发展中的不确定性风险？

为回答这些问题，本书尝试从伦理视角出发，反思当前出现渔业生态问题和社会危机的根本原因，通过阐释渔业伦理的缘起、定义、原则和类别，建构渔业伦理的理论体系。在此基础上，将抽象的伦理考量运用于对治理问题的具体分析，从渔业治理的元层次，谈到基于生态整体主义和价值平衡原则的现代治理理论，再到针对治理实践的分析评估，逐层深入探索符合渔业价值的治理范式。考虑到现代渔业治理在追求多元目标时，容易陷入价值冲突的困境，笔者针对治理实践中的普遍问题，提出了"应然"层面的解决方案。上述伦理分析的最终目的是服务现代渔业治理。本书结合中国本土的涉渔道德资源和渔业实际状况，以渔业领域的价值尺度和伦理基础为导向，探究符合中国特色的现代渔业治理路径，旨在为推动渔业的"天人合一"和协调发展提供一种新视角、新理念和新思路。

伦理学是哲学中关于道德的价值系统。传统伦理学认为，人类是唯一的道德主体，因而只谈论人与人之间的直接伦理价值，并未明确涉及和自觉揭示被生态环境掩盖的间接人际伦理价值。生态伦理学的兴起从根本上触及了"为什么要对鱼讲道德？"这一问题。"人类中心主义"（因为自然能为人类提供物质或物质利益而重视自然）和"自然中心主义"（因为自然本身的福祉而重视自然）的论辩突破了传统伦理学的"人伦"语境，让"渔业"和"伦理"的结合有了学理上的支撑。生态中心主义者在探寻道德关怀对象的过程中，将包括渔业资源在内的自然资源纳入道德考量和决策范畴，使道德共同体得到拓展。然而，完全以生态为中心的做法不免会减损人类福祉，人与自然应当被视作一个以人类为中心的价值整体。生态中心主义在保护生境和资源方面作出了积极的理论努力，可被视作人类对自然进行的伦理辩护，但资源养护的伦理义务最终还是由人类承担，道德判断和决策还需由人类作出；与此同时，传统以人为本的功利主义也应得到相应修正，在福祉计算中纳入对自然和物种的伦理考量，在个体利益和整体利益、短期利益和长期利益之间作出恰当平衡。因此，在价值建构中，不应单纯强调自然，而是将人与自然视作一个以人类为中心的价值整体。最全面的善是既能为己，也能在此基础上考虑利他/它（既有人类属性的"他/她"，又有自然属性的"它"）因素。"为己利他/它"是渔业伦理追求的最重要、最基本的善。

由上可见，鱼类是否能够成为道德主体、权利主体甚至是诉讼主体成为生态伦理学在世界范围内所讨论的一项关键议题，而鱼的道德地位与福利越来越被认为是一个重要的社会问题。渔业资源是维系人类生存系统的一种水生资源，具有不确定性、波动性、竞争性、整体性、多样性五大特性。从价值构成上看，它在使用、生态和选择等层面具有功效价值，在政治、社会、哲学、宗教、伦理、文化等层面具有非功效的内在价值，能多方位满足人类需要。对渔业资源价值的充分认识是现代文明进步的标志，而鱼类为人类所提供的多元价值又构成了人类养护渔业资源的道德基础。鉴于人类需求无限性和渔业资源稀缺性之间的永恒矛盾，诉诸养护伦理有助于我们更科学人道地利用渔业资源。福利是养护伦理的一个重要组成部分，水生动物福利涉及鱼类的生存发展和康乐状态，为鱼类养护及渔业资源可持续利用相关政策法律的出台提供了理论依据。恢复福祉是生态系统补偿性正义的潜在要求：若人类行为减损了其他生命体的福利，应当对此及时作出合理补偿；若毁坏了水域栖息地，应当予以重建。人类在享受鱼所提供的价值的同时，理应履行与之对等的道义责任。

渔业的伦理维度涉及"渔业"和"伦理"的互动关系。鱼类依次满足了人类基本需要、安全需要、社交需要、尊重需要和自我实现需要。为了人类自身和生态系统的长期福祉，须建立一套指导渔业行为、受到大众认可、经得起实践检验的渔业伦理规范。本书将渔业伦理定义为关乎渔业道德的价值系统，涉及伦理价值在渔业领域的具体体现和运用，是处理渔业领域人与鱼之间、人与人之间关系和行为的一套秩序规范，为渔业行为实践提供了判断依据。换言之，渔业伦理就是以渔业现象的合理性和正当性为研究对象的价值规范体系，广义上囊括了一切规范渔业秩序的制度、规范、律法、习俗、礼仪和行为标准的价值支撑，狭义上就是指导渔业行为的规范和原则的总和。涉渔法律和伦理可共同为基于价值的渔业治理策略提供依据。渔业伦理学主要任务是通过得到普遍认可并经过实践检验的道德原则，对渔业行为的善恶是非开展事前指导和事后评判。在渔业伦理评判体系中，渔业正义是最高原则；渔业福祉、渔业自由和渔业公平是三大基本原则；而以《负责任渔业行为守则》为代表的伦理性国际文书和符合国家/地区具体渔况的纲要构成了具体原则。根据渔业伦理学研究对象的关系属性和所涉问题的不同特征，可将其分为生态伦理、社会伦理、产业伦理和科技伦理四大类别，这四大类在伦理要求上存在差异、各具特色，但都应服从于上述伦理原则。

渔业伦理研究的最终目的是指导治理实践。将伦理原则和要求融入现代渔业战略管理过程，可能会产生"为善者诸事顺"的良心效应，从而实现治理的终极目标——善治。为克服多元价值冲突所带来的治理障碍，元治理理论应运而生。该理论研究治理现象背后的治理逻辑，寻求协同发展科层（政府）、市场和参与式治理组合的最优解。本书将元治理理论作为分析现代渔业合法性和正当性的灵活工具。在现代渔业治理模式中，当社区主导的参与式治理导致监管过于复杂、进入无休止协商状态时，可启动科层模式；当政府主导的科层模式无法触及所有渔业问题或获得渔业利益相关方广泛接受时，可开启市场或参与式治理模式；在此过程中，政府应当承担起作出最终决策的元治理者的角色。可持续渔业治理研究中还涌现出诸多符合伦理的现代渔业治理理论，其中基于"生态整体主义"的管理和基于"价值平衡原则"的管理成为研究热点,前者主要聚焦渔业生态系统方法、预防性原则等整体思维,而后者主要涉及管理策略评估、正当性理论和系统治理等理念工具。在构建起理念框架的基础上,本书根据从新生物技术实践伦理发展出的伦理分析矩阵以及 Rapfish 评估工具,促进对伦理原则遵守情况的考察,有助于为负责任渔业实践提供"良善之策"。

在推动可持续渔业发展的进程中,现代渔业治理者时常陷入一种伦理意义上的权利困境,众渔业利益相关方不得不在多项行动方针之间艰难行使选择权。遵循某项特定伦理原则,可能违反其他某项伦理原则。可持续渔业发展面临的挑战主要出现在时间、空间、人际维度的决策选择过程之中。如何平衡现代人和未来人的资源利益是最首要、最核心的议题;渔业所涉水陆空间差异和相关社会生态问题构成了空间正义研究的一个典型样本;而人际关系中整体、长远利益与个体、短期利益的冲突影响到资源的公平分配,渔家妇女和小型渔业等弱势参与方则应当得到更多的道德注意。导致上述困境的原因既有人与人因抢夺野生资源所产生的公地悲剧或囚徒困境,又有在人与鱼道德地位孰高孰低的辩难中落入的激进环保主义陷阱,还有理论与实践脱节的执行障碍。上述困境的破解不仅需要在制度上作出努力,也需要在价值方面寻求方案。从制定目标,到开展决策,再到执行、监督和评估,伦理视角可渗透至治理的全部流程。治理者和被治理者可从制定伦理目标和开展伦理决策着手,进行有益的价值判断。

当今,在全面深化改革、推进高质量发展的背景下,中国的渔业发展正朝着增进渔业生态和社会整体福祉的总目标努力迈进。福祉理念下的致富、可持续、负责任、赋权、分配公平等关键词,越来越多地见诸渔业文书中。

我国的渔业发展取得了举世瞩目的成就,这些成就离不开丰富的道德资源的支持。生态方面,我国渔业治理史就是一部鱼类资源养护史,古今实践中折射出关怀鱼类福利、师法自然等生态感悟。社会方面,我国传统乡土社会文化里蕴含着包括群体意识和互助伦理、涉渔组织的参与式伦理在内的道德及礼俗规范。"三渔"问题可被视为中国渔业发展面临的伦理性挑战，其本质是渔业的过密化、渔民的过溺化以及渔村的过疏化。为解决渔业渔民渔村的问题，中国开展了各项改革措施。中国绿色渔业治理制度体系构建历程大体上可分为萌芽探索、改革攻坚与走向成熟三大阶段。在气候变化、渔业资源衰退、全球不确定性风险日益增加的背景下，我国渔业治理者实现了生计型治理→发展型治理→可持续治理的价值飞跃，积极探索出一条符合伦理的促进中国可持续渔业发展的道路，培育出政府元治理者主导下，科层、市场和参与式治理协同开合的多元治理形态，形成了顺应自然、生态优先、以养为主、立体复合、科技导向、体系健全、应兜尽兜的发展模式。随着治理能力和治理体系的不断提升，中国渔业发展在收获伟大果实的同时，也为未来可持续、负责任渔业发展积累了大量可贵的实践经验。在今后的渔业治理中，我国各渔业利益相关方应本着福利、自由和公正的原则，进一步促进渔业的绿色转型发展。

目录

前言

# 第一章　绪　　论

## 第一节　选题背景

鱼类在人类发展历程中扮演了重要角色，是现代人同历史相联系的重要纽带。靠水而居的地区是文明最初的发源地，自从文明伊始，水生资源就持续为人类提供足够的蛋白质，城市和国家在此基础上得以发展。史前人类通过狩猎、采集和捕鱼的方式维持生存，如今前两者已被以驯化动植物为基础的农牧业所取代，作为人类最古老生产活动之一的渔业发展为一个世界性产业。

现代人对渔业的依赖有增无减，鱼类是地球上 30 多亿人的重要蛋白质来源，为世界 4 350 万人提供了生计保障。鱼类在全球动物蛋白消费总量中占比约为 17%，在所有蛋白中约占 7%。33 亿人的人均动物蛋白摄入量中有近 20% 来自鱼类。渔业具有不与粮争地、不与人争粮的显著优势。自 1961 年以来，食用鱼类消费总量年均增长率为 3.1%，几乎是同期世界人口增长率（1.6%）的 2 倍，海洋、河流和池塘等水域的慷慨馈赠一度成为渔业大发展时期的乐观底色。

然而，由于人类对有限资源的无度索取，我们为环境带来的压力早已超过了可持续水平。在已评估种群中，57.3% 达到可持续捕捞的上限，仅 7.2% 未充分捕捞。捕捞努力量增大和种群产量下降所构成的矛盾揭示了人鱼之间愈发紧张的关系。这种资源崩溃并不是一夜之间发生的，而是人口不断增长、渔业技术革新、持续过度捕捞、管理政策失灵、全球渔捞数据不透明、经济激励和补贴等因素长期累加作用的结果。正如经济学家黄有光等[1]在研究外部性理论时所提出的那样："任何一件外部性事件的产生，都或多或少存在良心效应。当外部性产生者引起他人福利下降而不给予补偿时，自身的福利也会下降。"如果将福利概念拓展到非人类存在物，这种"良心效应"又何尝未曾体现在人与自然的焦灼关系之中呢？现代人类对渔业资源的索取数量超过了其自然再生能力，加上建设、排污等干扰活动的影响，导致渔业生态系统福利下降，如果不采取合理的养护管理措施，那么崩溃的渔业资源不仅无法持续地为世界经济、社会和人口营养作出贡献，有时甚至还会带来反噬效果。这样一来，人类自身的生计、健康和经济福利总额不就因此下降了吗？

人类和鱼类的互动模式演进对双方的福祉产生了深远影响，这种影响主要体现在人类利用和管理鱼类的理念与实践变革之中。在历史发展的不同阶段，人类对于渔业资源功能的需求各有侧重。除了充饥这样的基本生存需求之外，古人还通过和鱼的互动培养起原始的宗教观念和朴素的审美情操。现代渔业经过发展，在很大程度上解决了食品安全、营养和渔民生计等方面的难题，奠定了渔业发展的经济基础，相应的渔业治理手段也不断得到完善。水生生物的休闲娱乐、文化教育、遗传多样性等价值逐渐得到重视。在人类生存福利得到基本保障的情况下，一些较为发达的地区还开始思考"敬畏生境、尊重生命"等哲学问题，将视线转向水生生物本身的康乐与福利以及渔业治理行为的合法性和正当性。除生态资源养护以外，渔业的可持续发展还有助于在消除贫困和饥饿、促进性别平等、催生多样文化、实现社会公正等伦理意义方面增进人类福祉。

但是，在此背景下，作为渔业领域上层建筑的渔业伦理研究并没有在具备一定渔业经济基础的中国得到应有重视。目前我国渔业现代化治理体系中更强调管理和法律等手段，对伦理道德的调节作用关注不足。事实上，道德和法律一样，都具有规范社会行为、调节社会关系、维护社会秩序的作用，非强制性道德规范为有限的法律资源提供了有益补充。渔业伦理作为关涉渔业道德的价值系统，是对渔业活动和治理行为的理性审视，是渔业科学在认识论方向上的拓展。只有具有"为什么保护渔业资源和调整渔业关系"的正确哲学认识，"如何开展现代渔业治理"的具体探索才能有的放矢。只有按照符合正义的价值取向先务好"虚"，在治理实践中才能朝着增进渔业各类福祉的方向务"实"。可以说，渔业伦理视角是现代渔业治理的价值坐标和道德罗盘。

改变世界海洋治理格局的《联合国海洋法公约》正式拉开了现代渔业治

理的序幕，随着《负责任渔业行为守则》作为实施捕捞和水产养殖可持续发展原则指导框架的重要性与日俱增，当今世界已进入渔业生态文明时代，渔业治理目标、模式和手段发生了巨大变化，传统渔业管理方式已无法适应时代发展需求。现代渔业管理者必须依靠科学和社会的价值判断来制定明确的、可衡量的目标，确定替代策略，并从中选择最佳策略。渔业治理目标不再只是单纯地追求经济发展，参与治理人群也不再局限于决策层，治理生态化、多元化、扁平化、协同化成为当今渔业的鲜明特征。

在各种矛盾冲突交织的现代社会，渔业治理面临着诸多挑战：人类与环境之间的复杂关系、动态博弈和多维互动使得包括渔业部门在内的自然资源部门成为最难实现有效治理的系统之一。科学固然可以为决策提供信息，但回答诸如"对我们来说什么是重要的""渔业系统的理想状态是什么"和"在权衡利弊的情况下什么是最佳选择"等问题则需要价值判断的配合。之所以强调这一点，是因为期望用科学解决一切问题可能会导致行动拖延，而管理者通常只是希望通过科学研究来简化决策过程。然而，在现实语境下，促进临水地区发展和保护生境之间往往涉及痛苦的社会和政治选择。

道德伦理价值观的影响不可避免地会渗透到现代公共政策过程的每一个环节。渔业管理者有必要基于一定价值判断和科学信息来制定管理目标和执行策略。无论是渔业法律原则的确定，还是渔业政策的权衡，都离不开伦理的价值指引。一方面，自然和人为因素会对渔业资源评估的准确性产生干扰，而伦理判断为对抗和平衡这种不确定性、有效养护渔业资源提供了立法和管理的价值依据。另一方面，人类道德伦理价值观会影响公共决策行为，负责任的渔业管理方法不仅注重处理人与自然、短期利益和长期利益的关系，也关注渔业利益相关方的博弈。其中，预防性原则、生态系统管理方法、均衡捕捞、合作管理等内容无不折射出渔业的伦理维度。基于不同价值的渔业治理策略会产生不同的福祉效果，价值性问题应当受到现代治理者和研究者的观照和重视。

从全球范围来看，由于渔业资源衰退、水域生态环境恶化、渔业产业结构不合理等问题已严重阻碍渔业发展，可持续渔业逐渐成为全球渔业关注焦点。可持续发展本身就是一种新型伦理观，是对人与自然关系的重新定位，折射出渔业产业的快速发展和人类对环境资源领域认识的飞跃。其实，渔业问题既是生态问题，又是经济问题；既是法律问题，又是道德问题；既是个人问题，又是国家问题；既处理人与自然的关系，又处理人与人之间的关系。渔业领域错综复杂的各方利益需要得到权衡，而世界渔业中现有的管理激励措施并未在理想的公正社会和实现公正的社会之间架起平衡的桥梁。构建符合可持续伦理价值的治理范式是现代化渔业治理的内在需求。渔业可持续发展需要采取符合伦理的渔业治理措施。鉴于上述考量，联合国制定的2015—2030 年可持续发展目标（SDGs）将粮食和农业作为关键领域，SDGs中的很多内容与捕捞和水产养殖直接相关，其中目标 14 还专门提到了保护和可持续利用海洋及海洋资源以促进可持续发展。全球渔业治理的课题期待着包括价值引领在内的多维答案。

从中国渔况来看，我国渔业历史悠久、特点鲜明，渔民和渔船数量皆位居世界第一，截至 2023 年末，我国共有渔业人口 1 598.57 万人，其中传统渔民 506.27 万人，渔业从业人员 1 176.23 万人；渔船总数 49.65 万艘，总吨位 1 057.5 万吨，其中机动渔船 33.88 万艘，总吨位 1 032.96 万吨、总功率 1 894.02 万千瓦，剩余为非机动渔船，总吨位 24.54 万吨[2]。由于我国渔业治理具有特殊的复杂性和困难性，有限的渔业法律资源无法覆盖所有渔业问题，渔业开发秩序的调节和渔业资源养护措施的执行还需伦理道德的配合。"三渔"问题是中国政府面临的主要伦理性挑战，渔业崩溃、渔村失落、渔民困顿限制了渔业的可持续发展。作为大农业重要组成部分的渔业部门面向一批特别贫困人群，提高渔业人口的收入水平，解决"转产转业"人群的出路问题，为国家打赢脱贫攻坚战提供了渔业方面的重要辅助。渔业科技进步也离不开伦理的支撑。

渔业的可持续发展对我国构建生态文明、建设海洋强国、发展蓝色经济具有关键意义。渔业伦理视角有助于从源头上提升对可持续渔业管理目标的系统认知，使渔业管理价值最大化，在人与鱼、人与人之间的博弈中实现"帕累托最优"。将伦理学融入渔业治理，有助于从哲学高度建立用以规范渔业行为的渔业理性，指导可持续渔业理论与实践的发展。伦理学能为渔业管理者、立法和执法人员提供管理、立法和执法的价值性依据。从本质上看，符合伦理的渔业治理措施也是可持续、负责任的渔业治理措施；符合伦理的渔业治理体系能为现代渔业治理体系提供价值指导和有益补充。

在渔业资源衰退、环境危机加剧、人际关系紧张的背景下，本书将伦理道德导向和科学研究有机结合，致力于探讨渔业理性，探究现代渔业治理的合法性和正当性问题，结合渔业产业实践进行具体论述，并尝试将一般性渔业伦理原则运用到中国渔业治理之中。构建符合渔业伦理原则、具有中国特色的现代化渔业治理体系能为我国渔业资源的养护和管理提供新的研究视角，为促进我国渔业可持续发展以及提升我国现代渔业治理水平提供伦理支持、价值指导、生态贡献和管理蓝图。

本书涉及伦理学和渔业科学等学科的交叉研究，系统阐释渔业伦理相关概念、原则、意义和类别，提出基于渔业伦理的治理范式；在此基础上阐释渔业发展进程和现代渔业治理中面临的主要困境，找出当前渔业治理措施中不符合渔业伦理或与渔业伦理原则不适应的制度、法律和措施；据此提出符合可持续、负责任的渔业治理方法和方案；结合中国本土的涉渔道德资源和渔业发展状况进行分析，探索符合伦理的现代渔业治理路径。在可持续渔业成为大势所趋的当下，中国政府亟待采取符合可持续渔业伦理的管理措施，有效规范渔业行为，加强渔业伦理和现代渔业治理相关研究，明确渔业的价值尺度和伦理基础，真正实现渔业的"天人合一"和协调发展。

## 第二节 研究动态

### 一、国外研究现状

#### （一）渔业资源利用之反思

渔业资源危机是当代环境危机的一个缩影，是人与自然紧张关系在渔业领域的体现。两百多年前，生产力进步带来的渔业大发展使整个行业笼罩着一种乐观主义的情绪，直到 19 世纪后期，维多利亚时代知名博物学家 Huxley[3] 还在为鳕鱼渔业、鲱鱼渔业、沙丁鱼渔业、鲭鱼渔业及其他海洋渔业的"取之不尽、用之不竭"而喝彩，认为在当时的情况下，无论投入多少的捕捞努力量都不会对种群数量产生严重影响。

然而，短短几十年间，渔业资源的大衰退就为人类敲响了警钟。为探寻渔业资源养护的出路，国际学界自 18 世纪以来，就开始对衰退成因、管理制度、发展模式等相关问题开展了多维度研究，其中不乏关涉伦理问题的价值性思考。Sette[4] 在 1943 年首次建议将渔业资源养护问题纳入经济、社会和政治等范畴进行综合考量。在经济领域，Gordon[5] 和 Scott 等[6] 经济学家就海洋渔业中日益凸显的过度捕捞现象进行了理论剖析，将渔业资源界定为典型的公共池塘资源。Hardin[7]的经典理论（公地悲剧）随后以一种清晰且令人信服的方式阐释了对公共资源的剥削问题，这种剥削因人类可预期但似乎无法避免的贪婪性而加剧。公地悲剧理论揭示了当事人对开放准入的渔业资源所抱有的侥幸心理，警示了因产权不明确造成的搭便车行为会导致资源利用的恶性循环。Ostrom 等[8]进一步对公共物品进行分类学讨论，指出渔业资源兼具竞争性和非排他性的特殊地位。Levhari 等[9]、Danielsson[10]和 Krupa 等[11]从负外部性的角度谈了公共池塘物品属性对渔业产权管理带来的影响。Porcelli[12]还在此基础上专门研究了海洋养殖业和捕捞业的商品危机。在环境和生物领域，Ludwig 等[13]对公地悲剧进行的道德反思戳破了科技进步可带来永续发展的幻想。在其看来，大自然的复杂变化掩盖了人类对资源过度开发问题的重视，资源问题本质上并非环境问题，而是各类政治、社会和经济制度下历史和区域人文问题的产物。美国生物学家 Pister 职业生涯大部分时间都待在美国西南部和墨西哥北部的沙漠保护渔业资源。Pister[14]注意到，导致大多数环境问题的根源在于伦理道德和人类的价值观，而非技术的发展。Miller[15]在开展人与环境的互动研究中对 Lynton 提出的当代环境问题根源表示赞同，即生态危机是思想和精神危机的外在表现，而对其内涵的最大误解莫过于相信它仅仅与濒危野生动物以及人为制造的污染有关。事实上，生态危机所带来的生存困境还深刻地危及到人类自身现在以及将来在生物界的地位。在渔业价值领域，自 Krutilla[16]在 1967 年提出自然资源价值的概念之后，国际学者开始注意到包括渔业资源在内的自然资源的内在和外在价值，Vanni 等[17]认为明确鱼类的多元价值有助于增强政策治理的合法性。自然方面，鱼类种群在生态系统的物种平衡和营养物质再循环中扮演重要角色，可作为水域环境健康的一项指标。人文方面，渔业资源能为沿海沿河地区居民提供就业机会，并促进以休闲渔业为中心的旅游业的发展，其中某些种群还具有服务于认知发展的非物质文化遗产价值。Sumaila[18]认识到，正确评估渔业资源的价值是协调渔业与养护自然的必要条件。基于此种价值体认，对动物福利的担忧从农场动物扩展到鱼类，一些渔业学者认为渔业资源也可作为道德判断的主体，现有鱼类福利研究中既有关涉鱼类感知能力的思考，又有针对捕捞业、水产养殖业和休闲渔业的探讨。

## (二) 渔业伦理之专论

虽然涉及人类关照渔业自然的研究屡见不鲜，但正式将渔业伦理问题分离出来单独讨论，还是在具有划时代意义的 1995 年《负责任渔业行为守则》（下文简称《守则》）推出之后。《守则》明确要求各国渔业利益相关方同时关注资源环境和人类经济社会的福祉，以负责任方式开发和管理渔业资源[19]。联合国粮食及农业组织（FAO）作为推行渔业伦理的先行者，继 2001 年《食品和农业中的伦理问题》（*Ethical Issues in Food and Agriculture*）报告问世之后，又于 2005 年出版的《渔业中的伦理问题》（*Ethical Issues in Fisheries*）中系统探讨了伦理所扮演的角色、渔业领域的主要伦理问题、体制机制框架和渔业的伦理性分析，呼吁世界开展包括养殖和捕捞在内的伦理讨论，以确保水生生物资源的可持续利用，并为当今和未来世界提供粮食安全和就业保障[20]。FAO 伦理系列专刊为研究伦理问题提供了奠基性指导。除此之外，诸如英国农业动物福利协会和世界海洋管理委员会等全球性机构也对渔业伦理问题进行了广泛探讨。

由于渔业伦理研究涉及科学和哲学的深度融合，目前国际学界针对这一问题的专门性研究呈现出“部分学者集成化”的显著特征。其中，加拿大和挪威科学家在该领域处于领先地位。Coward[21]联合多名充满人文主义关怀的自然和社会科学家一道编写《公正之鱼：伦理道德与加拿大海洋渔业》（*Just Fish：Ethics and Canadian Marine Fisheries*）一书，借用正义理论对加拿大渔业资源枯竭问题进行了深刻反思，指出渔业问题不仅关涉鱼类本身的健康，而且还影响着人类社区、文化和生活方式的健康。Pitcher[22-23]领衔加拿大英属哥伦比亚大学渔业中心首次提出 Rapfish 伦理性渔业管理评估工具，对其研究目标、主要原理和应用对象进行了详细阐释，自 1999 年在 FAO 渔业会议上得到推广后，越来越多的学者使用该工具对不同地域和种群开展分析。在 Pitcher 模型的基础上，挪威卑尔根大学渔业教授 Kaiser[24-26]从伦理价值和模型发展等角度系统阐释了他眼中的渔业伦理图景。随后，Pitcher 的同事 Lam 发表多篇专门论述渔业伦理的文章，系统综述了渔业伦理的各个维度，探索了符合伦理的渔业治理[27]、渔业权利分配[28]、渔业文化价值[29]、水产养殖伦理和捕捞伦理[30-31]、淡水渔业伦理[32]、渔民福祉[33]等方面的议题，为涉渔伦理的专门性讨论奠定了研究基础。

### （三）渔业正义之阐释

正义是伦理研究的核心对象和终极价值，是连接伦理与治理的重要桥梁。正义问题涉及资源损益的公平或公正分配，实现渔业正义是渔业伦理行动者的内在追求。在 Sen[34] 看来，鱼类世界的正义和人类世界的正义互不相容：在水中，大鱼吞噬小鱼是自然界规律，因而是正义的；但如果它入侵陆上的人类生活，那么将会对人类的正义秩序造成公然侵犯。他试图从正义视角研究在制度和社会相互作用影响下的个人行为，以期找到符合伦理的渔业要求和改进方法。Sen 的正义说遭到了诸多环境哲学家的反驳。在名著《正义论》中，Rawls[35] 提出了经典的 "作为公平的正义"（Justice as fairness）理论，并将正义分为生态系统正义和社会正义两大类，他认为这两种正义缺一不可，而一个公正的渔业社会离不开公正的渔业制度和渔业利益相关方充分遵守行为规范。Rawls 的论断驳斥了 "人鱼正义不可相容" 的观点，其对正义的二分法揭示了 "实现良性人鱼互动" 这一渔业伦理的本质目标。渔业生态系统正义和渔业社会正义得到更多国际学者关注，前者意在指导对渔业资源和水域环境极限性的科学认识，而后者负责理性地厘清渔业参与者之间的福利分配逻辑。

渔业生态系统正义研究覆盖了从正义理念到治理实践再到系统评估的各个方面。自 Krutilla 于 1967 年提出自然资源价值概念以及 Costanza 等[36] 科学家在 1977 年阐释世界生态系统服务价值之后，生态系统正义逐渐进入渔业研究者的视野。Bullard[37] 和 Shiva[38] 界定了环境不正义的情形，认为它就是指一些人（例如饱受海洋垃圾困扰的渔民）受到环境危机带来的不成比例的伤害，而另一些人因此得到不公平的环境利益。在探究加泰罗尼亚渔民对当地天气状况传统知识的掌握情况时，Carbonell[39] 阐释了环境殖民主义与环境难民的相关性。Neilson 等[40] 随后强调了渔业知识构建在渔业环境正义中扮演的角色。Ainworth 等[41] 通过对大西洋鳕鱼管理的案例分析，为渔业资源代际评估对长期养护资源的有效性正名。Brite 等[42] 对加拿大纽芬兰渔业利益相关方进行访谈，并根据环境正义理论重新阐释了参与者眼中的渔业正义。Laurie[43] 通过阿拉斯加和夏威夷渔业现有渔业资源养护政策，探讨了美国将当地渔民权利和环境正义纳入联邦或各州渔业管理的巨大潜力。Sumaila 等[44] 利用历史和生态系统正义框架来追溯导致索马里海盗现象猖獗的根本原因，认为其中一个可能的原因是该水域过度（非法）捕捞对当地渔民生计的剥夺，鼓励采取法治手段解决生态系统功能失效问题，为当地渔业提供支持。在评估全球海洋渔业现状时，Mcclanahan 等[45]综合考察了冲突、粮食安全和脆弱性指标，提出建立环境诊断和环境正义框架的建议，以评估渔业治理的一系列选择。在脆弱性研究中，气候变化对渔业资源、渔业管理和渔民生计的影响逐渐成为学术焦点。

另一方面，渔业社会正义相关研究试图从人类福祉的社会概念出发，探讨渔业利益相关方的博弈，以及社会利益冲突和福利缺位给渔业资源养护政策带来的负面效应，强调运用符合社会伦理道德的方法协助解决渔业治理难题，研究主要涉及人权保障、公平分配和社会参与等问题。Leenhardt 等[46]认识到人的因素是自然资源管理成功规划和实施的一个关键方面，社会文化感知应被更好地整合到管理方案之中，而对渔业领域的关注也从自然领域拓展到了人类尺度，其中一项讨论就是渔业中的人权问题，特别是发展中国家渔业部门的人权问题，例如：小型渔业渔民生计、渔业犯罪等。Song[47]认为人的尊严可作为执行渔业人权的一项基本价值，而其最终目的应当是保障渔民和渔业社区的尊严。改善渔业人权问题最迫切的就是要解决渔业人口的贫困问题，而渔民生计水平是福利状况的重要研究方向。在系统梳理渔业社区人权问题（包括强制驱逐、拘留、童工、强迫劳动和性别暴力等）相关判例法和文献之后，Ratner 等[48]对侵犯渔民人权的行为进行了猛烈批判，指出其破坏了发展中国家、国际组织和相关机构的渔业改革努力，呼吁为了正义的目标而捕鱼。此外，社会管理学家将社会资本、社会契约、社会选择等理论引入渔业管理过程，探讨不同渔业权力阶层的话语权分配问题以及社会正义的实现。在对渔业权利和福利分配的深入探讨中，Gray 等[49]讨论了英格兰苏赛克斯地区船长 10 米以下渔船配额分配和渔获物丢弃等公正问题。Hernes 等[50]以挪威渔业实践中的配额阶梯为例，证明在参与方之间建立一项公平渔业社会契约的有效性；如果利益相关方在实际分配过程之前进行原则性辩论，就社会公平分配准入权的某些一般规则达成一致，那么渔业治理将取得很大进展。当视线转向转型中的印度渔业，Derek 等[51]也通过研究导致印度泰米尔纳德邦和古吉拉特邦各渔业部门冲突的原始民族志数据和二手资料，阐释了以社会正义为基础的渔业分配是兼顾渔业高水平就业和资源养护的潜在治理路径。在 Leibbrandt 等[52]看来，针对渔业产权分配和执行问题的研究可为渔业准入制度（例如捕捞配额制度，禁渔期、禁渔区制度，养殖许可证等）的制定和执行提供价值指导。消费伦理对渔业资源养护的影响以及女性在渔业社区中愈发显著的作用也得到了更多关注。

就环境正义和社会正义而言，O'Neill[53]认为正义的标准是可变的，各机构和当地村落在参与制定环境标准的过程中应进行协商，充分考虑区域文化，在鱼类养护和当地人可接受的社会风险范围内取得平衡。在耦合式社会生态系统概念框架下，研究者还就该动态系统对世界渔业状况的解析、对渔业治理目标和渔业行为动机的价值、对可持续渔业发展潜力的影响、对气候变化脆弱性的抵御，以及对小规模渔业和休闲渔业的指导等方面开展了多维度探析。

### （四）伦理相关学科之观照

（1）生态伦理。随着人类认识的不断发展和生态危机的加剧，环境道德问题逐渐受到重视，学者进而对养护环境展开了"人类中心主义"和"自然中心主义"的争论。在欧美环境运动浪潮的助推下，生态伦理学应运而生，围绕自然世界的责任和价值，涌现出动物中心论、生物中心论、大地伦理学、自然价值论和深层生态学等学说，折射出人与自然紧张关系下的不同养护观。渔业资源在水生生态系统中扮演了重要角色，是人水互动的核心对象，生态伦理学中有关道德共同体以及自然资源价值、权利和福利的论述都可用于渔业伦理的溯源研究。可以说，生态伦理学从根本上触及了"为什么要对鱼谈伦理？"这一问题，因而让"渔业"和"伦理"的结合有了学理上的支撑。

（2）农业伦理。渔业是大农业的一个重要组成部分，农业伦理学理论的发展也为渔业伦理理论的构建提供了有益指导。色诺芬的《家政论》、亚里士多德的《政治学》、约翰·洛克的《政府论》、黑格尔的《历史哲学》、马克思的《资本论》等著作中都蕴含着极为丰富的农业伦理思想。农业伦理的发展路径也可为渔业伦理提供路线图参考。农业伦理的发展可分为三个阶段。第一阶段：农业科学研究阵营内部的"反叛"，代表作蕾切尔·卡逊的《寂静的春天》。第二阶段：哲学家和伦理学家的理论阐述，代表作有 Paul Thompson 的《农业伦理学：研究、教育和公共政策》（*Agricultural Ethics：Research Teaching and Public Policy*）。第三阶段：农业伦理学的学科化和体制化。欧洲国家设置农业和食品伦理学专业学位和课程体系，创建欧洲农业和食品伦理学研究会，创办《农业和环境伦理学》期刊。

（3）食品伦理。目前生产的粮食足以养活世界人口，但截至 2015 年，仍有 8.05 亿人遭受慢性饥饿的困扰，占总人口的近 1/8。不同经济社会涌现出的食品分配难题和食品安全问题（即获得安全、营养、充足和满足文化需求的食品）贯穿整个食品价值链的方方面面。水产品是重要的食物、生计和文化来源，人口数量、人均可支配收入以及消费量的增加刺激了人类对水产品的消费需求。1961—2017 年，食用鱼类消费总量年均增长率为 3.1%，高于人口增长率（1.6%）。目前全球人均鱼类消费量已达 20.5 千克/年。Troell 等[54]认为，平衡养殖和捕捞这两大水产系统对全球粮食安全、公平和生态可持续性具有伦理意义。Paddock[55]提倡通过适当改变口味和消费健康食物（包括水产品）来减少人类疾病，Rocklinsberg[56]则专门论述了全球粮食安全语境下的鱼类消费道德问题。作为消费品的渔业资源将对社会和环境带来深远影响，因此，有必要审查渔业食品科学作为技术评估标准组成部分的道德可接受性。

（4）管理伦理。该伦理涉及公共行为的选择，以围绕政府、组织和个人等三个层面的管理决策为研究对象，其中有关商业企业的研究占主导地位。由于管理过程会影响组织生活中的道德绩效水平，因此在实现利益最大化的同时，也应关注组织的社会责任，将道德规范纳入机构文化和日常经营决策之中。在对人力资源管理所涉伦理问题进行分析时，Schumann[57]提出了具有普遍适用性的道德原则：功利主义原则、权利原则（康德的绝对命令）、分配正义原则、关怀原则和美德原则，这五项原则同样可用于自然资源管理。现代渔业治理的关键就是明确渔业管理目标，弄清不同决策和执行之间的次序，合理分配渔业权利，以便最大程度地协调人与鱼的关系。

## （五）现代渔业治理价值性问题

现代渔业治理是一个关涉经济、政治和行政权力实施情况的系统概念，通过确立渔业部门原则和目标，以及将国际、国内和区域政府与民间社会连接的方式，构建能够平衡时空和不同部门权益的管理框架。近年来国外相关研究形式多样，可持续、负责任的渔业理念逐渐深入人心，不少国家已依据自身情况制定了较为系统的治理体系，其中一些治理方式同渔业伦理的原则和要求不谋而合。现代渔业治理热点研究内容主要集中在：治理理念、治理模式和治理评估等内容上，贯穿整个渔业治理程序。

渔业治理理念即渔业管理目标和行为背后反映出的价值观。由于不同价值观影响着制度设计和决策程序，治理意味着在多个相互冲突的价值观之间进行选择或协调。Song 等[58]将渔业治理中采用的价值观进行排序，认为生态系统保护、财富和知识是渔业治理话语中最为普遍的关键词，其次是得到保障的生计、成就、传统和影响。但 Ives 等[59]随即指出了其他较少探讨的价值（例如正义原则、平稳的秩序、社会遵守等）对利益相关方的潜在重要性，以及忽视这些价值可能带来的后果。Linke 等[60]看到了不同价值存在的必要性，主张将各类价值理性和实践智慧作为渔业治理的知识基础，以提高决策的合法性。Cochrane 等[61]认识到，不可持续渔业行为的盛行以及传统渔业在管理和行政方面的固有困难凸显出渔业改革的必要性。Jacobsen 等[62]研究了渔业改革对象和改革者身份的动态变化趋势。

渔业改革的核心之一就是治理理念的转换，传统渔业向现代渔业的改革进程也体现出渔业治理"从一到多"的价值转向：从单一目标到多样目标，从单一物种到多个物种（包括目标种和关联种），从单一空间到多重空间，从单一时间维度（只关注眼前）到多元时间维度（过去、现在和未来的复杂互动）。Arnason[63]指出渔业管理涉及多学科知识，因此管理目标也应该是多学科的，需要综合社会科学和自然科学的内容，系统提出适用于多种群管理的目标。如何改进单一种群管理方法得到更多讨论，海产品多样化需求对多鱼种管理影响的考察是近期较为有代表性的研究。Saioa 等[64]建议拉长渔业管理的时间维度，Daniel[65]、Joshua 等[66]和 Garcia 等[67]则注重渔业治理的多维空间。另有研究表明，基于多目标的渔业独立调查有助于优化抽样过程，使监测数据更准确地反映资源情况[68]。

现代渔业治理行为方面，涌现出不同类型的渔业治理模式。在对传统渔业治理范式的反思中，Caddy[69]展望了 21 世纪渔业治理的蓝图，主张在治理新范式中将生态系统和经济因素结合起来。Gray[70]将 Van Vilet 和 Dubbink 的市场治理模型运用于渔业场景之中，探讨了渔业的科层治理、市场治理和参与式治理三个层面。Jentoft 等[71]通过比较人与自然互动系统中自上而下的传统金字塔决策和自下而上的营养金字塔图像，分析了这两种结构对渔业治理的影响。González 等[72]则将现代渔业治理总结为科层治理、自我治理和共同治理三种类型。

就具体治理方式而言，现有研究可分为空间导向型治理和工具导向型治理。空间导向型治理就是根据不同的自然和社会空间特点来制定合适的措施。基于生态系统的治理在生态价值理念层面，出现了得到 FAO《负责任渔业行为守则》承认和推广的预防性原则；生态手段层面，既有研究较为成熟、争议较多的均衡捕捞，又有逐渐获得更多关注的均衡养殖和海洋牧场；生态区域划分层面，主要包括由 Kenneth[73] 首次提出的、将全球海洋分为20 个不同海区的大海洋管理，以及与之相对、将海域分隔为规模较小的海洋保护区管理模式，还有基于社区的治理、共同/合作治理、基于当地知识的治理等。工具导向型治理即使用抽象或具体的工具手段来指导渔业治理。其中，运用抽象工具的治理策略包括：基于价值的治理、基于权力的治理、基于科学的治理、基于财富的治理等。运用具体工具的治理策略可分为：基于渔具的治理、基于证据的治理等。虽然不同治理方式各有侧重，反映出渔业治理中的不同价值排序，但无一不体现出渔业管理的总体目标：实现人与鱼的和谐、健康和永续发展（图 1-1）。

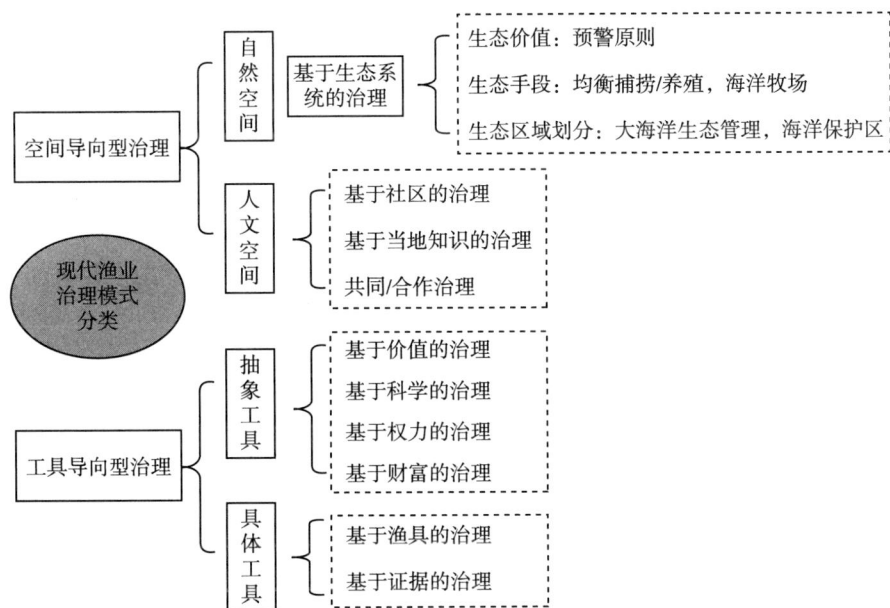

图 1-1　现代渔业治理模式分类

在对渔业治理行为的事后评估方面，可持续渔业指标体系成为评价渔业资源利用状况的新工具，评价指标也随着认识的加深而不断得到完善。传统资源评估模型多集中在生物、经济等方面，而渔业实质上是一种多学科的人类活动，具有社会、技术和伦理方面的多重影响。在此背景下，研究注意力从最初的"社会-经济-环境"三个分量,到"生态-经济-社会-技术"四大维度,再到"生态-经济-社会-技术-伦理"五个层面,Aguato 等[74]等还提出了"生态-经济-社会-技术-伦理-管理"六项标准。"伦理"逐渐被视作一项重要指标,丰富了渔业资源评估的人类尺度。FAO 在《渔业的伦理问题》专刊中最先提出可持续渔业伦理分析矩阵,以人类基本利益和生物学伦理为考量基础,对人类渔业活动涉及的道德问题开展了关键规范性分析。Lam 等[27]在此基础上根据 Rawls 的正义理论和 Rapfish 伦理指标对渔业伦理分析矩阵进行了修正。与此同时,可持续渔业评估工具也得到了更多发展。Rapfish 工具以"好"和"坏"对各渔业属性进行价值性打分,借助多维尺度分析法在坐标中计算渔业可持续性大小。Ecopath 软件为研究渔业生态系统能量流动和物质循环提供了模型工具。传统自然资源管理形式无法就系统动态和不确定性作出回应,容易导致管理失效,因此开发了适应性管理模式,在此框架下兴起的管理策略评估(MSE)有助于管理者在多个目标(通常相互冲突)下比较模拟渔业中的可选策略。

## 二、国内研究现状

### (一)海洋伦理

邱文彦[75]在《海洋新伦理——跨世纪的环境正义》中首次提到海洋的可持续性、公平正义问题。余树彪[76]和王刚等[77]进一步阐释了海洋伦理的概念和范畴,指出其本质上是一种生态伦理和公共伦理,对海洋多元博弈决策和海洋制度构建起着至关重要的作用,吴建华等[78]随后从个体、公众和组织三个维度上初步建构了"意识-精神-社会-制度"四位一体的海洋伦理规范体系。滕娜[79]将海洋伦理和环境道德联系起来,总结了人类保护海洋的道德意识、道德规范和具体实践。具体到渔业领域,杨子江等[80]关注现代渔业公共政策的多维价值内涵,指明我国渔业公共政策应坚持公益属性和人本核心价值。海洋社会学者同春芬等[81]批判了我国传统海洋渔业政策的目标和制度缺陷,认为这种缺陷导致了政府管理失效和渔民集体陷落,因此未来政策应转向扶持被边缘化的渔民群体。

### (二)水生物福利

随着水产经济的发展和动物保护意识的提高,水生动物福利问题日渐进入国内研究者的视野。理念构建层面,国内伦理学界主要通过将西方生态伦理学中有关动物福利、动物权利、内在价值和生命主体等内容批判性地引入中国的方式，来探讨动物的道德地位。而法学界也开始关注动物福利立法，进一步将道德义务上升为法律义务。高利红[82]从立法价值选择的角度出发，把动物界定为法律上能够享受限制性权利的类主体。刘宁[83]指出了目前中国动物福利立法的理念和现实障碍，提出以现阶段调和动物福利和人权保障之间紧张关系的方法——"低限动物福利"（即以反残酷为底线，较低福利标准为补充）——作为过渡。罗施福等[84]就我国水生野生动物所有权立法的混沌现状提出了突破困境的法理建议。高玉玲等[85]从生态文明的站位出发，研究原始自然观和当今"一带一路"倡议所倡导的人与动物和谐关系，回顾我国与动物福利相关的政策和技术进步，特别是水生野生动物和海洋动物。一些会议和杂志还为相关学术研讨提供了平台保障。2009年，中国水产科学院淡水渔业研究中心和中国水产学会鱼病专业委员会在无锡共同主办了"水生动物应激与福利国际学术研讨会"。《中国动物检疫》是国内学者发表关于动物福利见解的主要学术阵地之一，既有对西方国家的鱼类福利立法和丰富实践经验的详细分析，又有对水产养殖动物福利的深入探讨，还有捕捞实践对鱼类福利的影响。中国是水产养殖大国，对养殖鱼类中的屠宰过程、循环水系统、养殖密度、人为噪声和鱼类社群等级等方面均有所研究，实验用鱼中的鱼类福利也日益得到关注。

### （三）可持续渔业

唐启升[86]分析了全球渔业思维、行为从开发型到管理型的蜕变。黄硕琳等[87]指出世界海洋渔业治理的一个重要发展趋势就是推动渔业可持续发展。陈新军[88]首次在国内提出海洋渔业资源可持续利用评价指标体系。孙吉亭[89]指出我国渔业可持续发展的学术路径。李茂林[90]聚焦渔业传统生态智慧与水域养护问题，系统梳理中国古代渔业生态智慧。李睿[91]将 Ecopath 和 Rapfish 两大伦理性分析工具运用于东海区生物资源研究。董晓清[92]还从渔民视角分析了产业转型中渔民生计的脆弱性。

具体到行业层面，基于生态系统的捕捞和养殖逐渐得到国内学者的关注。丁琪等[93]运用渔获物平均营养级的变动资料探索生态系统健康结构功能的实现与渔业资源的永续利用。曾呈奎[94]于1965年在国内首创的"牧场"概念开启了我国针对可持续"耕海"的探究历程。杨红生[95]将中国海洋牧场建设过程总结为增殖放流、人工鱼礁和系统化牧场三个阶段。章守宇等[96]运用蓝色增长理念,将海洋牧场技术融入海洋生物生态城市设想,以期实现生境和生物资源与城市管理的有机互动。

目前我国学界也有一些与渔业伦理主题相关的零星论述。宁波等[97]率先在国内提出了水产伦理问题,指出符合水产伦理性发展的根本原则(可持续发展)和一般原则(和谐发展),后者还包含安全无害、生态平衡、人水和谐共处等具体内涵。张旭光等[98]也在对水产实验动物的关怀中提到了"伦理"一词。在生态伦理学语境下,余谋昌[99]在对西方环境哲学开展理论批判的同时,点明了生态养护的"属人"本性。杜秀娟[100]和周志山[101]分析了马克思主义生态观的优越性和其在中国当代生态文明建设中的适用性。不少学者还就农业伦理观、生命逻辑和我国农业伦理问题等角度展开了探讨。食品伦理也是近年来日益热门的学术话题,特别是食品安全和转基因食品等方面。

### (四) 现代渔业治理

中国学者在现代渔业治理领域的研究已获得一定成果。在挖掘现代渔业内涵和解析"渔业治理"概念的基础上,李欣等[102]将现代渔业治理总结为管理制度公平化、管理模式产权化、管理对象全面化、管理内容多样化、管理途径自治化和管理手段信息化六大要素。徐胜等[103]、唐议等[104]和孟庆武等[105]通过分析我国渔业发展现实需求和传统渔业管理的突出矛盾,分别提出了渔业体系转型、转变政府管理职能和建设全面协调可持续制度的建议。同春芬等[106]指明我国海洋渔业治理目标的多元特征,以及生态资源保护、以人为本和渔业现代化三个子目标之间的内在冲突。易传剑等[107]认为,当前政府规制的基本形态已发生动态性改变,更加注重政策目标的公共性、合理性和正当性,渔业政策的发展也伴随着经济性规制的弱化和社会性规制的增强,我国需要从政府和渔民二元对立的治理思路转向多主体共治。

在对现代渔业治理模式的探索中,郑建明[108]分析了渔业权制度、开发者税费征收制度和直接行政管理制度的不同外部效应,倡导政府直接管理和参与者间接管理相结合的治理模式。在渔业资源状况堪忧、渔业利益相关方获得更大关注的现实背景下,多主体共治的参与式治理和生态系统方法成为研究热点。唐建业等[109]和赵丽丽[110]就渔业社区管理发表见解,为在中国实施该管理制度的必要性和可行性正名。褚晓琳[111]和韦记朋等[112]将国际环境法中发展起来的预防性原则运用于我国海洋渔业保护,强调采取审慎方法调和生态系统与人类活动的关系；而蔡利平等[113]、慕永通等[114]、房可倩[115]和苏萌[116]等就生态系统管理理念和方法展开评述，认可我国从单一体系管理转向综合生态系统治理的发展思路。基于社区的治理和基于生态系统的治理分别将不同渔业参与者以及大生态中的栖息地环境、目标种和关联种等问题考虑在内，体现出对陆生人文环境和水生自然环境的关怀和尊重。实施层面，黄硕琳[117]、刘佳英等[118]、刘小兵等[119]一批学者致力于引进国际先进水产治理经验。唐国建等[120]以规范取向的渔业管理为对象，将全球海洋渔业管理模式划分为基于社区的治理、共同管理模式和基于生态系统的管理。韩杨[121]阐述了新中国成立至今我国渔业资源政策的调整变化，黄硕琳等[122]对主要渔业管理理论与国内渔业实践进行回顾，系统梳理了中国渔业治理从古至今的发展脉络。具体说来，国内行业细分研究主要包括制度安排、渔船管理、渔业权理论、伏季休渔制度、捕捞能力和产出控制、水产养殖管理等。

由此可见，中国渔业治理在不断探索有效养护和利用渔业资源、实现渔业可持续、负责任发展。从设立禁渔区、禁渔期，到渔业许可证、养殖证制度以及远洋监管制度，再到海洋捕捞产量"零负增长"，中国现当代渔业治理的发展史，就是逐渐认识自然、逐步迈向人与生态和谐发展的过程。

## 三、研究现状评述

通过对国内外渔业伦理相关研究进行详细梳理不难发现，国际学界将渔业哲学用于指导渔业科学的学术努力起步较早，特别是像加拿大和美国这样的发达国家，从 20 世纪 50 年代对人鱼紧张关系的反思，到对渔业正义的蒙昧认识；从对渔业资源多重价值的系统考量，到对涉渔行业规范伦理的解读；从以自然科学为出发点找寻水产生物的密码，到运用人文科学破解政策困境，都有涉猎。与国内相比，国外学者对渔业伦理的研究较为完善，不仅有学者专门对渔业伦理问题进行论述，而且研究层次更为丰富、内容更具深度。但是，国际上对渔业伦理概念、内涵和原则的系统性界定以及渔业伦理对具体国家在立法与治理方面的指导和案例，却鲜有讨论，而上述议题对可持续、负责任渔业的发展具有重要参考意义。

国内相关研究主要聚焦海洋伦理、水生动物伦理、可持续渔业等领域，对水产伦理仅有零星论述，鉴于目前渔业发展遇到的现实难题，渔业伦理理论研究亟待加强。值得注意的是，这一交叉领域的深耕往往不是孤军奋战，需要不同学科的研究者形成合力。因此，当前我国研究者可在国内外讨论的基础上开展对话，进一步健全渔业伦理理论体系，找出一套符合中国国情的渔业伦理指南。

综上所述，国外经验固然丰富，但缺乏将指标统一起来考虑的综合性、全局性分析，也缺乏对中国渔况的针对性指导，而将渔业伦理投射至哲学高度，有助于未来学者采取更为全景式的视角解决问题。国内也有面向渔业价值性问题的论述，其中既有对全球先进经验的介绍，又不乏基于国内渔业发展脉络的具体探讨，但关涉伦理维度的话语建构尚未形成气候。渔业伦理原则对渔业治理实践的指导作用将是我国未来可持续渔业研究的一个有益方向。

## 第三节　研究方法

为厘清渔业伦理与渔业治理之间的有机互动，本书主要采用以下研究方法。

（1）历史梳理法。通过梳理渔业发展过去、现状的相关文献和实物等资料，查证人与鱼的关系演变，进而考察渔业发展的整体脉络、渔业治理的不同阶段，并对在伦理原则指导下的渔业未来发展走向进行展望。

（2）分类对比法。依据渔业发展特征，将渔业伦理分为生态、社会、产业和科技四大类，分别对比过去与现代的渔业理念和实践、国内外理论和渔况的异同，探究符合中国渔业特色的现代治理逻辑。

（3）逻辑论证法。运用哲学的思辨方法，剖析渔业理性，推导渔业理论逻辑的自洽性，并论证渔业治理的合法性和正当性。

（4）案例分析法。结合渔业管理、法律和产业具体实践，针对渔业行业特点开展实证分析，用哲学原则指导具体科学研究。

（5）综合研究法。本书为跨专业研究，采取理论与实证相结合、历史与现实相结合、人文社会科学与自然科学相结合的综合研究方法。

具体说来，在发现问题阶段基于当前渔业发展和治理中存在的突出问题，以及可持续、负责任渔业提出的背景，以跨学科研究视角探讨现代渔业治理的合法性和正当性；在分析问题阶段将与渔业伦理相关的政策措施、法律法规和实施案例等内容进行系统梳理、分类比较；根据渔业伦理所涉内容，将其细分为生态伦理、社会伦理、产业伦理和科技伦理四大方面，阐述不同类别下的伦理特点和要求；整合社会学、生态学、哲学和渔业科学中的涉渔资料，结合渔业发展历程，对现有国内外渔业治理状况开展系统性评述；在解决问题阶段根据上述伦理原则，探讨基于价值的渔业治理逻辑和范式；结合中国渔业的"经济基础"和"道德基础"，对我国构建负责任渔业大国提出"上层建筑"层面的价值建议。

## 第四节　创新之处

本书打破学科壁垒和时空边界，挖掘全景式研究资料，采用纵贯式研究方法，提出交叉性思路观点，依照从历史到现状、从现象到本质、从资源到政策的论述路径，在批判性吸收国外渔业伦理和治理经验的基础上，总结具有中国特色的渔业管理制度经验和路径，为助力全球渔业可持续发展提供中国思路和中国方案。本书主要在以下四个方面进行了创新。

（1）跨领域、跨学科地将渔业和伦理学的知识相结合。将哲学视角用于指导具体渔业产业的管理和发展。以往的涉渔自然科学研究和社会科学研究大多处于分离、割裂的状态，前者主要关注技术层面，而后者重点探讨社会现象。治理者在确立渔业发展目标和策略时，通常以现有渔业科学数据作为参考，并结合政治意愿及产业发展现状来制定和实施具体政策法案。然而，渔业自然科学研究易受生态环境和模型误差等因素影响，具有较大不确定性，同时渔业社会科学研究多集中于社会学理论层面，对自然科学研究的观照和指导不足，即使是关联性较强的渔业管理也大多仅是分析和采纳科研结论和数据，未对现象背后的价值层面进行深入挖掘。基于目前全球渔业资源衰退的严重程度和鱼水资源养护的紧迫性，须加强文理学科互动，为制定合理、可持续的管理目标提供价值指导。本书将伦理学创新性地融入渔业科学领域，反思现代渔业发展问题，有助于从哲学高度推动可持续渔业理论和实践发展。

（2）系统阐释"渔业伦理"的概念。中国在构建负责任渔业强国的进程中，需要采用现代化、可持续的渔业管理模式。除加强"依法治渔"的强制性手段之外，渔业秩序的维护还应重视伦理道德的"软法"作用。中国是传统渔业大国，近年来在水产养殖、捕捞、加工和休闲渔业等细分领域发展迅速，为产业持续发展打下"经济基础"。但国内尚未有文献系统论述渔业领域"上层建筑"中关涉伦理层面的概念。国外文献虽更为全面，但基于其产业发展状况，相关研究大多集中在海洋捕捞，对水产养殖（特别是淡水养殖）的伦理涉及较少，而且缺乏对本话题的综合性论述。本书系统探讨"渔业伦理"的概念发展和其对现代渔业治理的价值指导，透过渔业伦理原则审视当今世界和中国的渔业治理困境，希望为我国渔业资源的养护和管理提供新的理论体系和研究视角。研究以将道德共同体拓展至水生生物的生态伦理学作为逻辑起点，但驳斥了"生态中心主义"的价值观，提出渔业资源发挥自身价值的最终目的是增进人类的利益，"为己利他/它"是现代渔业治理应当遵循的、符合人与自然发展规律的伦理观。渔业伦理的核心就是代表渔业合法性与正当性价值的伦理原则体系，明确一定原则能将渔业社会、生态、产业和科技联合起来，综合判断相关治理实践中的"善恶是非"。

（3）提出基于渔业伦理的治理范式。"基于价值考量"的渔业治理逐渐成为国际研究热点，而价值本身就是伦理研究的核心内容。在渔业伦理理论观照下的治理范式，着重探讨渔业治理的合法性和正当性，引入元治理理论和 Rawls 正义理论的相关内容，探寻"渔业治理之治理"，即渔业治理背后应当遵循的伦理逻辑：是否存在一种得到承认、能够解决争端的决策机制和法律体系，使得渔业管理体制能够在资源环境和从业人员之间寻求到一种均衡价值，从而设计出优质的治理方案？是否能在"可持续"和"发展"之间架起平衡的桥梁，用"历史主义"和"未来主义"的视角观照现代渔业治理应采取的措施？本书认为，现代渔业治理具有多元属性，从元层次上进行考察有助于从本质上解析现代渔业治理的复杂性。而渔业元治理是将科层、市场和参与式模式有机组合的治理工具，政府作为元治理者的角色应当得到重视和良好利用。现有渔业治理理论的价值取向分为"生态整体主义"和"价值平衡原则"两大类。与此同时，基于渔业伦理的治理范式也需要对治理效能进行价值性分析和评估，修正 FAO 和 Lam 的提法后的伦理分析矩阵和加拿大英属哥伦比亚大学开发的 Rapfish 软件为开展渔业伦理分析和评估提供了良好的支持手段。

（4）从伦理视角系统分析现代渔业治理的困境和纾困方案，并详述中国渔业治理中的伦理性议题。可持续渔业的发展是一项系统工程，需要天时地利人和的全方位配合。伦理要素在时间维度上超越了代际冲突，体现为不同时代的人口、不同时代的渔业资源之间的代际冲突；在空间维度上超越了固定边界，体现为国家管辖区域内外部空间的资源互动；在人际维度上超越了阶级范畴，体现为重视小规模渔业和渔家妇女等弱势群体的底线思维。公共空间的养捕行为容易陷入集体行动的困境；"过度"养护渔业资源的"利他/它"行为容易偏离"为己"的价值取向；即便拥有了正确的养护和发展观，在执行具体策略时也可能面临多重风险。解决这些障碍应当遵循制定伦理目标→进行伦理决策→开展伦理监督评估的程序。上述困境在中国被具体化为"三渔"问题，为解决过密化的渔业、过疏化的渔村、过溺化的渔民所带来的现代性挑战，政府可利用我国传统智慧中的涉渔生态伦理与规范体系。在丰富道德资源汲养和治理者的不断探索下，我国找到了一条适合自身渔况的特色发展道路，取得了诸多伦理性成就。这些贡献在价值取向上体现为生态优先、以人为本的生态文明建设观，在具体实践中体现为渔业脱贫攻坚、推进资源养护、发展立体复合经营的决心与智慧。中国的渔业发展取得了举世瞩目的成就，很多实践成果可作为世界渔业的可持续伦理范本。

## 第五节  本书框架

第一章为绪论，通过反思人类社会长期存在的渔业问题和伦理治理手段之缺失以及梳理国内外相关研究状况，提出"渔业伦理"研究的新视角，阐释渔业伦理学研究的必要性和重要性。

第二章集中阐释渔业伦理的理论基础，探讨新兴的渔业伦理学产生的背景和在交叉学科（特别是现代渔业治理相关学科）当中的地位、概念、原则、具体类别。从最初引发渔业伦理问题反思的渔业生态伦理，到渔业社会的资源分配伦理，再到主要的渔业产业（捕捞、水产养殖和水产品加工等）伦理，最后到现代技术发展催生的渔业科技伦理。

第三章从伦理向度理顺治理逻辑，构建基于渔业伦理的治理范式，用元治理的相关论述观照当今渔业治理的合法性和正当性，提出符合伦理的治理措施之设想以及渔业伦理定性定量分析工具。旨在构建渔业治理的信念系统，明晰政策法规的生成依据，评估决策实施的价值走向。

第四章探讨可持续渔业在时间、空间、人际方面的伦理维度，找出与伦理原则不协调的制度和实践，阐明可持续、负责任渔业倡议中面临的挑战，厘清渔业利益相关方的博弈关系，在对治理实践进行伦理分析和评价的基础上，寻求解决方案。

第五章探讨中国渔业的伦理议题，将现代渔业治理的伦理逻辑运用至中国渔业之中，梳理中国涉渔道德资源与管理体系，阐释我国从古至今丰富的涉渔伦理文化思想，探讨中国现代渔业治理绿色转型的构想与实践，包括现代渔业发展阶段与模式转型，以及基于伦理的转型实践，并对未来基于伦理的渔业研究提出展望。

# 第二章　渔业伦理

## 第一节　立论基础

### 一、逻辑起点

道德是伦理学研究的基本对象，伦理学就是系统研究各种道德问题的学问。传统伦理学认为道德是人类的专属，非人类存在是没有道德可言的，因而只探讨人与人之间的直接伦理价值，并未明确涉及和自觉揭示被生态环境所掩盖的间接人际伦理价值。环境伦理学的诞生突破了传统伦理学的"人伦"语境，将包括渔业资源在内的自然界纳入道德考量的范围，道德共同体的扩展使得探讨"渔业"之"伦理"成为可能。

#### （一）"人类中心主义"和"自然中心主义"的辩难

人类在自然界中活动，人与自然的关系是人类社会面临的永恒话题。从宏观上讲，人类文明发展史，就是人同自然互动的历史：图腾崇拜→认识自然→利用自然→征服自然→回归自然。蒙昧时代，"茹毛饮血"的人类畏惧自然，将难以解释的现象归结为超自然力量；随着人类认知水平的提高和技术水平的发展，人类开启了对自然的改造和征服之旅。公元前5世纪普罗泰戈拉提出"人是万物的尺度"；柏拉图试图"以人的理念构造世界"；笛卡尔借助实践哲学之力，宣称"人是自然界的主人和所有者"；而康德用"人是目的"的命题，将人描绘为"自然界的最高立法者"，从而完成了西方"人类中心主义"的理论构建。

人文主义、理性主义思潮和工业化的发展，让人定胜天的豪情为"解放人性"之呐喊而助力。"人类中心主义"树立了人的绝对权威，认为人类是自然的统治者和主宰者，人类在快速发展的进程中激发了自身的能动性和创造性。然而，随着人类认识的不断发展和生态危机的加剧，人与自然关系日益紧张，环境道德问题逐渐受到关注，进而产生"人类中心主义"（因为自然能为人类提供物质或物质利益而重视自然）和"自然中心主义"（为自然本身的福祉而重视自然）的争论。"人类中心主义"既是人类发展的思想基础，也是我们现在解决困难的思想根源。恩格斯[123]说道："不要过分陶醉于我们对自然界的胜利。对于每一次这样的胜利，自然界都报复了我们。"科学技术在实现对自然征服的同时也实现了对人的奴役，这种思潮带来了人的异化。《人道主义的僭越》[124]认为，西方人道主义思想是导致当代环境危机的"精神基础"，正是人对自己"无所不能"的坚信，人类才将自己欲望的魔爪无限制地伸向自然，一步步走向毁灭的边缘。

在欧美环境运动浪潮的助推下，环境伦理学应运而生，通过对以人类为中心的传统伦理学价值观进行批判，构建了独特的理论体系，其基本特征是主张以生命个体或整体性的存在物（如：物种、生态系统）为中心来看待非人类世界的价值，确定人类对它们的道德义务。

按所涉问题和关怀对象之不同，环境伦理学主要流派可分为以个体主义为导向的动物中心论和生物中心论，以及整体主义指导下的大地伦理学、自然价值论和深生态学，具体表现为"非人类中心主义论""自然内在价值论""自然权利论"三大核心理论[125]。环境运动的过程，本质上就是道德共同体的边界不断拓展的过程。个体主义角度，在承认动物道德主体地位的动物中心论中，现代动物保护之父 Peter Singer 用《动物解放》一书为动物的苦乐利益发声，从功利主义的视角出发呼吁人类平等地关心所有动物的利益[126]；而以 Tom Regan 为代表的动物权利论者，批判性地吸收了康德的内在价值思想，为"生命的主体"立论[127]，强调除人类道德代理者之外，动物作为"道德顾客"也是具有天赋权利的"生命主体"，甚至提出激进的"动物平等主义"，建议彻底取消动物科研、商业饲养、非生存型猎捕等行为。生物中心论则继承了道义论的思想，将道德关怀对象扩大至一切生命物质，倡导"敬畏生命"和"尊重自然"的理念。

在此基础之上，整体主义环境伦理学进一步将道德关怀的对象从生命主体拓展到了整个生命系统、自然过程，乃至无生命的自然存在物。"生态系统的整体价值高于个体价值"是生态整体主义者所倡导的核心论点。从 Aldo Leopold 创立的"大地伦理学"，到 Holmes Rolston 建构的"自然价值论"体系，再到由 Arlen Ness 首次提出，George Sessions 等加以发展的理论——"深生态学"，整体主义环境伦理学得到了革命性的拓展。在上述生态学者看来，生态危机的罪魁祸首是制度危机和文化危机，仅凭技术和经济手段无法从根本上解决问题，关键在于要建立一个基于生态学原则的"生态社会"，一个能够调和人与自然关系的真正自由的社会。在对环境危机的不断反思和追问中，人类的传统自然观遭到了抨击和颠覆，自然本身的价值也得到了更多关注和重视。

不可否认的是，非人类中心主义价值观引导人们更加关注环境和资源养护，为解决生态环境问题提供了价值参照和哲学指导，在生境遭到破坏、资源面临枯竭的时代，是不少学者极力论证和维护的学说。人与自然关系的研究整体呈现生态转向的趋势，体现出人类在认知层面对生态系统内在善和外在善的肯定，有助于涉渔生态环境政策与法律的制定和施行。然而，非人类中心主义价值观容易走向另一个极端，即对人类主体性价值的轻视。正是因为人具有某些其他生物所没有的特性，在自然界中是高于其他动物的存在，人类才有更高的道德权利和义务。

利己性是人类生存和发展的本能，其基础是符合福祉目的、能够满足欲望冲动的善。人类为完成第一生存要务而对自然资源采取的必要开发行为，顺应了自然物质循环规律，则是正当且合理的。人类保护自然、追求可持续发展，最终目的还是"自我延续"。从这一点上看，人类的终极追求是利己而非利他的，不管抱有利己还是利他的想法，养护渔业资源是为了有足够的生物种群可供持续性利用，同自然和谐相处的终极目的还是为了人类的延续。因此，在价值建构时，不应单纯强调自然善，而是要将人与自然视作一个以人类为中心的价值整体。最全面的善是既能为己，也能在此基础上考虑利他/它（既有人类属性的"他/她"，又有自然属性的"它"）因素。"为己利他/它"是渔业伦理所追求的最重要、最基本的善。

### （二）道德关怀对象的拓展

人性为我们的道德主张奠定了基础，生态中心主义者认为一切拥有道德地位的存在物都是道德共同体的成员，其利益应在道德决策中得到考虑。这一定义之下的道德地位似乎并无等级之分，只有"有"或"没有"的区别。但道德主体的道德地位不仅可由"他/它属于（或不属于）社会群体"来界定，也可以进一步由"他/它相对于其他存在物的道德地位"来衡量。对道德地位层次的区分，确立了利益衡量的基础。这样一来，就对道德意义和道德可考量性作出了区分。若一个存在物可进行道德考量，那这个存在物就向那些承认其具有道德价值的人提出了道德要求。Goodpaster[128] 从"本体内核"出发，通过"道德可考量性"，直指道德关怀对象的内涵，这一概念的提出为"可能被错误对待的存在物"提供了一张进入道德共同体的"门票"。

渔业资源是渔业存在的基础。在为己利他/它的语境下，渔业利益相关方不仅需要处理相关人员群体内部的伦理关系，也应将道德关怀的对象边界延展至水生生物。实际上，人和鱼之间存在着共生关系，同属于渔业自然领域的道德共同体的成员，两者的状态（人类过渔行为、鱼类种群衰退）会影响对方的可获福祉。鉴于人具备理性和优势地位，人类充当了鱼类道德代理人的角色，而鱼类实则是人类的道德顾客，在必要时，前者应当对后者承担道德义务。稀缺性是施加道德关怀的重要因素，当种群数量减少到不可持续的水平，这种互利共生的平衡关系就会被打破。如果出现资源短缺，这时人类继续"为己"而不"利它"，就会产生一系列生态问题，导致"害己"又"害它"的双输恶果。

值得注意的是，道德关怀的对象是有知觉的生命，而非任何形式的非人类存在物，因为没有生命的物品是不可再生的，无法和人类形成动态情感互动关系。渔业道德共同体的拓展符合现代道德理性和资源稀缺的状况，符合可持续渔业的发展规律。

## 二、资源养护

自然环境和人类社会的价值互动是开展资源养护的基础。自然环境与渔业资源等客体能为人类主体提供多元价值，前者的属性和功能有助于后者取得所需要的效益。人类在获取渔业资源价值的同时，也应承担相应的道义责任。

### （一）自然价值论的吸收与批判

#### 1. 价值与自然资源价值论

伦理学以价值为对象，是哲学中关于道德的价值系统，是涉及价值最大化的科学[129]。渔业资源价值问题是渔业伦理中绕不开的话题，厘清相关价值十分必要。"value（价值）"这个词最早起源于拉丁文中动词"valere"，最初意为"强壮"或"健康"，后来在现实和美学意义上被引申为"价值"，意指"价格"或"受尊重/有用的程度"，动词"valuation（估值）"强调经济估值过程，以及对品格、事实行为等因素的价值判断和衡量。

随着人类生活层次的丰富，价值在实际生活中的运用愈发广泛，出现了专门以价值为研究对象的学说——"价值论"。传统主客二元论推崇"关系价值说"，认为价值是主客体之间特定关系的特有质态，是作为客体满足主体需要和目的的一种关系，是属人范畴。环境伦理学兴起以前，无论是"劳动价值论"还是"效用价值论"，都是以"对人的有用性"为衡量尺度，人与自然的关系在使用价值中得到体现。价值作为有目的之行为的决定因素，其因果链受到人类自由意志的干预。这种价值观在推动人类文明进步的过程中发挥了重要作用。然而，它仅看到了自然作为人类生存资源提供方的工具价值和短期效用价值，助长了人类"竭泽而渔"的资源开发进程。

非人类中心主义学者为保护生态而奔走呼号，从价值论上找到了突破口，将"自然"和"价值"相结合的自然价值论作为支撑环境伦理学大厦的核心理论，与之有关的英文表述主要有：intrinsic value（系统价值论）、inherent value（动物权利论）和 inherent worth（生物中心论）。这些概念被引入国内学界时，大多被笼统翻译为"内在价值"，即不依赖于人而独立存在的价值。按照英文词义、形成机理和学派分野，上述三个概念的内涵存在不少差异，不应被混淆使用。inherent 可被拆解为 in（加强意义）＋her（继承，遗传）＋ent（形容词词尾），有固有天赋、与生俱来之意；介词搭配为 in，表构成关系。而 intrinsic 是 intrin（内在的）＋sic（沿着），强调价值在存在物中的不可分割性和重要性；介词搭配为 to，表从属/依赖关系。此外，与 worth 相比，value 更有基于个体的可量化特点，侧重于个体价值，而"天赋"相对于"固有"来说更具个体性意味（"天赋人权"讲的是人作为个体的权利，是在不侵犯他人权利的前提下所享有的自由）。因此，intrinsic value 可被译为"内在价值"，inherent value 可被译为"天赋价值"，而 inherent worth 可被译为"固有价值"，分别契合了个体主义环境学者和整体主义环境学者的道德主张，本质上都是对人与自然传统关系的价值颠覆。

自然价值论学者遵循的基本论证逻辑如下：动物/生命主体/生态系统具有天生的、固有的内在价值→人类对具有内在价值的存在物有道德义务→道德义务的对象是道德共同体的成员，应当得到道德关怀→动物/生命主体/生态系统是道德共同体的成员，应当得到道德关怀。相比于传统属人道德，自然价值论承认了包括渔业资源在内的自然资源的重要价值，对我们正确认识人类与渔业自然的关系具有进步意义。包括渔业资源在内的自然资源价值评价模型见图2-1。

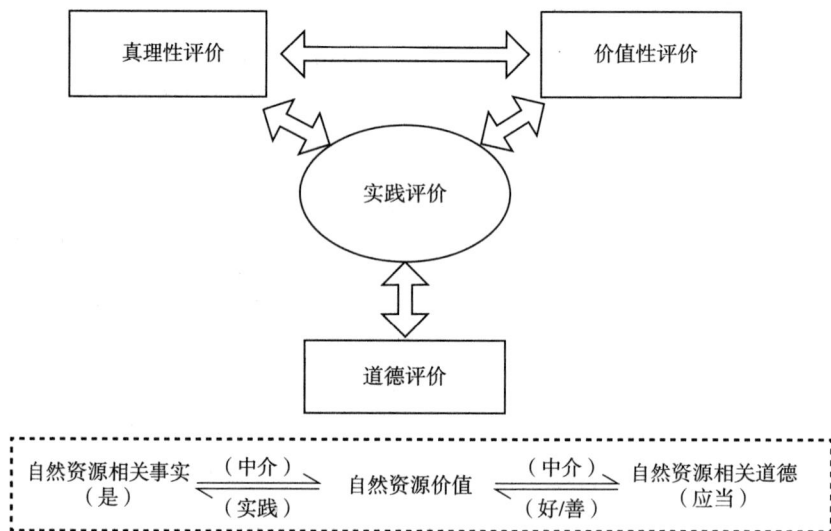

图 2-1 自然资源价值评价模型

### 2. 自然主义谬误

就伦理意义而言，价值和事实的区别主要在于是否具备规范性，价值判断的内容不仅包含对象的客观属性，也包含同一对象隐含的规范意义，即特定行为符不符合价值标准。例如："一条鱼是鲤形目"和"一条鱼是美丽的"这两种说法的意义大不相同。前者是对客观性状的认知性描述，是事实判断；而后者则是关于其对人类有无积极意义的价值性描述。如果人类评价者认为它是美的、有价值的，那么就意味着我们有珍惜它（以避免美好事物遭到破坏）的应然立场。价值的本质存在于关系之中，价值应以满足人类福祉为前提，如果没有利益尺度的衡量，价值也就变成了"事实"，自然也会因其"存在"而需要得到人类的关怀。自然价值论的缺陷在于未看到价值的主体性和相对性：个体主义学者将趋利避害的生理机能等同于伦理意义上的"主体性"。Singer 和 Regan 等走向了平等主义和废除主义的极端，要求全面废除动物实验和工业化农场、禁止任何目的的捕猎行为；而整体主义学者将自然界、大地、系统等作为价值创造者，混淆了价值判断和自然事实，它们只能是价值的承受者。

当然，自然价值论在保护生境和资源方面作出了积极的理论努力，可被视作人类为自然进行的伦理辩护。但资源养护的伦理和义务最终还是由人类承担，道德判断和决策需要由人类作出；与此同时，传统的功利主义也应得到相应修正，在福祉计算中纳入对自然和物种的伦理考量，在个体利益和整体利益、短期利益和长期利益之间作出平衡。人与自然是一个有机整体，利用自然要以自然价值的完整性为基础和前提，敬畏自然、善待自然、尊重自然规律，在实践上以合理的方式同自然发生关系，才是当代人应该遵循的道德坐标。

**3. 环境资源的价值**

（1）自然资源的价值。人类需求的无限性和自然资源的稀缺性构成了一对永恒的矛盾。当人类利益和自然资源冲突时，如何缓解这种紧张关系？由自然界充当中介的人与人之间的利益如何调和？上述伦理难题要求我们在人类社会和地理环境的语境下进行价值反思。

自然资源内涵丰富，不同定义各有侧重，但无一不在本质上体现出针对自然环境和人类社会互动关系的价值判断和评价。既然价值是关系范畴，那么自然资源的价值也具有相对意义，只有那些"对人有用"的天然物质才能被称为自然资源。联合国环境规划署将其恰当地定义为"在一定时间条件下，能够为人类所利用以提高人类当前和未来福祉，且具备一定生态功能的天然生成物的总称"。基于服务效用，Hinterberger 等[130]等将自然资源分为三部分：非再生资源、再生资源和生物圈的辅助能力。前两部分提供基于资源的服务（商品），第三部分提供生命支持功能服务。Barbier[131]将自然资源的边界拓展到包括文化利益（宗教目的、文化遗产等）在内的无形服务。

在全球经济发展的同时，自然资源的消耗、生态系统服务的减少和环境的恶化都会影响未来人类的生存能力。自然资源价值概念有助于保护和永续利用壮丽的自然奇观、独特而脆弱的生境，将其作为个人效用的重要组成部分。自然资源的价值属于一种工具价值，按照经济学中商品与服务的二分法，可将其进一步分为物质层面的"商品价值"和精神层面（社会价值、生态价值等）的"服务价值"，这两类价值是不可分割的整体。海河、山川、矿藏、非人类生物等自然资源为人类生存发展提供了物质支撑，同时承担了人类活动带来的压力，一旦平衡遭到破坏，自然可能会反噬人类文明。如果我们片面强调商品价值，忽视服务价值，就会带来价值秩序的失调和环境秩序的坍塌。虽然环境伦理学家区分内在价值和外在价值的论证存在瑕疵，但其对系统价值的阐释有助于提高我们对生态系统和天人关系的全局性认识：作为生命发源地的系统有能力推动整个自然历史的进程，而人类的主观价值只是位于顶层的子系统[132]。为了人类整体、长远的福祉，应当认识到个人是生态系统的一分子，只有保护资源和生境，兼顾其商品价值和服务价值，才能获得永续发展。

（2）渔业资源的价值。渔业资源是天然水域中具有开发利用价值的鱼类、甲壳类、软体类、藻类和海兽类等经济动植物的总称。作为自然资源的重要组成部分，渔业资源也具有稀缺性和独特的商品价值、服务价值。同自然资源有关的自然和人际伦理投射在渔业资源上就形成了渔业伦理，探讨渔业资源的价值是构建渔业伦理的重要步骤。

渔业资源的价值特性和价值构成是区分水产生物和其他资源不同之处的关键指标，在很大程度上决定了人类的价值判断以及在开发、养护该资源时所采取的具体方式，有利于权衡各类价值取向，化解渔业领域的价值冲突。

从渔业资源的系统特性角度，资源本身和其栖息地的属性是其价值的重要来源。受到生物学特性和水生环境的影响，渔业资源具有再生性、洄游性/流动性、共享性、（渔获物）易腐性、波动性和整体性等特征。综合人类利用情况，渔业资源的价值主要有以下五个特性。

①不确定性。从生物学上看，除固着生物外，绝大多数水产生物都有流动性或洄游性，受不同发育阶段生理需求的刺激，从一处海域移动到另一处海域。而渔业资源属于典型的公共池塘资源，流动和洄游带来了种群的广泛、跨区域分布，使之可能处于不同国家、地区、区域渔业管理组织的共同管辖之下，利益相关方共同使用整个水产系统，但分别享用每一水产资源单位，这给产权界定和管理工作造成困难。在海洋捕捞中，变幻莫测的水生环境、种群的代际变化等因素给科研调查带来挑战；传统水产养殖业也存在"靠天吃饭"的困境，难以抵御台风、干旱等自然灾害。这种价值上的不确

定性影响了鱼产品的市场供应和价格走向。

②波动性。渔业资源具有自主繁殖再生能力，只要环境适宜、开发合理，就能源源不断获得补充。然而，可再生的另一面是会枯竭，两者在一定条件下相互转化。当种群自我维持、更新和补允能力遭到外力破坏，资源数量的动态平衡就会被打破。在气象、水文环境等自然要素和捕捞、养殖等人为因素综合作用下，水产生物产量存在较大波动性。例如：厄尔尼诺现象使秘鲁鳀鱼大幅减产。有学者将低门槛、高风险的海洋捕捞业形象地比喻为"股票"渔业，而水产养殖中的饲料、资金、物料、病害构成了其主要生产风险因素。此外，渔获物属于不易长期保存的鲜活商品，一旦上岸鲜度就容易下降甚至腐败变质，失去资源价值。渔业资源和渔获物的波动规律使其具有价值波动的特征。

③竞争性。渔业是一个受资源约束较大的产业，过去的自由入渔状态容易激发渔民的竞争心理，为了在更短时间内获得更多价值高的资源，不断增大捕捞努力量，导致捕捞能力过剩、种群结构改变、渔业资源衰退。现代渔业的确权管理有助于缓解上述无序竞争所带来的资源压力，消解资源利用的负外部性。与此同时，水产行业内部、水产行业与其他行业之间也存在着竞争，例如：同一捕鱼区域不同渔具之间的冲突、水产养殖业与航运之间的冲突等。

④整体性。渔业资源的栖息地一般存在一个生态系统，系统本身具有整体性的特征，系统结构影响着整体功能和价值。特定渔业资源的质量受到其关联物种、栖息地环境条件、人类涉渔活动的制约，也会反过来制约生态系统的健康和恢复。因此，它的价值大小需要通过整体得到反映。在渔业中，部分要素的变化会引起整体价值的变化，例如：阳澄湖大闸蟹比其他产地的大闸蟹的经济价值更高，优质产地这一要素所带来的好口味和大名气使得同一物种具有更高的附加价值。渔业资源的整体性还体现在兼捕渔获和复合养殖等方面，捕获过程中会不可避免地会出现兼捕现象，而诸如稻田种养等立体生态养殖方式能实现循环经济的增殖效应，两者分别为生态系统的价值带来了负面和正面的影响。

⑤多样性。渔业资源种类繁多、用途多样，既能推动人类系统的生存与进步，又能支撑自然系统的存续和发展。既可为人类提供蛋白质等营养物质，又可丰富人民的休闲娱乐生活，还可作为人类文化记忆的一部分，支撑

科教、艺术和认知等方面的发展。作为大自然的馈赠，渔业资源的多元化效用为其赋予了丰富多彩的价值，带来了其价值的多样性。

从渔业资源价值构成角度，根据不同标准，可对渔业资源的价值作不同分类。按照对人类发挥效用是否需要中间媒介，可分为直接价值和间接价值，前者包括直接作用于人类物质和精神的效用价值，而后者是指通过调节生态系统、维持生态平衡而间接服务于人类永续发展的调节价值。按照其是否具有实物形态，可分为有形（具体）价值和无形（抽象）价值。有形价值能够直接被人感知，例如：用于食用、药用、种质资源、工业原料的水产品。无形价值虽无实体依托，但也是价值的重要构成部分，对丰富人类精神文明具有积极作用，例如：文艺、教育、科研、认知、宗教、伦理等方面的价值。按照不同领域划分，可分为哲学价值、环境价值、政治价值、经济价值、文化价值和社会价值。

唐议等[133]总结了渔业资源服务价值的构成，在 Pearce 等提出的总经济价值框架（Total Economic Value，TEV）的基础上，将该价值分为功效价值和非功效价值两类，功效价值即提供特定功效性支持服务、促进人类和其他生命系统福祉的价值，具体来说，就是使用价值、生态价值和选择价值；非功效价值建立在哲学、宗教、伦理、文化基础之上，是因其自身存在而具有的内在价值（表 2-1）。针对渔业资源价值的全面分解，有助于拓展人们对涉渔活动的整体认识，特别是对不具有实物形态、不易被察觉的价值的认识。"认为服务功能是渔业资源的价值来源"这一观点正确地看到：只有在和人类的直接和间接互动关系中，水生生物才能被称为"资源"，才能体现出自身的价值。然而，服务是一种"不以实物形式而以提供劳动的形式满足他人特定需要、使他人从中受益的一种有偿或无偿的活动"。服务价值更多是指无形价值，而物质层面的相应价值可用"商品价值"来代替，两类价值相互影响、相互制约，在一定条件下可相互转化。例如：学生将水产市场上的鲟鱼买回并制作鱼类标本供学习研究，此时鲟鱼作为食物的商品价值就转化为了作为科研标本的服务价值。

内容上，除表格列出的各类价值之外，渔业资源还拥有政治价值和社会价值。从政治角度看，渔业资源是一种关键的战略资源，在国家内政和外交方面承担着重要作用。发达国家的渔民长期以来通过渔村社区、行业协会等渠道参与国内政治，渔业社区公共管理形式成为权力下放、基层参与治理的

表 2-1　渔业资源服务价值的构成

| 价值类型 | 价值构成 | | 价值内涵 |
| --- | --- | --- | --- |
| 功效价值 | 使用价值 | 水产品供应 | 为人类提供动物蛋白食物或水生植物食品，以及加工鱼油、鱼粉的物质生产资料和用于水产养殖的饵料 |
| | | 娱乐性服务 | 为游钓等活动及相关休闲娱乐活动提供支持性服务 |
| | 生态价值 | 水产种质资源供应 | 为水产增养殖提供种质资源 |
| | | 文化服务 | 为科学研究、教育、艺术创作、认知发展等提供支持服务 |
| | | 对其他生命的支持服务 | 为生态系统其他生物提供饵料来源 |
| | 选择价值 | 对生态系统的支持服务 | 支持生态系统的营养物质再循环、维持物种平衡 |
| | | 准选择价值 | 保留下来用作未知的其他人类用途 |
| | | 遗产价值 | 保留给后代人使用 |
| 非功效价值 | | | 基于伦理的、文化的、宗教的、哲学基础的存在价值或内在价值 |

模板，中国目前也在积极推进专业渔民合作社和相关协会的建设。在发展中国家，渔业部门的内政功能主要体现在保证粮食安全和维护国家稳定方面。与此同时，与水资源和油气资源一样，数量稀缺、分布不均、易受人类干扰的渔业资源还是国际地缘政治的重要议题。"渔权即海权"，国际海洋权益之争常由海洋渔业利益冲突而起，从肇始于 20 世纪 50 年代的英国与冰岛的鳕鱼战争，到当今日益白热化的"冰上丝绸之路"建设，地区因争夺渔场和捕鱼权而引发的战争和冲突在历史上并不鲜见。金枪鱼是具有重要经济价值的渔业资源，全球约 60% 的金枪鱼集中在太平洋中西部区域，太平洋区域又被称作"金枪鱼的中东"，是该区域岛屿国家乃至周边、世界渔业大国重视的对象，相关国家和地区主要通过中西太平洋渔业委员会（WCPFC）来协调近海或远洋渔业的利益。由上可知，渔业是国家拓展外交、应对国际关系、参与全球资源配置管理的重要领域[134]。

从社会角度看，渔业资源推动了涉渔社会关系网络的形成和发展，它就像一条纽带，连接着渔民家庭、渔村社区和渔业部门，通过利用水产生物，渔业社群实现了社会资本的积累、自身规模的壮大和知识技能的传承。渔业吸纳了世界 3.5% 的人口就业，它为"穷人中的穷人"提供了就业手段，成为消除贫困人口的重要阵地。据 FAO 统计，全球捕捞业和水产养殖业的就业人数从 1970 年的 1 300 万增长到 2021 年的 5 850 万，渔业人口就业岗位的增长速度更是赶超了世界人口和农业人口的增长速度。值得注意的是，在直接从事捕捞和加工业的 1.2 亿人中，妇女占 47%，而在水产养殖业中，这一数字高达 70%。目前，担任领导职务的女性渔民人数较少，妇女承担的工作主要是岸上加工和水产贸易，促进行业男女平等仍任重道远。渔业对改善社会结构的努力和贡献不可忽视，渔民通过增收间接推进了初等教育的普及。渔业生产既不与人争水、又不与农争地、也不与畜争草，甚至还能通过生态立体农业的模式与畜牧业相结合，这在一定程度上缓解了耕地压力，促进了社会多元化发展。Alday 等[135]总结了鱼类对于联合国千年发展目标的贡献，其中多项都与社会因素有关（表 2-2）。

表 2-2 鱼类对于 MDGs 的贡献

| 鱼类对于联合国千年发展目标（MDGs）的贡献 | |
| --- | --- |
| 目标 1：消除极端贫困和饥饿 | 发展中国家有 4 000 多万人从事捕捞业和养殖业。<br>对发展中国家的人们来说，鱼类是蛋白质、微量营养素和脂肪酸的重要和廉价来源。 |
| 目标 2：实现普及初等教育 | 通过改善妇女儿童健康和收入能够带来间接贡献。 |
| 目标 3：促进性别平等和赋予妇女权利 | 妇女大力参与生计渔业，特别是在加工和贸易等方面。<br>与其他富含蛋白质的食物相比，鱼类通常在家庭中的分配更为平均。 |
| 目标 4：降低儿童死亡率 | 鱼类提供对儿童大脑发育至关重要的脂肪酸、蛋白质和矿物质。<br>降低婴儿出生体重过低的风险，这是儿童死亡率的一个关键因素。 |
| 目标 5：改善孕产妇健康 | 降低婴儿出生体重过低的风险，这是孕产妇死亡率的一个关键因素。<br>改善妇女营养状况。 |
| 目标 6：与艾滋病毒/艾滋病、疟疾和其他疾病作斗争 | 渔业社区是受艾滋病毒/艾滋病影响最严重的社区之一，鱼类提供有效使用抗逆转录病毒药物所必需的蛋白质和微量营养素。渔业收入可使穷人获得卫生服务。 |
| 目标 7：确保环境的可持续性 | 良好的渔业管理有助于提升水产资源管理的可持续水平。 |
| 目标 8：发展全球发展伙伴关系 | 鱼类是交易量最大的农产品之一，也是许多发展中国家的主要出口产品，为促进贫穷国家发展贸易协定提供了机会。 |

渔业资源是维系人类生存系统的一种自然资本。本书综合表 2-1 和表 2-2，将渔业资源的价值分为服务价值和商品价值，添加了政治价值和社会价值，经修正后形成新的价值构成（表 2-3）。

表 2-3　经修正后的渔业资源价值构成

| 价值类型 | | 价值构成 | | 价值内涵 |
|---|---|---|---|---|
| 商品价值 | 物资价值 | 作为食用、药用原材料的水产品 | | 为人类提供营养 |
| | 增殖价值 | 增殖性水产品 | | 为水产养殖提供种质资源 |
| | 娱乐价值 | 娱乐性水产品 | | 游钓等活动及相关休闲娱乐活动的对象 |
| 服务价值 | 文化价值 | 丰富人类精神生活 | | 促进科研、教育、文艺发展 |
| | 生态价值 | 支撑其他生命生存 | | 为生态系统其他生物提供食物来源 |
| | | 支持生态系统的发展 | | 支持生态系统的营养物质再循环、维持物种平衡 |
| | 哲学价值 | 选择价值 | 准选择价值 | 保留用作未知的其他人类用途 |
| | | | 遗产价值 | 保留并给后代人使用 |
| | | 存在价值 | | 基于伦理和哲学基础的生存价值 |
| | 政治价值 | 内政外交关键战略资源 | | 增强国内政治参与，拓展国家外交阵地 |
| | 社会价值 | 改善社会民生 | | 消除贫困饥饿，促进性别平等，实现教育普及，完善社会网络 |

由上可见，渔业资源价值层次多样、内涵丰富，渔业资源需要得到合理利用和有效养护。渔业资源的价值为渔业伦理提供了价值支撑。对渔业资源价值的充分认识是现代文明进步的标志，负责任渔业是兼顾发展与保护的手段，可持续渔业是现代渔业治理的目标。

### 三、可持续利用

保护水生动物福利是开展渔业资源可持续利用的必由之路。福利是伦理的一个重要组成部分，对水生动物福利的探讨为开展渔业资源养护提供了理论支撑。恢复福祉是生态系统补偿性正义的潜在要求：若人类行为减损了其他生命体的福利，应当对此及时作出合理补偿，以恢复平衡；若毁坏了生物栖息地，应当予以重建。

#### （一）动物福利

动物福利论是基于如何科学、人道地利用动物这一角度提出的，它弥补了之前动物解放论和动物权利论的理论缺陷：动物解放论导致平均主义，动物权利理念批驳一切利用动物的行为，包括人道主义的利用方式；承认了人类对动物的合理和必要的使用，鼓励人们用人道和负责任的手段对待动物。因而受到中外学界和实践者的广泛关注，成为动物伦理的指南。"动物福利"就是让动物拥有健康、舒适、安全的生存状态，免受痛苦和恐惧，在福利关怀下的动物享有不受饥饿的自由、生活舒适的自由、免遭伤痛和疾病的自由、生存无恐惧和无悲伤的自由。综合动物福利的不同解释，大致可总结为精神上无恐惧和痛苦、行为上无障碍、身体上无异常三个层面。衡量动物康乐的标准一般由动物专家制定，并通过仪器设备、科学观察和分析等方法得到衡量和评价。

20世纪中叶，动物生产方式从粗放式向规模化、集约化的根本性转向将动物生存的残酷境地暴露无遗，高密度饲养、强制性投喂、运输和屠宰应激可能带来牲畜掉膘、患病甚至死亡。动物外部生存条件的恶化以及人类同家畜愈发密切的关系促使人们开始反思自身对待动物的方式。事实上，人类最开始关注动物福利问题并非基于动物本身的利益，而是受到生产性目的的驱动，因为这直接关系到动物的生产力水平。1976年，当美国动物学家Hughes首次提出动物福利一词时，针对的是畜牧农场中的动物精神和生理上的康乐状态，将原本用来形容人类幸福和利益的术语用于动物身上。Fraser[136]随后将这一概念定义为满足动物康乐所必需的外部条件，在提出关怀动物的同时，也强调重视动物福利对改变现行生产方式的局限性，指出我们需要在实用主义生产和理想化福利之间寻找到一个平衡点。

随着环境运动的推进，在科学和人文精神结合的基础上，学界逐渐形成了"动物有自身目的、内在价值和自然权利"等理念，并倡导"尊重生命、善待动物"的行为，特别是在发达国家，关怀动物的目的从增进人类自身的生产性福祉，转向对动物自身健康、快乐的关注。上述理念促进了动物福利立法的发展。1822年英国国会通过的《马丁法案》拉开了全球动物保护立法的序幕，随后100多个国家出台相关法案，专业性动物保护协会相继成立。我国也在20世纪末开始出台相关法律，目前有针对野生动物的《中华人民共和国野生动物保护法》、针对实验动物的《中华人民共和国实验动物管理条例》、针对农场动物的《中华人民共和国动物检疫管理办法》和还处于讨论制定阶段的综合性《中华人民共和国反虐待动物法》

等法律法规，虽然同欧美体系化的法律相比还有不小差距，但随着中国经济的发展和对动物保护重视程度的提升，动物福利立法的星星之火渐成燎原之势。

### （二）水生动物福利

目前的动物福利研究、立法和管理举措主要针对的是陆生动物，对水生动物的关注相对较少，而工业化步伐使得渔业资源和水生动物栖息地遭到破坏，为最大程度地获取水生动物的经济利益，海洋动物表演、"割鳍弃鲨"、过度捕捞、无序养殖等现象时有发生，以鱼类为代表的水生动物的福利同样值得关注。

相较陆生动物，我们在考虑水生动物福利时会面临更大的挑战：从生物学意义上说，水生动物种类繁多、差异性大，既有低等无脊椎动物，也有高等海洋动物，种群的多样性和特异性使得人们难以对其进行严格而统一的生物学归类，因而难以确定其道德地位；从社会意义上来说，由于生活在水里，水生动物的"隐身性"切断了其与人类的直接联系。与家畜不同，它们通常不和我们共享同一环境，这种陌生感和疏离感也让人们更不容易关注到水生动物的福利问题。从福利损害源头上来说，环境污染、生计渔业、商业养殖和捕捞、休闲垂钓、观赏鱼饲养和科学研究都可能对鱼类福利造成损害，加重人类活动的成本。

对于动物福利，现有文献既有分区域的研究，又有分领域的探讨。区域层面，邵化斌[137]论述了海洋动物的福利，提出了影响海洋动物生存发展和"康乐状态"的三大因素：栖息环境（海洋环境、海水水质、饵料等），捕杀行为（不人道、残酷无情的捕杀方式等），人为环境（水族馆的动物表演等）。目前关于海洋动物福利的探讨多集中在级别较高的海洋哺乳动物。Butterworth[138]主编的《海洋哺乳动物福利》，从多角度阐释人类所带来的海洋环境威胁（有毒物质和微塑料污染等）及其对海洋哺乳动物福利的影响，对受到人为干扰的鲸类、海豹、海牛、北极熊和水獭的福利进行了具体研究。Balian等[139]对在淡水中生活的脊椎动物、甲壳类动物、软体动物等物种的多样性和分布进行了系统比较和评述，通过环境生态资料汇编和分类学研究，分析关于淡水生物多样性的资料，促进可持续地管理和养护世界淡水资源以保障淡水动物的福利。行业层面，近年来，对生产性动物福利的关注已从农场动物扩展到水产养殖和捕捞渔业，用于科学实验的动物范围也从传统啮齿类动物扩展至哺乳动物、两栖动物、鸟类和鱼类等。可持续、负责任的水产养殖、捕捞、加工和科研等人类活动对鱼类福利的影响逐渐成为渔业管理中需要考虑的因素。值得注意的是，要在上述具体领域实施福利标准，前提是知道如何定义和衡量福利，这些问题的解答不仅依赖于科学经验，也需要进行伦理反思，从而作出规范假设。因此，生物学家、生理学家、生态学家同伦理学家之间的合作显得十分重要。

鱼类是水生动物的重要组成部分，鱼类福利是水生动物福利研究的核心内容。在渔业领域，科学和哲学的互动主要体现在对以下三个问题的回应之中：①鱼类是否拥有记忆和意识？（这是它们能否感觉到疼痛、痛苦和幸福的前提）②人类应当如何对待鱼类？③渔业利益相关方和整个社会怎样看待鱼类的能力和道德地位，科学和道德的发展对这些看法有何影响？[140]

鱼类福利争议的焦点之一是鱼类是否存在思维、能否感知痛苦。流行的解剖学观点认为，鱼脑内未见造成痛苦感知所必需的核心神经结构——额顶叶皮层区域，因而无法产生疼痛体验的替代神经系统。鱼对危险刺激的反应只是条件反射，并无疼痛的意识。但也有科学家的实证研究表明，鱼会感到恐惧，会为避免危险作出准备，"有足够证据表明，鱼类和鸟类及哺乳动物一样会感到疼痛"。例如：注射蜂毒后，实验鳟鱼在鱼缸底部和侧面摩擦嘴唇、鳃盖开合频率增加，进食行为减少（即使是在饥饿的时候也是如此），对放置于鱼缸内的新事物的注意力下降，而使用吗啡能缓解上述症状。说明像鱼类这样行为较为复杂的动物可能具备对痛苦的感知能力，即使这种能力在程度和种类上与人类有所不同。

依据道德可考量性，鱼类是否拥有道德地位以及拥有何种道德地位是决定人们是否对其开展道德关怀的基本依据。如果将道德可考量性比作一把测量道德地位的滑动标尺，那么鱼应当被置于哪一刻度之上？是更接近哺乳动物、鸟类、爬行动物、两栖动物的道德地位，还是应作为介于哺乳动物和植物之间的类动物去衡量？鱼类在科学分类上的模糊性就足以对道德考量构成不小的挑战，而渔业资源所涉及的水生动植物情况则更为复杂。

在"为己利他/它"的基本原则下，裁决渔业生物的道德地位可以超越其生物学意义上的机体情况，综合考量其对人类有益的程度。鉴于渔业资源对人类的诸多伦理性意义，其福利应当得到关照。基于上述背景，Kalshoven 和 Meijboom[141] 提出了道德考量的流程图（图 2-2）。

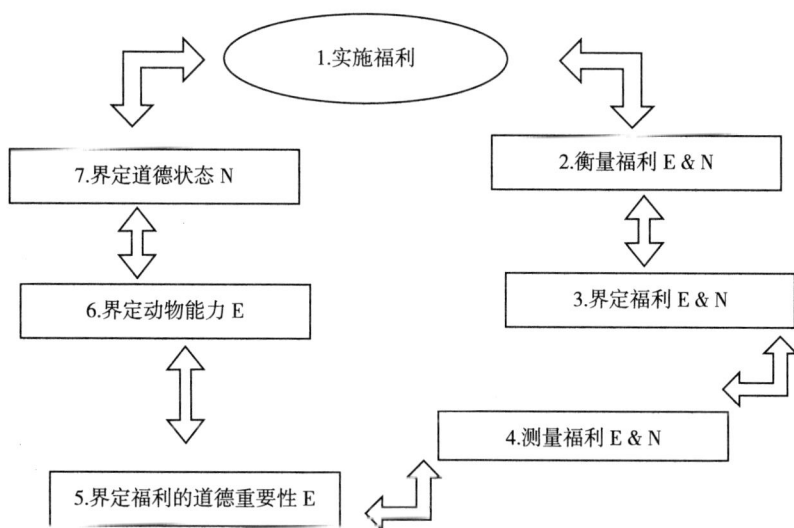

图 2-2 道德考量的流程图（E：经验性，N：规范性）

此外，两位学者还通过对渔民与消费者的深度访谈，分析了鱼产品购买者在福利和可持续性领域面临的道德和非道德困境。调查发现，外部和市场因素是人们发展可持续渔业的动力，而水产养殖鱼类比野生鱼类得到的关注更多，这也许是因为这些消费者认为相比野生捕捞鱼种，渔民需要对养殖鱼类担起更大的责任。动物是否能够成为道德主体、权利主体甚至是诉讼主体成为环境伦理学讨论的重要内容之一。尽管对鱼能否感觉到疼痛存在争议，但鱼的福利越来越被认为是一个重要的社会问题。1998 年，欧洲动物保护公约常设委员会起草养殖鱼类福利规范，并于 8 年后正式实施。自 2006 年起，世界动物卫生组织动物福利工作小组起草并修订了水生动物福利标准，主要针对鲑科、鲤科和观赏鱼的运输、宰杀和疾病防控推出指南。目前，我国在动物福利立法方面同发达渔业国家尚存差距，对鱼类福利的关怀程度尚达不到西方的标准，在一定程度上影响了水产品的国际贸易发展。

# 第二节 概念、地位和原则

## 一、概念溯源及研判

希腊是西方哲学的发源地，英文中的 ethics（伦理）一词就是源于希腊文的 ethos，意为风俗习惯以及人的气质、精神和风度。亚里士多德在其著名的《修辞学》中提出了 logos（诉诸理性）、pathos（诉诸情感）和 ethos（诉诸人品）三种基本说服技巧，其中，ethos 就是修辞者的人格威信、道德品质。斯宾诺莎、卢梭、边沁、黑格尔等近代西方伦理学巨擘从人性特征、社会契约、功能主义和自我意识等角度严密考证了人的伦理属性。西方的 ethics 在语义分析和逻辑判断层面有丰富意义，自诞生伊始就具备鲜明的理性取向，强调社会世界和公共生活中的正义规则。当代西方伦理学吸附着文化理性、科学、公共意志等属性。

脱胎于中国语境的伦理概念却呈现出不同的内涵。《说文解字》认为："伦，从人，辈也，明道也；理，从玉，治玉也。""伦""理"合起来即"人伦之理"，指人与人之间的相互关系和处理这种关系应当遵循的原则或规范。人伦关系贯穿于整个中国传统文化的脉络之中，通过血缘、宗法和地域等媒介编织成为一张庞大的社会关系网。费孝通[142]将维持上述关系的规矩总结为"礼治秩序"，"礼"类似中国乡土社会中的"理"，用良心的无形力量约束着人们的行为。和西方相比，中国的伦理更有一种人情的色彩。追本溯源，我们不难看出，在环境危机爆发之前，伦理学研究主要针对发生在人身上的"善恶是非"。

然而，当代社会的环境危机不仅是全球生态系统遭受的危机，更是对人类、环境存在物所抱有的传统伦理价值的严峻挑战。现代性道德提倡的利益主义和人类中心论在最大程度尊重人性价值的同时，也导致了人对权利诉求的恶性膨胀。针对人权确立、实施的正当性和合法性讨论的缺失，将会危及整个人类的前途和命运。人类在生态系统中的优势地位决定了人与其他自然生命的非对称关系，这种权利和义务的不对等背离了伦理的内在要求，自然对人类的现实影响在某种程度上又反过来挫伤了伦理的构建。

随着"将伦理责任拓展到生态环境"成为越来越多学者的呐喊，与生态相关的伦理学说逐渐成为显学。兴起于 20 世纪的生物伦理学融合环境伦理学和医学伦理学，把农业、林业和渔业中的道德问题纳入讨论范围，关涉我们对环境、自然资源的利用和生物技术的态度。人类责任范围的扩张性纠偏将生态系统引入伦理舞台，为"渔业"和"伦理"之间暗含的关联逻辑做好了铺垫。渔业之伦理既需处理正统伦理学中的复杂人际关系，又要应对新兴伦理拓展主义下的人鱼关系。

联合国粮食及农业组织（FAO）是渔业伦理的先驱倡导者。1998 年 7

月[143]，FAO 发起了一项"伦理倡议"，成立粮食及农业伦理委员会（CE），CE 框架之下又设立了专门的粮食及农业伦理分委会（SCE）。1999 年，一项针对 FAO 全体103 名工作人员的访谈系统梳理了农林渔领域的伦理问题，并据此提出粮食与渔业部门在保证公平正义和粮食安全、治理范式转换、生物多样性保护、不同文化宗教下的动物使用等方面的伦理机遇[143]。由于渔业反映人类与水生生态系统之间的相互作用，FAO 将渔业伦理阐释为："对渔业活动所涉及的道德问题的批判性规范分析，涉及与人类和生态系统福祉相关的价值观、规则、职责和美德。"[20]虽然国外对渔业伦理维度的研究已初成气候，但目前尚未找到对渔业伦理的专门性定义。

要想弄清楚何为渔业伦理，首先要对"渔业"和"伦理"这两个词的互动关系进行解释，具体来说，就是分析渔业资源对人的作用，以及人应对其担负的道德责任和义务。

渔业资源集多重功效于一身，不仅具有传统意义上的经济和生态价值，也具有基于伦理、文化、宗教、哲学基础的存在价值或内在价值。食用是渔获物最主要的消费方式，全球用于人类食物的渔业资源占 78%，全球人均水产品消费量达到8 千克/年。渔业资源可谓"浑身是宝"：鱼肉可制作成鱼排、冻鱼块和鱼肉酱，鱼皮为皮革、动物胶、黏合剂和染料等提供了原材料，头足类动物体内富含壳聚糖，鲨鱼软骨粉能够消炎镇痛、促进人体软骨再生，鱼内脏可作为鱼贮饲料并提供酵素和鱼油，鱼性腺中可提取出有助于促进细胞间黏着的凝集素（图 2-3）。除鱼体各个部分的实际用途之外，渔业不仅有助于促进渔业社区发展、增加就业、消除贫困，还能丰富人类的精神生活：作为兴趣爱好的休闲渔业可放松身心，缓解日常生活压力，鱼文化可服务于哲学、科教、艺术、民俗和认知发展。

渔业是一种社会行为，是人通过利用渔业资源来满足各类自身需求的方式[144]。为理解人的社会行为，美国心理学家 Maslow 在其《人类动机理论》中提出了著名的需求层次理论，按照人类不同层次的内驱力将需求划分为：生理需要、安全需要、社会需要、尊重需要和自我实现需要，前两者是根植于人类先天需要的基本需求，而后三者是级别更高、社会化程度更深的成长需求。不同层次需求的出现有其先后顺序，较高级别需求的实现依赖于较低级别需求的满足[145]。同样，只有当利益相关方从生理需要的桎梏下解放出来，才可能产生"生态渔业""都市渔业"和"渔家乐"等新兴概念。上述

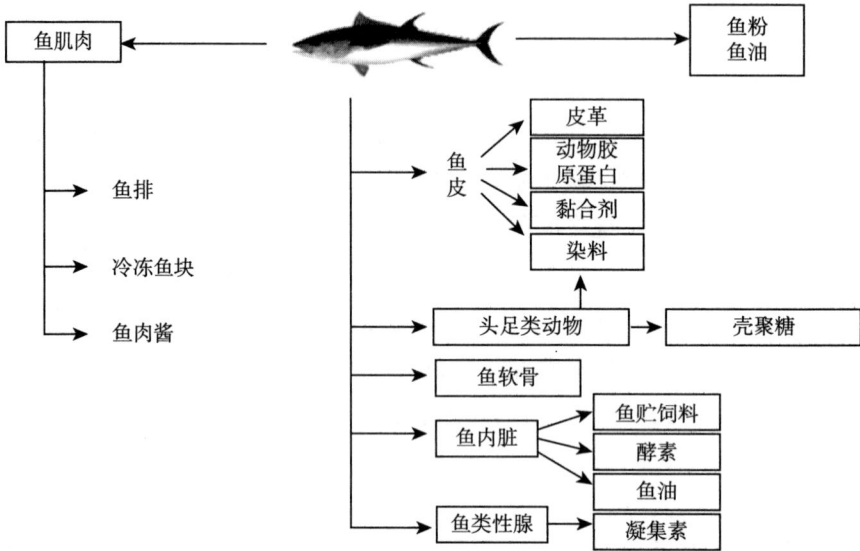

图 2-3 从鱼类综合利用中所获产品和副产品的图示（据 M. Blanco[145]）

概念主要从渔业功能的维度来界定，本质上是对渔业特定价值的诠释。现代渔业需求呈现出分层化、多元化特征，资源功能层次的不断拓展是渔业经济持续发展的产物。

根据 Maslow 的需求金字塔模型，渔业基本功能的不同层级也可以排成五层阶梯[146]（图 2-4）。作为食物的水产品能解决人类温饱问题，为我们提供足够的营养，属于第一层次的生理需要；若将整个有机体当作一个寻求安全的机制，渔业资源在生态系统中的安全保障功能可视为安全需要；社会需要侧重于渔业的社会性，同渔业利益相关方的情感息息相关，涉及经验、教育、文化和宗教信仰等因素；尊重需要是通过自己或他人对个人地位和能力的承认而获得满足的内心体验，休闲渔业是一项较为高雅的活动，有助于丰富人们的精神世界，参与者并非迫于生计，而是为了追求乐趣，在"以渔会友"的过程中感受到了尊重需要；自我实现需要处于金字塔顶端，是自我人生境界的实现与超越，在渔业上，最高层次的需要体现为渔业伦理需要，人类在利用渔业资源时只有尊重鱼类、敬畏自然，履行自己作为自然界绝对优势物种的责任，才能创造和谐共生之美景，享受天人合一之乐趣，实现生态福祉的最大化。另外，只有实现了渔业社会在产业、就业和性别等方面的公平正义，才能让更多人群体会生活的幸福，实现社会福祉的最大化。可以说，渔业伦理就是渔业领域相关人群的自我实现需要，是对人鱼互动关系本质深刻认识之后的哲学思考和高峰体验，是实现渔业之存在的最和谐状态——可持续渔业——的必要元素。

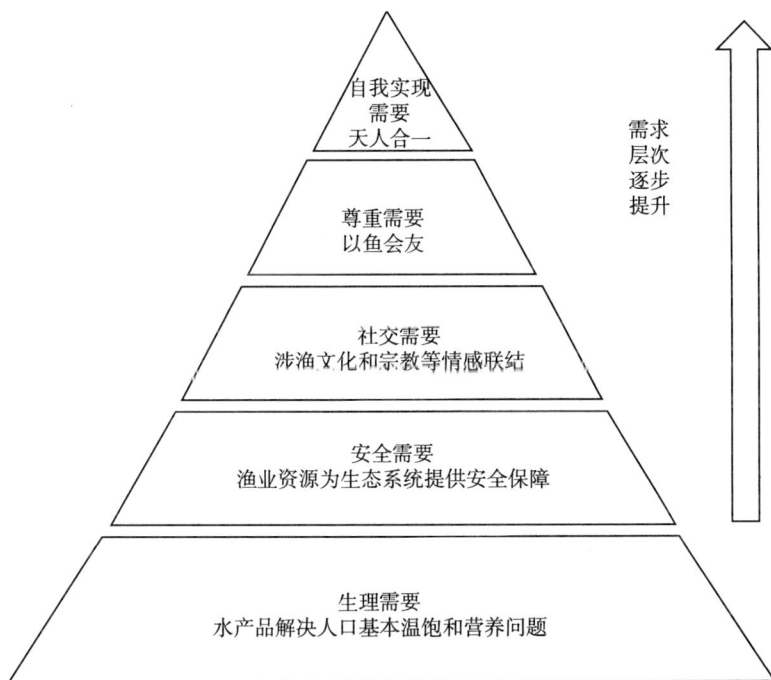

图 2-4 基于 Maslow 需求原理的渔业需求层级

从渔业所承担的功能可看出，渔业资源在多个领域贡献了自己的价值，从而增进了人类的幸福。然而，人类在享受开发渔业资源的权利的同时，却并未好好履行与之对等的责任和义务，过度利用和环境污染扰乱了生态系统平衡，这种生态干扰也会成为阻碍未来发展的枷锁。与此同时，渔业社会变迁使得渔业和渔民的弱势地位愈发凸显。人与自然、人与人之间博弈的天平需要道德系统校准，渔业良性秩序的构建深切关涉根本性的价值取向问题。正如 FAO 所述："同人类福祉和生态系统相关的伦理问题是关于我们所希望看到的渔业和渔民未来的辩论核心。目前，一种全球性的渔业道德观正在形成。我们的健康、福利、基本人权（获得食物的权利）、自然资源和环境的内在价值以及替代用途需要一同得到考虑。"随着道德共同体的扩展，人类将道德关怀拓展到渔业资源，并承担起相应道德义务，也是对自身发展的一种负责任态度。因此，为了人类自身和生态系统的长期福祉，将"渔业"和"伦理"整合起来，建立一套指导渔业行为、受到大众认可、经得起实践检验的渔业伦理规范，既有可能性，又有必要性。

伦理学是哲学上研究道德价值的系统学说，是对在特定社会或实践中指导人类行为道德因素的一种系统性、批判性分析，伦理学的核心意义是协助最大价值的实现，而伦理实体是经过反思的具有必然性、构成社会生活价值合理性之依据的伦理关系体系。渔业伦理即关于渔业道德的价值系统，涉及伦理价值在渔业领域的具体体现和运用，是处理渔业中人与鱼之间、人与人之间的关系和行为的一套秩序规范，为渔业行为实践提供了判断依据。换言之，渔业伦理就是以渔业现象的合法性和正当性为研究对象的价值规范体系。从广义上讲，渔业伦理是囊括一切规范渔业秩序的制度、规范、律法、习俗、礼仪和行为标准的价值支撑。而狭义的渔业伦理就是指导渔业行为的规范和原则的总和。由于篇幅限制，本书仅对狭义上的渔业伦理开展探讨。

渔业伦理内涵丰富，涉及渔业生活的方方面面。伦理标准的兴起是为了从根本上保障利益共同体与增进人类利益，FAO 将渔业共同体分为生态系统、鱼类种群、渔业、渔民、渔村社区、其他利益相关方、消费者和政治家等主题，并指明了每个主题应实现的道德目标[147]（表 2-4）。

**表 2-4　联合国粮农组织总结出的渔业领域主要伦理问题**

| 渔业伦理维度的主题 | 渔业伦理维度的目标 |
| --- | --- |
| 生态系统 | 生态系统福祉 |
| 鱼类种群 | 养护 |
| 渔业 | 负责任渔业，可持续发展 |
| 渔民 | 船上安全，自由和福祉，公平入渔 |
| 渔村社区 | 消除贫困，文化多样性 |
| 其他利益相关方 | 跨部门平等，社会效率 |
| 消费者 | 食物权，食品安全 |
| 政治家 | 透明的政策，公共协商 |

## 二、学科关联

既然渔业伦理是将渔业活动中的道德行为单独析出进行考量的专门性学

说，那么渔业伦理学处于何种地位？对学科的发展具有何种意义？按照伦理学研究的对象，可将其分为元伦理学、美德伦理学和规范伦理学。元伦理学聚焦道德的语言逻辑，美德伦理学以行为主体的美德为核心对象，规范伦理学则致力于通过特定行为带来"善"的事实结果来揭示人应当遵从的基本道德标准和原则，因而具有较强的实践性。规范伦理学又可进一步被分为理论规范伦理学和应用规范伦理学（又称"实践伦理学"），前者研究抽象善，后者探讨具体善，即特定领域的道德议题。渔业伦理学下沉到具体学科，专注于渔业道德的研究，属于实践伦理学的范畴，是将伦理学与渔业学科相结合、用于指导渔业生产实践的交叉性研究，通过正义视角对渔业行业规范进行新的审视。渔业伦理在伦理学研究中占据独特地位（图 2-5）。

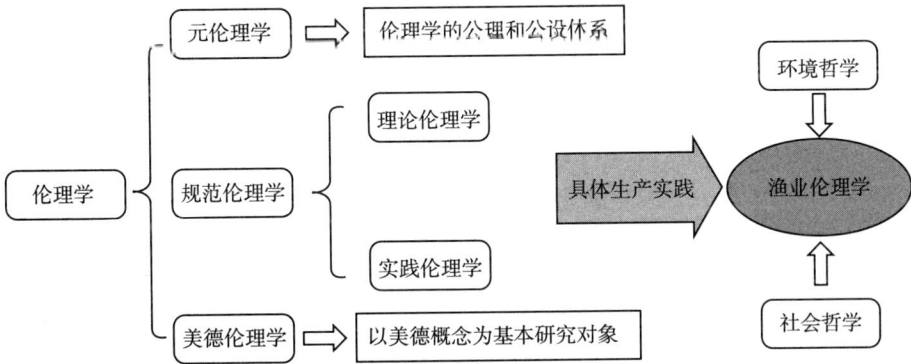

图 2-5　渔业伦理在伦理学研究中的地位

从图 2-5 可看出，渔业伦理学和其他关涉具体学科的伦理学（农业伦理学、环境伦理学、医学伦理学、机械伦理学、商业伦理学等）一样，是抽象的伦理学原则对具体科学实践领域的指导。从外延来看，渔业伦理同渔业法、渔业治理有密切关系，正确认识上述联系有助于进一步明确伦理在渔业领域所扮演的角色。谈到伦理与法的关系，"任何一个民族皆有自己的伦理，其法律皆体现了各自的伦理"[148]，法律是伦理的实体化机制，是道德的强制化、具体化形态；与此同时，法律和伦理也存在一定冲突，可能出现"合法不合理、合理不合法"的现象。

渔业法和渔业伦理都是约束人类社会生活行为的规范，二者相辅相成、缺一不可。前者以国家强制力作为保障，但受到有限法律资源的制约，无法解决渔业领域中的所有矛盾；后者虽仅具有非强制性的指导作用，但涉及范围广，渗透到了一切渔业活动。事实上，法伦理学和生态法学中的诸多内容都和渔业伦理研究有交叉之处。现代渔业治理需要弄清伦理与法的边界，综合运用两者的优势配置社会资源，以达到最佳治理效果。在实施治理行为前，人们需要在一定价值判断的指导下制定行业法律参考和道德规范。因此，渔业伦理学研究不仅有助于拓展人类对渔业资源价值的认知，也能为渔业道德、法律和制度提供有益补充。法律和伦理可共同为基于价值的渔业治理策略提供依据。

## 三、相关原则

伦理学的主要任务就是对行为的是非善恶作出事前指导和事后判断，而上述价值判断的依据就是得到普遍认可并经过实践检验的道德原则。这些原则是建构和选择某种规范的参照系，充当了对规范及制度进行价值评判的尺度。基于现代伦理学所追求的终极目标——增进全人类和非人类生物的福祉——了解现实道德因素能否（如何）促进人类和非人类生物的幸福，就必须开展道德论证，而优良的道德标准应当从行为事实中进行推导和制定。可以说，道德推理不仅关系到人类和其他有情绪、感知的生命主体的根本利益，还关系到人类和非人类生物赖以生存的环境之价值。

渔业中的道德原则是渔业伦理学的核心所在。这些原则包含渔业领域的基本规范、规则或价值观，通过建立一套针对渔业行为方式的普遍信念，来影响人们的渔业活动，并帮助治理者判断渔业行为的好坏。当渔业利益相关方的行动存在道德上的模糊性时，伦理学原则就为其寻找"正确答案"提供了路径。按照不同渔业伦理原则的位阶和属性，可将其分为最高原则、基本原则和具体原则。

### （一）渔业正义是最高原则

最高原则处于伦理体系的顶端，是约束人类行为的所有原则中最具普遍性和统领性的总原则。当众多原则之间发生冲突时，其他原则需要服从最高原则。在相关原则指导下开展行动的人们在达到某种目的后，可将其作为实现较高目的之手段，用以追求更高目的，以此类推，直至实现最高目标。渔业伦理的最高原则就是渔业领域要追求的终极目标，即渔业至善，表现为对渔业行为进行最高级别的肯定评价。什么样的原则才能担此大任，统摄一切渔业规范呢？由于至善的识别指标无法由外赋予，只能通过至善本身的属性得以呈现，因此，我们应按照至善的特征进行挖掘。至善是最后的善、最高的善和最终的善，具有"终极性、综合性、目的性和永恒性"的特点，代表着人类奋斗的终极方向。只有满足了以上属性，这样的善才能被称为至善。

渔业正义就是渔业中最高级别的善。纵观中西方伦理发展的路径可以发现，正义是道德发源之初就存在的理念。它涉及社会制度和人类行为的深层价值意蕴，同崇高、神圣和尊严相联系，体现正确、公平、公正之义。正义是社会体制的第一美德，正如真理是思想的第一美德。在西方，正义被视为社会制度的首要价值和法律制度的最终目标。在我国，正义也被当作判断真善美的核心价值尺度。

渔业是人类与水体中的自然资源发生联系的产物。因此，渔业正义既包含处理人与人互动关系的社会正义，又包含处理人与鱼互动关系的生态正义。渔业社会正义重视人权、平等和团结，努力为公正的个人和组织高效参与渔业资源的利用和养护创造良好条件，形成正义的渔业社会。通过对利益相关方权利和义务的合理分配，调和渔业生活实践中存在的各种利益冲突，使之达到一种恰当的平衡，从而增加渔业社会整体和个体的长期幸福感。渔业生态正义将生态系统视为一个整体，认识到生态系统对人类自身和生物多样性的价值，强调在人类享受渔业资源发展红利的过程中对资源应尽的养护责任：审慎挖掘待开发的资源，适度利用已开发的资源，妥善修复遭破坏的生境。

正义是人类社会的崇高理想和无上美德，实现正义的状态就是渔业社会和生态最理想、最完满的状态。在这样的状态下，作为物质财富的渔业有充分保障，渔业交易成本随着冲突的减少而减少，渔业附加值随着社会协作效率的增加而增加，每名利益相关方都能得到公平对待，享有应得的份额、遭受对应的惩罚，根据权利承担相应的责任，从渔业中获取多元化的福利，并且在满足当下个性化渔业需求的同时，不妨碍后来人满足需求的能力；因产业结构调整而退出渔业的人员，也能得到妥善安排。另外，良好水生栖息地中的渔业资源能将自身的再生能力恢复到可持续水平，处于康乐的生存状况，持续地为生态系统和人类社会提供丰沛的价值。

从根本上讲，渔业善是直接满足人类需求或以生态为中介间接满足人类需求的善，而渔业正义就是能实现上述目标的综合善，穷尽了人鱼互动关系中的方方面面的具体善，渔业伦理的具体要求都可被归入正义的大框架内。

既然渔业正义是最综合、最全面的善，渔业发展追求的终极目标——无任何手段性质的纯粹目的——之上和之后，就没有其他任何更高级、更终极的善。此外，渔业正义的实现过程是一个恒久的动态平衡过程，伴随着社会和生态中旧矛盾的解决和新矛盾的出现，世世代代循环往复，永远不会达到完结的静止状态，因而具有永恒性。至此，本书论证了渔业正义作为渔业至善原则的目的性、综合性、终极性和永恒性。

渔业正义是渔业伦理的最高原则，究其具体内涵，正义可二分为：分配正义与矫正正义（损害的禁止或补偿）或应报正义（用适当惩罚手段回应恶行），形式正义与实质正义，个人正义与社会正义，生产性正义与消费性正义，代内正义与代际正义等。Lam[27]根据 Rawls 和 Sen 这两位哲学家的正义框架，结合渔业相关理论与实践，提出了有关渔业理想正义和现实正义的模式（表 2-5）。Lam 提出的模式涵盖了生态系统正义（生产性、恢复性）和社会正义（分配性、应报），对渔业治理目标和渔业法指导思想确立的合法性和正当性具有伦理意义上的参考价值。

表 2-5　渔业中有关理想正义和实现正义的模式

| 正义类型 | 理想正义 | 现实正义 |
| --- | --- | --- |
| 生态系统正义 | 保护所有生态系统成员的内在价值和相互联系 | 预防性管理措施 |
| 生产性正义 | 管理或引导生态系统和渔业资源，以产生预期的效益水平 | 适应环境波动，减轻生态系统消耗和生境破坏 |
| 恢复性正义 | 通过重建生态系统、生物多样性和渔业资源，恢复曾经失去的福利水平 | 限制丢弃物、兼捕和副渔获物，以维持渔业的弹性，并在人类活动造成破坏后恢复生态系统 |
| 社会正义 | 使重视人权、平等和团结的公正社会和机构能够参与渔业资源的利用和养护 | 通过参与式决策和协作治理进行公正管理 |
| 分配性正义 | 在生态系统内公平分享渔业资源的利益，为捕捞优先权/特权付费 | 公平准入和分配，基于毗邻性和依赖性以及替代性生计 |
| 应报正义 | 为渔业特权买单 | 补偿因捕捞产生的社会和环境代价（惩罚IUU捕捞） |

## （二）渔业福祉、渔业自由和渔业公平是三大基本原则

伦理分析可以帮助我们明确渔业价值和利益如何受到威胁或损害，以及如何得到促进或保护，在确定人类利益以及整个生态系统的价值方面发挥着

重要作用。要想对渔业开展伦理分析，需要先阐明何为人类基本利益，它被认为是我们能够过上优质生活的必要条件。

在古典伦理思想的基础上，FAO 将人类的基本利益分为福祉、自由和公平三大类。首先，人们需要基本资源用以自我生存和照顾后代；在渔业方面，"福祉"意味着物质福利以及生产性生态系统的养护，涉及渔业作为粮食和生计的供应问题。其次，人们通常按照自我价值观或文化观来管理个人事务，实现人生规划。"自由"即自主权利，涉及渔业资源的获取、渔民的自我掌控和其他与渔业相关的生活选择。最后，人们需要找到共享社会福利和共担社会责任的办法，促进和平共处，"公平"涉及渔业利益的分配和稀缺资源的所有权。这三大基本利益关系到人类过上体面生活所必须具备的能力，因而同人类的脆弱性密切关联，它们阐释了道德推理所捍卫的伦理价值观，是全人类共同的价值追求，因而被认为是指导人类道德互动和保护基本道德利益的基本原则。上述原则在渔业领域主要体现为"渔业福祉""渔业自由"和"渔业公平"这三大渔业伦理的基本原则。三者相互联系、层层递进，共同构成渔业伦理的基本准则，为裁决渔业治理的合法性和正当性指明了根本方向。据此，FAO 在表 2-4 的基础上提出了在福祉（福利）、自由（自主）和公平三原则指导下的伦理矩阵[147]（表 2-6）。

表 2-6　FAO 关于渔业伦理分析的伦理矩阵

| 主体 | 同下列项目有关的目标 | | |
| --- | --- | --- | --- |
| | 福祉（福利） | 自由（自主） | 公平 |
| 生态系统 | 生态系统完整性；栖息地与生物多样性保护 | 保持变革能力；灵活性 | 人类机构所代表的管理和利益 |
| 鱼类种群 | 种群和遗传保护；动物福利 | 无迁徙障碍 | 公平的再生产条件 |
| 渔业 | 经济可行性；可持续发展；安全委员会 | 有条件的行动自由 | （税务和法律方面的）跨部门平等；进入法庭 |
| 渔民和渔村社区 | 充足的收入和适当的工作条件；消除贫困；文化的多样性 | 改变或不改变的自由；赋权；文化认同 | 贸易和法律方面的公平待遇；公平获得资源；补偿 |
| 其他利益相关方 | 没有或减少捕捞的外部性 | 竞争自由 | 公平分配资源；争议解决 |

（续）

| 主体 | 同下列项目有关的目标 | | |
| --- | --- | --- | --- |
| | 福祉（福利） | 自由（自主） | 公平 |
| 消费者 | 安全、营养丰富、价格合理的食品；社会效率 | 可选择（例如标签） | 公平获得粮食；没有贸易壁垒；跨部门平等 |
| 政治家 | 可供选择的政策方案 | 决策能力；自由参与公众讨论 | 透明度；问责制；责任；公众监督 |

从内涵上讲，福祉、自由和公平是渔业正义的子集，分别展现了物质福利、自主权利和利益分配这三个不同方面的"应然"和用于指导渔业领域的"实然"，以便实现渔业道德调整的目标。另外，鉴于渔业伦理的核心研究对象是水生生物，而当前世界渔业面临的一个主要挑战是过度捕捞和水产养殖的生物伦理问题，所以除上述三大基本原则之外，生物伦理学原则也不可忽视。

生物伦理学原则包括：人类尊严、人权和正义，善行，生物多样性，文化多样性、多元化和宽容，团结、公平与合作，对生物圈负责。人类尊严、人权和正义侧重于对人权的尊重，是一组以权利为基础的伦理学指标；善行关注人类福利，渔业生计、工作条件、鱼产品质量和安全、转基因问题都属于这一类别；文化多样性、多元化和宽容考虑不同的价值体系，强调特定文化环境中的人员参与；团结、公平与合作涉及团队合作与分享，增加渔业政策和数据的透明度、增进渔业利益相关方之间的信任和宽容是本原则的目标；对生物圈负责，则是在分析人类行为后果以及人类美德义务的道德推理基础上，对生态系统整体功能的把握。

在本质上，如果将生物伦理学嫁接到渔业之中，其覆盖面和福祉、自由和公平三大基本原则是一致的，两者以不同的分类视角探讨了渔业问题，前者可作为后者的有效补充。由于渔业福祉、渔业自由和渔业公平概念层次更为清晰，更具有高度概括性，对渔业伦理问题针对性更强，故上述三大原则能更好地充当渔业伦理基本原则的角色。

**（三）渔业伦理的具体原则**

具体原则是在基本原则指导下适用于渔业领域中某一特定情形的原则，指向基本原则在渔业行为中的具体化身，主要以行为准则、指南和工作要点等纲领性文件为载体，对应不同国家和地区的实际渔况和其渔业部门的治理状况。

从国际来看，作为负责任渔业指南的《负责任渔业行为守则》（CCRF）是全球性的渔业伦理文书，开拓性地阐述了负责任行为的国际标准和原则。这些约束个人或集体渔业行为的规则具有丰富的伦理内涵，在现代渔业治理中发挥着愈发重要的作用。CCRF 高度重视渔业资源的合理养护与管理，覆盖渔业的整个价值链，还特别考虑到发展中国家的特殊需要。其中第 6 条（"原则"部分）强调了针对渔业的伦理性方法：[6.1] 各国和水生生物资源的使用者应保护水生生态系统……[6.2] 促进……渔业资源……在粮食安全、减轻贫困和可持续发展的范围内为今世后代提供服务……[6.3]防止过度捕捞……采取恢复资源措施……[6.4]……以目前的最佳科学依据为基础……[6.5]……加强关联种、目标种的养护……[6.6]……发展和应用具有选择性、无害环境的渔具渔法……[6.7]……加工和销售方式保持产品营养、质量和安全，减少浪费，降低环境不利影响……[6.8]……鱼类生境尽可能地加以保护和恢复……[6.9]……沿海地区综合利用……[6.10]……确保养护和管理措施得到遵循和实施……监控船只……[6.11]……挂旗船只履行……的义务……[6.12] 各国……进行合作……[6.13] 确保决策过程透明……工业、渔业工人、环境和其他有关组织的有效参与……[6.14]……鱼产品贸易应当按照 WTO 协定和……的原则、权利和义务进行……[6.15]……防止发生争端……[6.16]……确保渔民参与政策制定和执行……[6.17]……渔业活动能有安全、卫生和良好的工作和生活条件……[6.18]……保护渔民和渔工的权利，特别是那些从事生计、小规模和手工渔业的人，获得安全和公正的生计，以及优先获得……传统渔场和资源……。第 7 条"渔业管理"中还提到从预防措施到监管执行的伦理性操作。此外，一些渔业较为发达的国家和地区通过相关主管机构出台了根据本地实际渔况的具体纲要，例如：美国国家海洋与大气管理局（NOAA）用以确保本国一切渔业管理活动符合负责任和可持续标准的《国家标准指南》，美国食品药品监督管理局印发的《鱼类与渔业产品危害和控制指南（第四版）》，加拿大渔业及海洋部发布的《价值与道德守则》，等等。

从国内来看，继党的十八大将生态文明纳入"五位一体"总体布局之后，党的十九大又将"坚持人与自然和谐共生"提到新时代坚持和发展中国特色社会主义的基本方略的高度，标志着史上最严格生态环境保护制度的形成；党的二十大指出中国式现代化是人与自然和谐共生的现代化，进一步强调提升生态系统多样性、稳定性、持续性。

渔业资源是生态环境重要组成部分，我国农业农村部渔业渔政管理局每年推出的全国渔业渔政工作要点就是针对当年渔况和发展目标的具体指南。从 2021—2025 年工作要点当中可看出，产业扶贫、健康养殖、绿色发展、生态渔业、水生野生动物保护、渔业信息化等是文件中的高频词、关键词，体现了党中央加快我国渔业转型升级步伐的坚定决心。在 2022 年工作要点中，要点一（夯实渔业生产基础）和要点五（强化渔业风险防控）是渔业福祉原则在保障粮食安全和食品、促进就业稳定、确保鱼类福利和社会福利等方面的贯彻；要点三（强化渔业改革创新）和要点六（推进开放发展和合作共赢）是渔业自由原则在协同增效、提供更多自主选择权上的体现；要点二（推进产业融合发展）和要点四（持续加强以长江为重点的水生生物保护）是渔业公平原则在降低生态损失、调整生产关系和督促措施执行的落实。在中央提出的框架之下，各省市和区域按照当地实际状况，精准制定地方渔业渔政工作具体细则。

根据以上分析，本书认为渔业正义是渔业伦理的最高原则，是具备终极性、综合性、目的性和永恒性的总原则；渔业福祉、渔业自由和渔业公平是渔业伦理的三大基本原则，是渔业正义的分原则；而渔业伦理具体原则是在基本原则指导下适用于全球或某一地区渔业情形的具体准则和指南，是渔业治理的阶段性目标，以《负责任渔业行为守则》中列出的原则为代表。

判断渔业治理是否具备足够的合法性和正当性，关键在于上述原则是否得到了充分满足。政府法律法规、自愿行为准则和贸易协定以及基于市场的工具，不断衍生出一些新的伦理原则与实践准则。全球捕捞、养殖、加工的治理也正在朝着满足伦理标准的方向进行改革。上述原则为渔业世界勾勒出理想的图景。如果以正义最高原则、三项基本原则以及众多与时俱进的具体准则为先决条件构建起全球渔业价值观，将其作为对全球渔业危机的回应，如果利益相关方都能遵守这些原则开展渔业活动，那么现代渔业的秩序将会变得更加和谐美好。

## 第三节　基本分类

伦理是道德共同体成员之间相互关系的准则规范。渔业伦理学是研究渔业共同体成员之间关系的学说，其主要任务就是妥善安排渔业领域纷繁复杂的关系。这些关系存在于人类涉渔活动与渔业自然资源（或生境）的互动之中，存在于各类渔业利益相关方的博弈之中，也存在于渔业产业链内部的不同环节之中。根据渔业伦理学研究对象的关系属性和所涉问题的不同特征，可将其分为渔业生态伦理、渔业社会伦理、渔业产业伦理和渔业科技伦理四大类别。

### 一、渔业生态伦理

渔业生态伦理是利用生态学规律协调渔业生态关系的道德规范。人类与渔业资源及其栖息地的关系是绕不开的永恒话题。传统伦理学认为，人是万物的中心和主宰，人与自然之间仅存在利用与被利用的关系，只有具备理性的人类才拥有道德观念，也只有人类才属于福利关怀的范畴。若以此为尺度，那么"渔业伦理"本身就是一种谬论。

然而，当前的世界有两种趋势正强有力地重塑着人类的生存状态：一是前所未有的技术发展，二是部分地区的自然功能退化。由此导致的现代渔业危机触发了人们对危机根源的思考，人类不得不重新审视过去不可持续、不负责任的资源开发方式。固然，道德的行为者（道德代理人）只能是可以作出是非善恶判断的理性人，但如果道德的承受者（道德顾客）仅限于人类，人类对自然不用讲道德，那么渔业资源的崩溃就是对人类傲慢自大、无度索取的现实回击。如果无法从源头上摆正人类在整个渔业生态系统中的位置，就可能出现扰乱生态秩序的行为，作出不正当且不合理的决策。因此，"精准生态定位"和"指导生态实践"构成了渔业生态伦理在认识论和方法论上的主要任务，前者指向涉渔生态伦理思想，而后者体现在与渔业生态相关的政治、经济、文化、社会和司法实践。

#### （一）渔业生态伦理体认

从认识论上来看，人是生命的重要形态之一，作为一种关系性的存在，其生命逻辑既向世界敞开，又向自身敞开，还向他者敞开。这三个维度的张力空间支撑着人类的生存和发展。一方面，在某种程度上，人类有一种与自然、其他生命形式联结的先天倾向，甚至有时会有想要与之开展情感对话的冲动，美国自然学家 Wilson[149] 把这种内在纽带联系称为"亲生命性"（biophilia）。这一假说采纳了生物进化论的观点，"人与生俱来的热爱自然的天性"逐渐得到哲学、生态学、心理学，乃至医学和建筑学等领域诸多学者的支持，解释了我们为何会在大自然中感受到宁静，为何会被生物多样性吸引，以及为何拥有与其他生命互动的欲望的原因。人类最初为了生存性生产实践而驯化自然中的野生动物（例如我国驯化的四大家鱼"青、草、鲢、鳙"），在与某些驯养物种共同生活的过程中，逐步建立起了一种特殊的情感联结。在渔业领域，水产养殖源自对原始采集、捕捉到的一些水生生物的驯化。除满足人们物质需求的经济鱼类之外，还有能为其带来愉悦心情、促进心理疗愈的观赏鱼种。当然，不是所有水生生物都能驯化，但它同人类的多维联系却无法忽视：鱼图腾体现了人民对水中生灵的自然崇拜；大白鲨、灰鲸等海中巨兽引发的恐惧让人们对海洋充满敬畏；中华鲟等现存最古老的鱼种有丰富的科研价值。

由此可见，寻求与渔业自然和谐相处是渔业利益相关方原始而固有的内在冲动。同时，我们应该清醒地认识到，人类仅仅是错综复杂、循环往复的生态系统链条上的一环，个体无法完全以己之力实现生存，必须借助其他生物和环境（资源＋空间）的合力。与此同时，人类对自然的干扰必须保持在合理和正当的限度之内，因为人类物种对其他存在物的侵害或维护的态度和行为，最终将会回归到对人类生存发展利益的侵害或维护。

这种对外部存在物的依赖也深刻地反映在渔业之中。考古学发现，早在距今 78 万年前的石器时代，以色列阿舍利文化遗址内就存在高密度的鱼类残留物。考古学家通过对 I-4 和 I-5 两个湖泊相中鱼类遗骸的生物学和岩相学分析，发现了原产于湖中的五种淡水鱼科中的三种：鲤科、慈鲷科和鲶科，这是有关史前人种捕食鱼类的最早证据之一。对于早期埃及文明、罗马文明和希腊文明来说，饲养鱼类不只是为了饱腹，还为了娱乐身心。中国对养鱼行为的兴起和普及做出了巨大的贡献。早在 3 000 多年前的先秦时期，就有"王在灵沼，于牣鱼跃"和"灵沼之水，鱼盈满其中，皆跳跃，亦言得其所"的说法。

正是这种对渔业资源的生存性和情感性依赖，激发起了人类对渔业生态系统的敬畏之情。人们逐渐认识到，具有丰富价值的鱼类种群正在经受现代性所带来的"苦难"：渔业资源在原生环境中被异化为"他者"，它们要么由于水利活动、水质恶化和生态链破坏等原因而被迫改变自己惯有的食性或迁徙路线，要么在过度开发或不当利用的影响下逐渐变得小型化和低龄化。当然，鱼类种群现有的生存困境是多种因素复杂耦合的结果，不能将责任完全归咎于人类行为，气候变化、反常水文现象和物种特性也可能给渔业生态带来冲击。的确，自然进化的历程往往伴随物种间残酷的生存斗争，而人与渔业资源的关系也属于种间关系的一种。但不可否认的是，人类在这种竞争中占据了绝对主导地位，并试图将渔业资源的工具性发挥到极致，以满足自身无限的需求。

渔业生态伦理就是我们在经历多次水生种群异化所带来的生态教训后，对自我实践行为的一种理性反思。一切生命都是自然生态系统的组成部分，在一定范围内都有存在的价值和意义，只有人类才能够体悟并反思生命独立存在和不同生命体之间相互依存的价值。因此，应当像"敬畏自己的生命意志一样敬畏所有的生命意志"，以谦卑之态和敬畏之心面对鱼类物种的多样性，尊重渔业资源发展及延续的规律，以维护整个渔业生态的平衡与和谐。对致力于树立渔业生态道德的治理者来说，也许打出一套"震慑加敬畏"的"组合拳"——展示带来行业阵痛的可怕现实并对迷人生物进行生动描述——将是一条有效的途径。

### （二）渔业生态伦理实践

从方法论来看，渔业生态伦理注重可持续生态观对渔业活动的指导，强调人类应承担的生态责任。它要求我们摒弃掠夺式、破坏式的水上渔业活动，重新设计和安排人类与渔业资源接触的方式，以产生一种能促进道德想象和生命敬畏的伦理体验。鉴于人类在自然界的优势地位，我们在获得权利的同时，也应承担起联系其他生命、其他生物的责任和义务。权利的实施是为了满足原始生命利己性需求自然而然产生的结果，具有主动性和自觉性。但责任的履行则可能以自我利益的部分损失为代价，具有被动性和劝诱性。因而，负责任渔业行为的有序落实既需要健全外在生态约束机制，又需要树立内心生态道德。上述机制和道德的终极归宿就是生态伦理实践。

根据区域，渔业生态伦理实践可分为国际实践和国内实践。水域是人类共同的家园，符合伦理的国际实践要求不同国家和地区在分享渔业资源利益的同时，自觉承担起相应的渔业生态责任。鉴于海洋生物逐渐发展为一种重要的战略资源，渔业生态伦理涉及国与国之间的地缘政治关系。国家在观察、分析和判断渔业生态议题时，"权利"始终处于支配性的地位。事实上，现代海洋划界和权益争端的焦点之一就是渔业资源的权属问题。在《联合国海洋法公约》所奠定的全球海洋新秩序中，海洋被划分为具有不同法律地位的区域，渔业资源养护和管理被纳入规制范围。为确保公共渔业资源利用和养护中的机会均等和责任共担，通过建立全球或区域渔业管理组织来落实共同的养护义务，监督可持续渔业的执行情况，并对违法违规行为进行合理处罚。从随后出台的系列相关国际文书分析，跨界和高度洄游鱼类利用、海洋脆弱生态系统保护、南北极和深海渔业资源养护、渔业预防性原则和生态系统方法、兼捕和丢弃渔获物、国家管辖范围外区域海洋生物多样性（BBNJ）养护和可持续利用、打击 IUU 捕捞、渔业国际合作、公海登临权及全球渔船船舶监视系统强化等前沿趋势表明，全球海洋渔业实践逐步朝更契合伦理标准的方向发展。除区域渔业管理组织的角色强化之外，由于渔业发展的地区差异，国际生态伦理实践还强调渔业发达国家和欠发达国家之间共同而有区别的责任，既要防止前者用"生态殖民主义"方式向后者转移环境压力，又要防止后者步前者不可持续发展的后尘。

符合伦理的国内实践要求各国对管辖范围内的渔业资源和生态环境承担更大的养护责任，分清渔业目标之间的轻重缓急，协调渔业活动各项任务的先后次序，尽可能地实现经济发展和生态养护的双赢。当国民利益和鱼类福利发生冲突时，道德显得尤为重要。不同的情形要对应不同的价值判断。应在保障人类基本权利（温饱和生计权利）的前提下，适度关照渔业资源的基本福利（鱼类种群的延续）。与国际渔业机构和文书相比，国内渔业部门和法律更具约束力和执行力，更加符合本国渔业的实际状况，受到当地渔业资源衰退的生态冲击也更大。与此同时，本国渔业还可能面临城乡、区域、阶层和代际不公等问题：都市渔业同乡村渔业争地，都市污染向乡村水域蔓延，渔业资源保有区域和实际享受人群所在区域不同，贫富阶层在消耗渔业资源的过程中所带来的生态后果向贫穷人口转移，当代人对资源的超量索取影响了在本地生活的后代人满足自我需要的能力等。上述矛盾无一不是渔业生态伦理要处理的问题。

根据内容性质，渔业生态伦理实践还可分为政治、经济、文化和社会四个方面。政治实践包括政府渔业相关部门的生态科学决策及生态治理职能；经济实践包括促进渔业经济发展的生态标准和产业链模式；社会实践包括渔业生态伦理的社会形成、社会评价和社会约束机制；文化实践包括生态教育的推行和生态理念的转变。确保公众履行渔业生态责任，需要自律和他律的结合，综合运用政治、经济的硬手段，以及文化、社会的软手段。推动科学资源养护观形成、促进生态技术进步、完善渔业生态组织建设、强化渔业生态法治是推进渔业生态伦理实践的必经之路。

渔业生态伦理应是增进人与渔业自然和谐共生、协同进化的价值理念和实践活动的有机结合。它在认识论上强调渔业生态的整体价值以及人与鱼的相互依赖，主张"尊重水域环境、敬畏渔业资源"的思想倾向；在方法论层面强调落实国际和国内生态责任，履行政治、经济、文化和社会等方面的生态义务。本质上，生态伦理也是一种代际伦理，我国应当以马克思生态伦理思想为指导，以促进渔业的永续发展，实现渔业领域的"天人合一"。

## 二、渔业社会伦理

渔业社会伦理是运用社会学理论协调渔业社会关系的道德规范。在渔业活动中，利益相关方结成了各式各样的互动关系，例如：渔业主管部门与渔业产业之间的管辖关系，同一渔业区域居民之间的社群关系，水产品买方和卖方之间的供求关系，涉渔企业/组织与其员工之间的雇佣关系，渔业同行之间的竞争关系，渔业产业链上下游之间的合作关系，渔业科技人员与养殖户、捕捞户之间的指导关系，渔业生产参与者在分工合作上的性别关系，渔业教科文服务提供者与接受者之间的精神关系等。渔业世界并非一座孤岛，它与外部世界同样存在诸多联系，比如渔业共同体成员可能因"转产转业"等政策因素或个人经济因素流动到其他领域，而其他领域的成员也有可能与渔业世界产生物质和精神连接。

如果说聚焦人鱼关系的生态伦理是渔业中最重要的核心伦理，那么梳理人际关系的社会伦理就是最基本的"兜底"伦理，因为后者旨在通过社会关系的道德调节，来维护和保障渔业社会的基本秩序。虽然渔业领域的社会关系十分庞杂，涉及多个社会角色的出场与退场，但在渔业共同体中，与渔业具有密切关系、最易受渔业变化影响的利益相关方就属委身其中的渔民群体。与外围参与者不同的是，渔业社区是渔民的生存圈，渔业资源是众多渔民（唯一）的生计来源。在产业改革背景下，渔业资本家尚可灵活调整投资结构；在名贵鱼种资源短缺的情况下，高消费人群尚可找到其他食物和宠物替代品；而一旦渔业资源减少或产业政策调整，渔民也许会陷入失地失海甚至挨饿的窘境。他们创造了渔业文化，但却难以在社会变迁的时代洪流中守护并传承这些文化。渔民同时具备中心性和脆弱性的特征，他们既是渔业社会风险和压力的最大承受者，又因出路受限和地位边缘化而无力进行自我调节，迫切需要公共权力介入进行协助。

因此，涉及渔民的关系是渔业社会伦理调整的核心关系，而渔业社会伦理的主要任务就是最大程度地平衡渔业主体之间的权利和义务，特别是有关渔民的权利和义务。要想实现渔业社会的有序发展，就必须首先达成减少贫困和饥饿、维持生计和保障就业、性别平等、渔业权利公平分配等针对渔民的"兜底性"目标。

## （一）减少贫困和饥饿

贫困和温饱密切关系到人类的基本生存权利：如果温饱问题得不到解决，那么人最基本的生理需要就无法得到满足，其健康乃至生命就可能受到威胁。在指导全球绿色发展的联合国可持续发展目标中，排在前两位的就是消除贫困和消除饥饿。根据世界银行 2018 年统计，全球约有 10% 的人口每天生活费不足 1.9 美元，虽然这一比例已经比 1990 年的数据（近 36%）大幅降低，但考虑到庞大的人口基数，贫困问题依然是困扰各国政府的棘手难题。至 2019 年，全球仍有超过 8 亿人无法得到充足食物，20 亿人正遭受因营养不均衡导致的隐性饥饿的困扰，在中国，隐性饥饿人口数量就达到 3 亿之多。发展渔业的当务之急就是解决贫困人群的温饱问题。

鱼类是世界上数百万贫困人口的营养和生计的主要来源。在人类膳食结构中，人均日食水产品提供了约 34 卡路里的热量，一份 150 克的鱼肉可提供成人每日所需蛋白质的 50%～60%。人类可从中摄取高质量、易于消化的动物蛋白，补充人体所需的微量营养元素。鱼类蛋白在一些人口稠密的小型沿海发展中国家尤为重要。2021 年全球人均鱼产品消费量为 21.5 千克，约占全球人口动物蛋白摄入量的 17%，占所有蛋白质消费量的 7%。在全球范围内，鱼类为全球约 33 亿人提供了近 20% 的动物蛋白，为 54 亿人提供了 10% 的动物蛋白。在亚非拉欠发达地区的偏远地带，人口营养不良现象十分常见，由此导致的诸多健康疾病在推高当地婴儿死亡率的同时，也极大缩短了人们的预期寿命。在一些地区，即使是较为富裕的小型渔业家庭，其平均收入水平都可能低于官方设立的贫困线。

作为利用自然资源的重要领域，现代渔业常常受到"技术悖论"的困扰，捕捞努力量和产量的增加并不一定成正比。在某种程度上，过度捕捞和资源退化既是致贫的原因，又是贫困的产物。渔业部门的贫困问题蕴含着多重维度，具体表现在过度拥挤的生活住所、不充足的卫生服务、低水平的教育以及政治权力的丧失和脆弱性等方面。渔业社区获得粮食和社会服务的机会往往低于社会平均水平，对生活在偏远地区的手工渔民来说尤为如此。鉴于人类拥有"获得充足食物的权利和人人享有免于饥饿的基本权利"，我们应立即采取行动履行保障粮食安全的责任。

在确保渔业生态平衡的情况下，可持续渔业通过直接为渔民提供食物或为其提供购买食物的足够收入等方式，为保障全球粮食安全提供了伦理性机遇。事实上，渔业部门对经济增长和消除贫困的贡献度正在不断提升。需求增强和价格上涨促使全球鱼类出口总额突破1 500亿美元，其中超过一半的水产品来自发展中国家。渔业在减少全球贫困和饥饿方面的努力有助于实现"增进全人类的长期福祉"这一伦理目标，促进建设一个更加公平、不让任何人"掉队"的社会。

需要注意的是，温饱问题与国家和地区的整体经济、社会和政治制度密切相关，当前渔业发展的脆弱性困局无法通过简单的技术转让和部门投资来打破。因此，渔业部门有必要开发有效的改革机制，妥善安排复杂的渔业关系，在治理层面作出合理的价值排序。

**（二）维持生计与保障就业**

现代渔业的工业化和市场化改革带来了许多威胁渔业资源的生态、经济和社会问题。从这一角度上讲，渔业生态危机也是社会危机。它不仅危及渔业的未来，还威胁着世界各地渔业社区的生计。受到渔业资源崩溃和渔业政策调整的双重压力，许多传统渔业社区面临衰败的风险。渔业社会的变迁使得渔民身份发生现代性异化，部分渔民在让渡捕鱼自由后，无法适应社会经济的冲击，那些居住在贫困和欠发达地区的渔民很难找到其他可替代的生计来源。他们当中的一些人依海为生、居于船上，是实实在在的"海上吉卜赛人"，与定居型农耕生活相比，水上迁徙生活面临着更大的风险和不确定性；即使是居于陆上的水产养殖户，也面临水域污染、过度养殖、生产空间缩小等压力。

　　渔民就业状况关系到生存安全和社会稳定，维持生计和保障就业是渔业社会伦理必须处理的重大议题。自古以来，渔业都是全球重要的生计部门，手工采捕实践是人类已知最古老的自然资源利用形式之一，虽然随着社会经济的发展，商业捕捞已成为当今经济秩序中的一项主导产业，但在世界范围内，捕捞活动仍然以手工捕捞业为主，为超过 10 亿人提供了粮食保障。海洋、河流和池塘接纳了那些想要维持家庭运转的贫困人口，小规模渔业不仅是沿海、沿河社区的就业保障，还是无地农民和失业年轻人的主要出路之一。时至今日，世界各地仍有数千万人在渔业领域获取生计来源，他们当中约 90% 的人仍然从事生计渔业或手工渔业。95% 的渔民来自发展中国家，特别是亚洲（85%）。2020 年，约有 5 850 万人从事捕捞业和水产养殖业。从事水产养殖的人数占 35% 左右，近年来较为平稳，而全球捕捞渔民数量则出现萎缩。在中国，由于渔业转型的政策调整，自 2012 年以来，这两个部门的就业人数都在下降，这对全球就业总量产生了一定的影响。

　　作为众多贫困地区家庭的主要生存方式，小规模渔业是渔业伦理关照的重点对象。在市场化改革的进程中，许多小规模渔业社区依然以传统方式利用水域，难以适应开放的社会经济以及大规模的监管和改革，极易受到商业渔业和外部环境变化的冲击。在现代化进程中，他们不但被相对"体面"的就业机遇拒之门外，而且往往被排除在政治、经济和文化生活之外，一些渔民甚至以生存为名被迫从事非法的偷捕活动，给人力监管和自然资源带来较大压力。

　　渔业问题在根源上是渔业社会问题，而渔业转型的根本在于渔民的转型，如何转变"困守渔场"的局面，保障渔民的基本就业和生计权益，应成为渔业公共政策的价值安排。目前，国际上在逐步采纳可持续生计方法（SLA）这一有效分析工具，以利益相关方的共同参与为基础，聚焦渔区弱势群体，以便更好地了解社区对鱼类资源的依赖程度、参与替代生计活动的能力和相关的法律与制度框架。确保就业公平，转变就业思维，拓宽就业门路，提高就业技能，夯实就业保障是解决渔业生计问题的伦理方式。

## （三）渔业社会性别平等和公平

　　在许多文化中，男女之间不平等的权力关系意味着妇女在社区决策、控制资源、经济交易、获得服务、利用新机会和应对生活变化的能力等方面处于不利地位。长期以来，男性在家庭中的主导地位掩盖了对妇女权益的关注。社会性别是在男女固有生理差异事实基础之上所建构的一种对两性文化角色、意义和行为的价值判断，因而具有伦理属性。渔业社会性别平等和公平要批判的是歧视和贬低渔业妇女的伦理理论和道德实践。

鉴于渔业弱质产业的特点和传统渔业生产对重体力的要求，对渔家妇女的性别歧视在就业市场上更为普遍。在传统渔业家庭分工中，男性一般负责实际捕捞（收获和生产）活动，而妇女直接参与收获后的销售活动。在一些国家，如柬埔寨、泰国和刚果，许多渔家妇女也参与捕鱼活动。但家庭生产资料和经济大权主要由男性支配，话语权的不对等使得女性即便是在对家庭福祉和渔业生产作出重要贡献之后，依然难以享受应有的"待遇"。亚非拉的渔村妇女往往仅参与诸如织渔网、捡虾皮、晒鱼干等低层次的产业活动，即使在渔业参与率较高的欧美地区，女性也并未得到充分重视，女性的身影很少出现在管理层和决策层中。

当前，传统渔业劳动力需求的减少带来了渔村剩余劳动力问题，特别是女性劳动力。随着就业机会从农村转移到城市，在加工、销售和分配渔获物方面发挥重要作用的渔家妇女不得不面对就业机会减少的压力。在性别歧视的语境之下，妇女从事的很多渔业劳动尚且是无偿和不被承认的，更不用说受教育等权益。考虑到女性渔民在家庭和渔业社区中的重要地位，以及其因缺乏资产和教育而产生的各类社会成本（营养不良、高婴儿死亡率、高艾滋病感染比例等）和经济成本（低劳动生产率、损失的人力成本等），提升妇女的就业和教育水平有助于释放家庭和社区潜力，推动渔业向着更加公平、可持续的方向发展。

幸运的是，随着全球性别意识的提高，女性渔民境遇的改善迎来了"性别主流化"的历史机遇期。在《农业和农村发展中的性别平等》（*Gender Equity in Agriculture and Rural Development*）中，FAO 将性别平等提高到同可持续生产、粮食安全、营养水平等焦点问题同等重要的地位。女性赋权有助于实现"不让任何一个人掉队"指引下的 17 项联合国可持续发展目标。女性地位的提升不仅关系到社会正义，而且是确保公平和可持续的人类发展之必需。一些有影响力的国际组织已开始逐步建立起性别评估、技术支持的框架，并将其延伸至渔业领域。

在中国，女性渔民占国内渔民总人口的 12％，这意味着如果妇女被排除在与其男性伙伴充分合作的积极参与式发展进程之外，那么渔业的发展将是不完整的。逐渐从家务束缚中解放出来的女性在现代渔业中具有多重身份，她们可能是拥有渔具的渔船主或承包鱼塘的养殖者，也可能是水产品的加工者和销售者，同配偶或其他家庭成员共同获取家庭经济来源；还可能是渔业合作化的参与者甚至管理者，投身于基层渔业的发展和渔业政策的制定。渔业中的性别公平和平等要求突破"性别盲视"的藩篱，摒弃过去以男性为主体的学术和实践偏好，重新对女性从业者进行角色定位和道德评价，并对其渔业生活开展道德审查，尊重和重视其独特的道德需求。

值得注意的是，渔业女性伦理并非一味吹捧女性的道德优越性，走向话语极端。相反，它建立在两种性别平等对话、充分理解的基础之上，体现出对"他者"的接纳。现代渔业治理者在制定政策时，也应考虑性别因素，将家庭视作整体，在淡化性别差异的同时，充分发挥性别优势，以实现真正的平等和平衡发展。

### （四）渔业权益的社会分配逻辑

权益是指社会赋予的权利和利益，必须定期通过社会正义对其进行重新审查。渔业社会伦理探讨的另一个重要层面就是在分配有限渔业资源方面的道德偏好和道德权利。Hardin 对公地悲剧的经典论述深刻揭示了捕捞业发展所面临的负外部性挑战。渔业公地本身的属性，使得每名捕捞当事人即使内心十分清楚过度捕捞会掏空资源的恶果，却仍然抱有"我不干别人也会干，还不如及时捞一笔"的竞争性心态，这种道德滑坡的境况加速了资源的枯竭。除生态负外部性外，渔业领域还存在社会结构交互的负外部性。分散作业的渔民之间往往不存在资源合作协议，因而会相互竞争，导致整体福利损耗。而产权边界不清、量化和补偿（或赔偿）困难等问题又阻碍了渔业契约的订立。

渔业场景中的分配博弈一般可分为非合作形式和合作形式。如果渔业利益相关方订立的承诺或协议无法强制执行，那么就会发生专注于个人战略选择的非合作博弈，管理者难以从宏观层面掌控每位参与者如何行动、选择何种战略来实现目标。如果承诺或协议具有充分的约束力和可执行性，就变为合作模式，强调基于集体理性的组织联盟，以实现帕累托优化。由此看来，通过特定规则，促进参与者采取合作博弈，是有助于增进渔业总福祉、避免负外部性的方式。

实际上，现代渔业活动本身就要求较高的合作水平，在参与共同劳动的过程中，成本和收益的分配显得极为重要，因为这直接关系到每名成员的公平感和获得感，是增进个体福祉、改善集体福祉的关键保障。

有关渔业产权分配的争议是现代渔业治理的一个显著特征：谁应成为受益人？此类福利应依照何种准则发放？从渔业伦理的价值判断视角出发，如果利益相关方在落实分配过程前事先参与到原则性辩论之中，并就社会公平分配产权的一些一般规则达成一致意见，那么将有助于建立一种公平的渔业社会契约。这种社会契约意味着自愿或非自愿地让渡一部分权益，以换取可能出现更好生存发展机遇的社会秩序。假设渔民内部或渔民团体与利用共同水域的其他行为人之间订立某种契约，划分好各自的权利和责任，提前协商损害状况出现后的补偿或赔偿并确保遵守，那么渔业整体福利将会因为非目标性社会成本的减少而增加。渔业中的捕捞配额制度和禁渔区、禁渔期，养殖许可证等准入制度，以及国际渔业合作中的协作机制和退出机制（例如中韩渔业协定中的暂定措施水域和过渡水域）等契约制度，都是基于人际合作、公私权力配置以提高社会黏合度的博弈措施。政府、企业和公民之间不断演进的渔业社会契约必须将法律权利和道德权利结合起来，破解信息不对称问题，以便在当前和未来维持渔业和保护水域环境资源。而关涉渔业资源获取的决策，需要权衡穷人获取食物的需求与富裕国家满足利润丰厚的高端市场需求之间的关系，并调和相同阶层的话语权分配矛盾。恰当利用渔业社会资本这种存在于渔业社会网络关系当中的隐性资源，提升利益相关方彼此之间的信任度和归属感，从而增进社群成员的共同收益并激励集体行动，才是符合渔业伦理的分配逻辑。

### 三、渔业产业伦理

渔业是针对水生生物资源进行合理采捕、人工增养殖及加工利用的综合性产业。渔业产业伦理研究就是对捕捞业、水产养殖业和水产品加工业伦理的研究。

#### （一）捕捞伦理

从水中捕捞野生渔业资源是人类获取食物的重要方式，具有"保障人类营养"的历史性伦理意义。然而，捕捞业的发展对涉渔环境和资源带来了巨大挑战：随着技术进步和船队扩张，人们投入的捕捞努力量严重超出生态系统可承受能力，如使用公海流刺网、底拖网等选择性差的渔具，以及电鱼、炸鱼、毒鱼等破坏性渔法，丢弃的渔具还造成了"幽灵渔捞"，致使兼捕、丢弃渔获增多，捕捞死亡率攀升，水生生物资源整体福祉下降。

当前，全球高度重视过度捕捞问题，出台多项养护和管理渔业资源的文书，积极打击非法、不报告和不管制（IUU）的捕捞行为，这些举措有助于恢复生态系统平衡，提升水生生物多样性，符合可持续发展的理念。捕捞更多针对的是渔民群体而非个体，捕捞伦理应遵循"天人合一"、整体考量等原则，力求实现野生渔业资源与生境的修复和可持续发展。相关解决方法包括：均衡捕捞，按照鱼类的生物学特性，将捕捞压力分散到所有营养层次，以确保维持不同物种、不同个体大小之间的营养关系；合理调整产业结构，协调捕捞渔民与休闲渔业之间的用地冲突，妥善安排转产转业渔民的就业与生计；通过政策法律手段明晰捕捞产权，加强对非法捕捞行为的监管和惩罚力度。

### （二）水产养殖伦理

人口数量最多、密度最大的亚洲同时也是世界水产养殖大洲。在人地矛盾不断凸显的现代社会，养殖水产品能够缓解海洋和淡水捕捞业的资源压力，满足人类的蛋白质需求，因此大力发展水产养殖本身符合"实现人类和自然福祉"的伦理目标。然而，目前养殖业存在诸多问题。自然方面，水生物种减少，水域环境污染加重，鱼类栖息地破坏、生存空间被挤占、洄游通道被切断，鱼类病害频发，水产品安全状况堪忧。人文方面，水产品质量安全和市场监管、鱼病用药和饵料、公平养殖、消费者权益、鱼文化的保护等领域陷入重重困境。

养殖更多面向个体而非群体养殖户。在此背景下，FAO 提出负责任水产养殖的概念，提倡可持续发展、和谐发展、人水和谐共处的原则。目前各国政府采取了以下解决方案：优化水产苗种，调整育苗品种结构；改善养殖生态系统，采用健康养殖技术，通过营造水底森林、应用微生态制剂、改善养殖模式等措施，修复和保护养殖水环境；开展适应性管理，以水为田，建设多元复合的循环养殖工程。治理者应通过立法方式加强对水域和渔业资源的保护力度，进一步明确养殖"为"与"不为"的边界。

### （三）水产品加工伦理

水产品加工就是以野生或人工养殖渔获作为原材料，通过人工技术介入提升其产品附加值的过程，可被视为人类对自然资源的延伸性改造。水产品加工业体现出人类对渔业资源的深度利用，各类加工制作手段能有效减少因鱼体腐败而产生的浪费，增加渔获附加值，促进水产品贸易，充分利用水产品的多样化功能（皮革、化妆品——生活用品，特色工艺品——情趣审美，营养品——医药保健）。作为第三产业的加工业还有助于调整渔业人口结构、促进生计渔业转型、实现男女平等。但在析出资源最大价值的同时，加工业因使用化工材料和技术而对资源环境造成污染，一些实验和加工手段给鱼类带来痛苦，食品安全问题也影响了人类福祉。

为解决上述问题，HACCP 食品安全管理体系应运而生，该质量控制体系主要通过系统性食品危害鉴别预防措施，将食品生产风险降至最低；全球养殖联合会推出水产养殖最佳实践（BAP）认证标准；国际物品编码协会提出的全球统一标识系统（EAN·UCC）中包括《鱼类产品追溯指南》；欧盟、美国、日本等发达经济体建立起较为完善而严格的水产品可追溯制度。水产品加工业整体呈现出规模化、标准化和精深化的趋势，符合生产过程安全、鱼品质高价格优等伦理价值的水产品将越来越受全球水产品市场的青睐。

## 四、渔业科技伦理

随着科技的迅猛发展，现代社会先后经历了种植业"绿色革命"、奶业"白色革命"和捕捞业"蓝色革命"，人类生存和发展空间逐步由陆地向水域拓展，渔业农牧化程度日益提高。渔业科技在保障水产品供应、促进渔业经济增长方面发挥了重要作用，然而，渔业资源的有限增长和科技的无止境发展之间存在尖锐矛盾。这种矛盾是技术理性侵蚀价值理性、科学技术背离自然规律的直接后果。渔业科技的可持续发展离不开科技伦理的支撑。

科技本身具有属人性，它不单是一类中性的功利手段，其上还附着特定人类个体或群体的价值观。科技价值是主体、社会与技术因子融合渗透的产物，因此可能在一定条件下从"为我"的工具属性异化为一股"反我"的异己性力量。如果不加约束，针对自然资源开发的科技成果可能"反客为主"，通过破坏资源再生能力、污染生态栖息地等方式压迫和奴役其创造者、控制者和使用者。面对渔业科技的不断进步，从业者需要在伦理方面做好准备，以对冲科技失控的风险。渔业科技伦理是对渔业科技开展善恶评判的价值判断系统。鱼虾贝蟹的采捕、增养殖和加工过程都有可能造成负面的生态扰动，影响到资源的永续发展甚至人体健康。渔业科技主要涉及以下几大伦理性挑战。

（1）水生生物多样性减少。地球生物是相互依存的命运共同体，产业动力化和机械化的发展打破了原有自然选择下的生态系统平衡，低营养级水生生物数量增多，具有较高经济价值的种群遭到过度捕捞，洄游鱼类的生存通道被水利工程堵截，水域污染、栖息地破坏带来整体威胁……当基因库内没有足够个体作为支撑时，特定物种的部分基因多样性可能因此而丧失，诸如中华鲟等一些脆弱生物甚至濒临灭绝；人工建设或通过人为途径携带的外来物种还通过挤占本土物种生存空间的方式，影响了本土物种的福祉。

（2）生产过程不可持续。捕捞网具的低选择性和渔业船舶油污是负责任捕捞的制约因子；片面追求高产的过量养殖、乱投饲料、滥用抗生素鱼药和疫苗，养殖方式（如：网箱养殖）忽视环保要素，导致鱼种畸变、鱼病频发，影响水产品质量安全，降低了人类福祉；水产加工还是典型的高耗水、高废水污染行业。

（3）渔业中的转基因风险。编辑鱼类的特定基因可使其个头变大、产量增多或更加美味，一定程度地满足了人类需求。然而，兼具复杂性和不可预见性的生物科技同时负载着社会和道德风险。对固有基因规律的人工干预在一定意义上剥夺了自然本身的存在价值，带来生物和食品安全隐患。如果具备耐寒性、耐盐性、耐热性或抗病性的转基因鱼从养殖场外逃，可能会在自然竞争中战胜野生亲鱼，占据野生物种通常无法存活的新生态位，或与在野生鱼交配的过程中污染自然基因库，导致原有生态链断裂，加速生态破坏或物种灭绝。转基因鱼还可能会被用作牲畜饲料，让风险从水体蔓延至陆地，最终转移给人类。

（4）渔业信息的透明度和可信度问题。透明度具有规范意义，渔业数据和决策程序的公开性、可获性和可靠性是渔业信息化发展的关键指标。国家或地区在国际渔业谈判中获得包括渔业资源在内的跨界自然资源，应当承担共享有效数据的国际责任和义务，以实现商定的可持续性目标；在作出理性决策和选择时，管理者和消费者应当得到权威、正确和透明的信息，以监督渔业行为、政策执行，保障自身福祉。然而，渔业数据化和公开化也面临道德两难。收集和共享（敏感）数据符合共享伦理暗含的道德要求，但却可能违背渔民、行业乃至国家的积极意愿，也许公开某类信息并不能带来实质性好处，反而会产生政治、经济或社会风险。信息透明度和隐私性之间的微妙博弈是渔业科学家和管理者需克服的伦理障碍。

本章尝试建构渔业伦理的理论大厦。首先探讨了渔业伦理的立论根基："渔业伦理"概念的成立依赖于道德共同体的拓展，作为渔业核心要素的渔业资源也应成为伦理关怀对象，而渔业资源本身具备的多元价值以及人类对水生动物福利的认知升级，为实施养护提供了伦理依据和着力点；随后提出了渔业伦理的概念，分析了这个交叉领域的地位，以及最高原则、三大具体原则等相关指导原则；最后阐释了生态、社会、产业和科技四大涉渔伦理类别，为从价值角度探讨渔业治理范式打下了学理基础。

# 第三章 渔业治理的伦理范式

随着快速衰退的渔业资源与人民日益增长的绿色水产品需求之间的矛盾愈发凸显，传统渔业管理系统已跟不上现代渔业发展的脚步，"渔业治理"在过去二十年逐渐流行起来。随着越来越多的行业利益相关方在变革中参与包括渔业在内的各个决策领域，国际学者对"治理"这一概念产生了浓厚的兴趣。同管理相比，治理的内涵和层次更为丰富，具有更强的包容性，更强调多元而非单一主体参与的动态民主决策过程。传统观点认为，"治理"（governance）等同于"政府"（government）行为，但本书赞同 Rosenau[150]的说法，就其功效而言，与其说是治理取代了政府，不如说它对政府职能进行了补充，为实现目标而增设了更多协商一致的程序和内容。有关治理的定义五花八门，综合来看，治理是由政府、非政府机构和私营部门对公共事务进行管理协调的活动、方式和过程的总和。

渔业治理经历了动态调整。现代渔业治理是在共同渔业目标指导下开展的多维管理活动，涉及人际、代际、人水和种间平衡，治理者应当为此确立基本原则和宗旨，而处理上述关系的准则就是伦理的讨论范畴。在处理纷繁复杂的渔业关系时引入道德指南，是制订现代渔业发展方针的内在要求。将伦理原则和道德要求融合进渔业战略管理过程，采取更为广泛的视角破解渔业困境，可能产生"为善者诸事顺"的良心效应。本章从伦理向度理顺治理逻辑，探讨有关治理之"治理"，寻找符合现代渔业治理的伦理范式，旨在构建渔业治理的信念系统，明晰政策法规的生成依据，评估决策实施的价值走向。

## 第一节 渔业治理的元层次

"元层次（meta-level）"是关涉客体本身的话语建构。作为一种更为抽象的认知或存在维度，元层次是高于、超越其他层次或包含一系列较低层次的层级。在元层次水平上的治理就是元治理，主要研究治理之应然，即合法性与正当性。渔业元治理有助于从本质上应对复杂的现代渔业治理，并找出治理方案的最佳组合策略。

## 一、合法性与正当性

治理主体是治理行为的能动核心。依据治理主体的不同，西方公共治理理论将治理划分为科层治理、网络治理和市场治理三种主要的理想模式。当前全球渔业制度性危机表明，单一的治理模式已无法调和愈发激化的资源环境矛盾以及愈发复杂的社会矛盾。公共治理经历了从自上而下的权威式监管，到自下而上的自治组织，再到多元主体相互依存的合作共治的流变。治理的最终目的是实现"善治"[151]。伦理层面的善治应当超越普通意义上的主体责任性、多元性和自发性之"善"，将公共理性和私人理性有机融合，在不同主体模式的碰撞中化解冲突对立之"恶"，实现协同互补。然而，考虑到每种治理的失灵形式各不相同，上述三类典型治理方式的结合可能产生摩擦、竞争，导致出现不尽如人意的结果，所以需要设计出一种驾驭不同模式利益、同时使负面影响降到最低的治理策略。

在决策系统权利平衡的假设下，著名英国政治经济学家 Jessop[152] 追溯治理的理性之源，于 1997 年首创了"元治理"（metagovernance）的治理框架，作为新颖的治理关系/需求，"协调不同治理形式，并确保它们之间达到最低限度的一致性"。元治理是为克服治理障碍而采取的针对治理本身的治理、针对组织本身的组织、针对过程本身的过程，可作为开展平衡与再平衡的间接网络规制工具箱，包含"掌舵、效益、资源、民主、责任和合法性"等核心要素。元治理旨在柔性使用控制治理行为的手段，协同发展科层、市场和网络治理组合，达到最佳治理效果。

在元治理框架的建构中，政府角色的演变遵循"权力中心"——"服务中心"——"责任中心"的路径。最初，国家治理强调政府的绝对主导地位，而当这种压制所带来的民意反抗超过阈值，权利天平就应通过制度设计等方式转向公众，以防止社会撕裂、稳固国家根基。与此同时，随着现代性"模糊边界"的出现，社会行动者与传统公共行政之间已不再具有相当明确的角色划分。各国政府逐渐认识到，无法单靠自身力量解决复杂社会问题，而应侧重与其他公共部门、私营部门和非政府组织的合作关系来减轻过载压力，增强治理效能。权力下放的过程以让渡部分国家控制力为代价增强了基层网络系统的自治能力，产生出面向各类政策议题的政府与市场、组织、公民间的互动。此时，政府的功能主要是向社会提供服务或充当合作伙伴。分权、自治、参与、协商是现代治理倡导的几个关键词。然而，缺乏强有力控制的过度自由容易滋生出不同治理间的连贯性或包容性问题。过度依赖政府之外的力量来调节社会关系会面临不同利益相关方之间的兼容性风险，即使存在上下沟通的渠道，当外部环境崩溃或市场和网络失灵时，科层难以迅速掌握信息全貌并有效开展执行工作，政府权责的强化显得十分必要。

元治理概念的价值在于克服过激的"社会中心"倾向。该概念主张保留政府在制度设计和责任承担等方面的特定权利和义务。治理网络需要一些基本的规则才能有效运作，而国家就是最合适的制度设计者、协调者和统筹者。"元治理者"只可能是充当自组织之间紧张关系调和者的国家，这也就意味着，在多层治理的秩序空间中，政府被赋能在元层次上运行，持续使相互冲突的或不同的利益矛盾得以调和并且采取联合行动，实现强制服从的正式制度规则和符合基层社会意志的非正式安排之间的混合互补。将国家请回治理舞台的中心有助于保障治理过程的合法性和正当性。与（公共）管理者只能使用一种或两种模式相比，元治理提供了一个简洁统一的概念框架，它允许采取更为广泛的治理组合，鼓励在政府主导下创建、管理及引导特定制度化治理网络的各种手段，因而成为灵活应对现代性变革的新范式。需要说明的是，元治理中的国家不同于威权主义国家，而是借助其他主体之手来延伸自主权利，并在其他主体内部或与其他主体之间出现摩擦时主动承担治理责任，以获取更大的政治和社会认同，巩固自身的合法性地位。

对治理的关注可分为经验性和规范性两方面，分别对应现实层面和理想层面的治理架构。元治理显然具有规范意义，关联着道德层面的"应然性"，因为有关治理的具体决策如何组合是基于社会价值的（政治）立场形成的。价值是治理权威的基础，而制度的合法性和正当性源于其承载的共同价值，也就是说，公共权力的运行需要努力符合社会共同体的正当要求。众所周知，调整社会秩序不存在得到所有人认同的方案。在多元化的治理情景下，行为者对不同的行为和目标作出的反应有所不同，治理模式的选取要以当地、当时社会状况为参照系。

元治理不仅要求元治理者能够超越自身视角——"看到"作为组织基石的科层、市场和网络元素，还需要其有能力理解不同形式之间的紧张关系和冲突，并能够设计和管理在特定环境下运行良好的治理组合。这个组合的最优解关联着治理者获得合法性和正当性的具体方式。在采取特定行动之前，社会网络利益相关方会对这一行为赋予社会意义，只有当某人相信依照某种价值行事会产生（对自己或对集体）善的应然结果时，他/她才会将这种价值转化为实然的行为冲动。只有某个集体、社区、共同体相信某种共同价值会产生共同善的结果时，它才会真正拥护基于此价值而产生的社会规则，从而带来一种集体层面的软性约束，形成服从意志或遵守自觉。正如Meuleman[153]所说，一切卓越的治理方法都是理想类型的组合。从规范角度上讲，元治理就是研究治理组合怎样在价值上和实施中实现合法性和正当性。

当然，作为一种颇为抽象的治理建构，元治理因批判传统治理理论而生，又因在实践中面临的种种不确定因素而遭逢诘难：如何确保元治理者具备相应的驾驭和协调能力？什么可以约束元治理者的权力？如何控制治理不足或治理过度？如何克服政府和社会期待之间的偏差？将该理念应用于相关实证研究和行业分析也许是回应上述质疑的重要途径。虽然元治理的理论框架仍有待完善，但由于具备普适性、前瞻性、中庸性和伦理性等优越特征，其地位在当前急剧变化的社会和自然环境中逐渐凸显。因此，本书尝试运用元治理工具，厘清现代渔业治理中的道德逻辑，探寻渔业伦理原则的实现途径。

## 二、渔业元治理

传统渔业发展的不可持续性以及现代渔业管理在监管和执行上面临的重重困难，对当前的政府主导型管理模式和自然资源导向型经营模式提出了质疑。为从养护资源中获取发展（渔业收入和价值）而采取行动的复杂性迫使我们思考：面对不断变幻的渔业资源和市场形势，是否存在有效的治理模式？面对动态调整的治理决策，是否存在具有普遍意义的指导原则？面对不同利益相关方的冲突性诉求，是否存在价值排序？面对渔业中的不确定性风险，是否存在容错纠错机制来协调事前事中事后的全过程？要回答上述问题，就必须先从根本上理解现代渔业治理的本质特征。

　　渔业资源管理实质上是对人类行为的管理。人具有主观能动性，会学习、探索渔业知识和技能，制造用于猎捕的高级渔具并驯化野生鱼种，也会制定相应的法律、规则和机制来管控对资源的利用，以确保对渔业生态的有序改造。因此，从传统渔业管理过渡到现代渔业治理离不开人力在资源、装备、技术、产品、经营、制度等方面的现代化，而这些要素的现代化离不开理念和认知方式的现代化。

　　从全球渔业来看，现有管理激励措施并未在理想的公正社会和实现公正的社会之间架起平衡的桥梁，过度捕捞和养殖带来的负面效应愈发显著。"理念优先于制度，制度优先于技术"[154]，如果因为公平资源配置制度设计缺位，导致渔业关系调整措施失灵，渔业资源利用的负外部性难以消除，那么再先进的科技都可能收效甚微。在治理安排中，除自然因素外，社会、经济和伦理等人文因素也应纳入考量范围。

　　作为综合行使经济、政治和行政权力的系统性过程，渔业治理应当明确监管框架，确保行政部门与公民社会的联系，协调渔民个人、部门和社会观点，合法平衡不同行为者之间的互动，尊重和维持社会生态系统稳定，在空间和时间水平上保持管辖权的一致性。关系调整背后所遵循的逻辑指向了具体治理模式的选择问题，作为规范取向的渔业治理模式可分为政府主导下的科层治理、市场主导下的产权治理和社区主导下的参与式治理，分别对应了公共治理理论中的科层治理、市场治理和网络治理。

　　科层治理的倡导者认为，天然渔业资源及其栖息地是一种重要公共资源，而国家是管理公共资源的主要责任人，只有利用国家的公权力建立严格的监管措施才能避免公地悲剧。在行政理性主义者 Dryzek[155] 看来，决策是行政行为而非政治手段，决策者应为少数专家（具有公共精神的官员和科学家），而非大众。依照这种霍布斯式的社会契约论逻辑，要约束渔民的行为，必须用奖励而不是惩罚，因为渔民的行为会使渔业资源面临风险。

　　科层治理模式获取合法性的方式在于建立公正的民主选举制度。这种模式在过去曾一度盛行。20 世纪 50 年代前，苏联集中力量大举发展远洋渔业，对内实行国营渔场和养殖场管理；古巴推行高度集中的渔业管理体制，作为该国最高行政机构的渔业工业部负责统一规划和指导全国渔业生产；早期欧盟共同渔业政策在平等入渔、减船措施、执法检查、统一配额和准入制度、设定严格养护标准等方面也展示出显著的科层特征；英国的核心渔业决策主要由其中央政府部门——环境、食品和农村事务部作出。

近年来，科层模式在现代治理中逐渐式微，广受诟病：单一的命令和控制政策无法驾驭受到多重管辖的混合渔业；政府对当地的复杂渔业情况缺乏直接了解；关于政府决策能力、科研结果准确性、措施计划（配额控制，许可证管理）的执行和渔民对规则的遵守程度的假设过于理想，并不能准确反映渔业管理的现实；政府命令难以得到渔业利益相关方的拥护和配合等。要想充分释放科层管理中的行政理性优势，需引入外部力量的监督和支持。

市场治理的支持者看到了市场在渔业资源配置方面发挥的调节作用，认同脱胎于亚当·斯密"理性人"论断的理性选择理论，即人人皆有自己的价值偏好，皆会作出合乎理性的使自身利益最大化的选择，应将主导权放归市场，并在此基础上形成社会选择规则，建立相应的福利保障体系。在伦理上，"个人是自己最人利益的追求者"这一论述暗含了一个亚里士多德式的功利假设——人们更倾向于照顾自己拥有的资源，而不是共同拥有的资源。渔民之间开展合作的动机不会是国家强制或集体承诺的共同利益，而是这样的合作最符合自身利益。市场化管理必然伴随着贸易自由化、产权私有化的动态进程。就渔业而言，实施自由竞争和反垄断条例、保障不同国籍渔民不受歧视、实现渔业活动自由、平等进入所有市场、允许完全转让捕鱼权等要求就是将权利交给市场进行自主决策的体现。

西班牙是市场模式的倡导积极者，认为市场驱动的激励和机制发挥着核心作用，其《国家渔业战略计划》所提出的9项优先目标中，有2项都提及"市场"，明确要求开展促进市场发展的具体行动，增加具有市场潜力的品种的生产。作为实施个体可转让配额制度最成功的国家之一，新西兰在管理中强调一种特别的新自由主义经济范式，率先在国内采用针对主要商业鱼种的市场化管理制度，该国渔业环境的私有化、市场化程度较高，渔民对所持配额具有较大自由支配权。

实际上，纯粹单一的市场治理模式也不乏批评者，过度放任市场行为忽略了一个事实：人并非单纯利己，而是多面立体的，除经济生活外，人还具有精神、社会、文化、宗教、伦理等层面的追求；公共资源和环境的保障也不能自发完成；完全的市场化还可能形成垄断，因两极分化而失控，摧毁偏远和贫困渔村。尽管存在缺陷，但市场治理是对科层治理模式的重要纠偏。目前倡导的生态标签系统、水产品可追溯体系、AI捕捞/智能水产等手段都是利用消费者和生产者负责任的市场选择来实现转型升级。

参与式治理是以公民社会为对象的中观层面的治理模式，其合法性本质在于利益相关方参与决策，寻求协商一致的利益实现方式。伴随着现代社会经济的日益繁荣，公民从谋求生存的"物质主义价值观"逐渐转向谋求发展和自我实现的"自我表达价值观"，开始期望在各领域拥有话语权和表达诉求的通道。Habermas[156]提出的沟通理性认为，对话是对真理的集体性探索，只有渔业利益受到实实在在影响的参与方坐在一起沟通时，才能迸发出集体智慧，弥补"民主赤字"的不足。

参与式治理形式多样，根据公民社会部门或群体的不同，可划分为四个方面：行业自治，以行业对本领域发展所担负的责任和行业内成员的公共意志为基础；合作治理，以政府治理者和行业代表双方所存在的合作动机和共同利益为基础；社区基层治理，以身处特定地域并拥有相同文化的小规模渔民共同体为基础；环境管理，以环境和发展一体化的可持续发展原则为基础，其中被讨论最多的理念工具就是基于生态系统方法的管理。

作为现代渔业中愈发热门的一种治理模式，参与式治理受到诸多发达国家和发展中国家（地区）的青睐。美国、澳大利亚、法国、丹麦、荷兰、日本、印度、菲律宾、冈比亚、加纳、塞内加尔等都是倡导和践行此种模式的代表者。近几十年来，加纳一直以各种正式或非正式形式推行共同管理，该国的渔业委员会由代表政府机构和渔业利益相关方的个人组成，有权通过分享决策就渔业资源的获取和使用作出决定，并确定实现国家渔业政策目标所需的管理措施。不过，参与式治理具有一定的自愿性和自发性，容易受到参与者素质参差不齐、参与意愿不强烈或代表意见无法达成一致等因素的影响，因此同样也存在失灵的风险。在此情况下，科层和市场可作为把控参与风险的外在力量。

以上三种治理模型基于对人性的不同理性进行假设，它们各具优势和缺陷。从时间维度上看，纯粹的科层治理常被认为是"陈旧"的治理，而市场和参与式治理则被称为"新兴"的治理。这三种风格在道德考量中展现出不同的"关系价值"：权利主义是与科层治理相关的价值观，强制性约束以执行效率为优势，以牺牲部分自主权为代价；市场治理追求新自由主义价值观，以经济效率见长，冷漠投机为其短板；参与式治理背后的价值逻辑基于集体协商制度的共识主义，以多元包容为卖点，以缺乏协调为痛点。

在三者各自的属性中，其中至少有一项符合伦理维度，但从与渔业息息相关的生物伦理学原则来看，追求单一组织的最大绩效可能导致次优解决方案，而参与式治理符合最多的原则：确保人类尊严、人权和正义，善行，生物多样性，文化多样性、多元化和包容，团结、公平与合作。它也因此成为最受追捧的范式。

然而，诸如渔业社区治理、基层治理这样鼓励广泛参与的模型在一定程度上具有制度破坏力，它对灵活性的追求抑制了科层对矛盾和紧急情况的快速反应能力，分散的"小市场"模式也带来高昂的组织成本。治理政策和执行同样重要。伪善是参与式治理的风险所在，它看似站在道德的高点，实际却是对权威的祖护。考虑到不同治理模式的利弊和不同国家的国情，联合国可持续发展目标（SDGs）倡导共同但有区别的治理，在战略层面强调了元治理策略的应景性（图 3-1）。

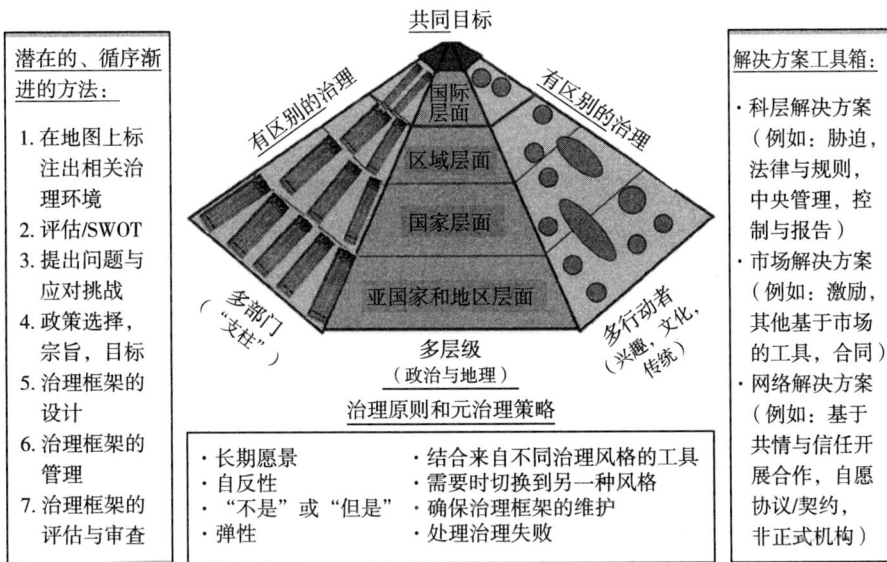

图 3-1 联合国可持续发展目标（SDGs）倡导共同但有区别的治理

相较于主流治理模式，元治理框架是寻求各个现代渔业治理模式组合最优解的一次积极而有意义的理论尝试，是最符合伦理逻辑和公众福祉的善。渔业元治理蕴含着一种全局性的道德和实践考量，它以"为己利他/它"为道德目的，将治理模式本身作为治理对象，追求一种渔业与人和谐共存的生态善治。渔业中的"为己利他/它"将伦理关怀从自我延伸到了包括水产生物的他/它者，在发展中寻求可持续的共生关系。在可持续发展的背景下，治理始终发挥着重要作用。有观点甚至认为，可持续发展的本质就是治理[157]。由于有缺陷的治理实践通常被认为是对不可持续发展模式的放任行为，因此，要将社会发展转向更可持续的道路，就需要改善治理。为了进行这种根本的改革，有必要让承担元治理任务的政府充分发挥积极作用，促成利益相关方乃至整个社会的广泛参与和合作。

对不同治理模式进行对比分析可见，渔业元治理强调的系统思维和全局眼光意味着在水平和垂直维度上深刻认识整体的重要性及其各部门的相互依存关系，通过协调各种模式产生溢出效应（表3-1）。

表 3-1　不同治理模式对比分析

| 治理模式 | 理论渊源 | 治理层级 | 理性类别 | 治理对象 | 伦理 |
|---|---|---|---|---|---|
| 政府主导下的科层治理 | 社会契约论 | 宏观 | 行政理性 | 监管者和被监管者 | 权力主义 |
| 市场主导下的产权治理 | 社会选择理论 | 微观 | 经济理性 | 生产者和消费者 | 新自由主义 |
| 社区主导下的参与式治理 | 后物质主义理论 | 中观 | 沟通理性 | 利益相关方 | 共识主义 |
| 将政府、市场和社区动态混合的元治理 | | 全局式 | 元理性 | 治理模式本身 | 生态集体主义（为己利他/它） |

渔业系统之间存在许多差异，一刀切的治理方案很可能会因无法应对复杂情况而导致失败，在实际操作中，很多渔业实体不仅仅只依赖某一种特定模式，而是集合政府、市场和网络的优势，采用了多元化的治理模式。科层治理较为适合用于应对诸如渔业资源危机和自然灾害等紧急的、共同的或大规模的问题（厄尔尼诺现象发生对智利渔业造成的整体冲击）；市场治理适合自愿协定共识程度较高、交易条件较为成熟、消费者可能作出伦理选择来影响生产决策的常规性、非敏感性问题（美国政府每年出台针对渔业的"联邦公报"，向公众披露有关捕捞配额数据、生产源头等信息，运用市场监督之手促进对渔业资源的养护和管理）；参与式治理则多见于同时与多方利益相关、参与者主体意识和权利意识较强的多层级、非结构化问题，以社会公

共组织实力较强的瑞典为例，该国的对虾养殖业就采取的是海洋保护机构或渔业协会和政府机构共同管理的模式。渔业组织从最初的顾问角色转变为合作者，在政府的资助下协助治理。

就渔业元治理而言，该工具可就时间段和情形的不同，灵活"开合（switch）"不同的治理模式。当参与式治理导致监管过于复杂、进入无休止协商状态时，就启动科层模式。当科层模式无法触及所有渔业问题或获得渔业利益相关方广泛接受时，就开启市场或参与式模式。

虽然挪威并没有标榜自身在渔业领域采用混合形式，但该国在实践中最为接近元治理的状态，可持续渔业的发展也取得了不错的效果。挪威渔业历史悠久，于 1964 年率先在全球设立了专门性渔业行政部门——渔业部（2014 年贸工部并入后，调整为贸工渔业部，现为开展监管渔业的最高机构），下设水产/海产品与市场司、沿岸事务司、海洋资源与环境部以及研究与创新司。科层治理在挪威渔业中扮演重要角色，该国的海洋捕捞主要由负责决策和执行的渔业局、负责执法作业的海岸警卫队和负责提供科学建议和咨询的海洋研究所进行综合管理，水产养殖和加工也受到严苛的卫生法规和密切安全监测的限制。1969 年鲱鱼资源崩溃后，挪威政府开始严格实施国家层面的配额制度，国内捕捞管理措施经历了从总可捕量制度（TAC）到个别渔船配额制度（IVQ），再到 2004 年起实行的结构配额制度（SQ）的演进。挪威最重要的野生经济种群多为高度洄游鱼类，近 80% 的渔获配额需借助政府间双边、多边谈判获得，国家地位始终在渔业中得到强调和重视。在渔业出现危机的情况下，政府也承担着作为元治理者的兜底性责任。例如：为减轻 2019 年 5 月特罗姆斯郡海区和诺德兰郡海区暴发的赤潮灾害影响，国家为三文鱼公司提供受损鱼类吨数 60% 的配额补偿，企业可在 5 年的最长期限中根据生产情况灵活使用；为打击非法捕捞，国家联合多个部门开展产业链全端数据收集与登记，配备渔船卫星追踪系统并借助海警执法力量进行监督和打击。挪威现代渔业已发展成为一个受到政府高度关注的行业，由于注重渔业科教，渔民和民间组织对政策的整体配合度和认可度较高。当然，这一切离不开挪威用以保障参与式治理的完备的科研机构、行业协会和基层自治系统，也同渔民在产业中所享有的相对强势地位息息相关。配额的分配及其他重要事项必须与利益相关方协商，以确保政策的可预见性和稳定性。多方在相互抗衡和合作的博弈中动态调整治理边界。就市场治理而言，挪威拥有许多渔民销售组织，渔民可通过其搭建的拍卖系统及时竞价，将商品迅速销往世界各地。按产值计算，挪威是全球第二大海产品出口国，全球捕捞渔业产量排名第11位，目前水产养殖产量已超过捕捞产量，成为挪威渔业的主要产业。由此可见，挪威渔业获得的成功并不单靠某种治理模式，而是科层、参与式和市场手段的有机开合，政府的元治理者角色也在推进人与鱼的和谐相处中得到彰显。

元治理理论是现代渔业治理值得探索的新范式，它是有关如何达成治理实践的合法性和正当性、实现渔业正义的理念，与渔业可持续发展的福祉、自由和公平的伦理价值导向不谋而合。同现在十分流行的参与式治理相比，元治理强调了国家权利和责任的回归，有助于进一步整合社会资本，减少监管、协商、联系和信息成本，促进利益相关方达成共识。渔业元治理相关议题值得进行更深入的理论和实证研究。

## 第二节　符合伦理的现代渔业治理理论

### 一、"生态整体主义"治理理论

在对人与自然紧张关系的现代性探索中，环境伦理学将伦理关怀的对象拓展到了非人类存在物。不可否认，相较于以动物或生物作为关怀中心，把包括栖息地在内的生态系统整体视作道德共同体成员的理论虽然看上去更为激进，也更容易受到针对"泛伦理主义"的质疑——我们是否应当对栖息地上的砂石、影响渔业生产的季风系统等没有知觉能力的无生命体不加区别地施加道德关怀？如果人的生命受到了鲨鱼的威胁，是否还要因为所谓的"关心鲨鱼福利"而不采取紧急措施，任由鲨鱼撕咬？但这当中体现的整体性思想符合渔业伦理所追求的全局性价值取向，其背后的理念清楚地反映出：人们越来越清晰地意识到，有必要以一种比目前更全面的方式来解决环境系统和资源管理问题。

环境伦理学之父 Rolston[158] 在其经典的"整体主义自然价值论"中阐释了生态系统作为整体所固有的独特价值和道德要求。在他看来，从自然选择和生态系统的相互作用中产生的价值是系统的、自然发生的，也就是说，价值是从整个系统中投射出来的，而不是单独存在于系统的某个部分。自然的价值来自生命生成和延续进路，因此值得被人类尊重。而生态系统的价值来自系统本身的创造性过程，它所具有的整体价值要大于生态系统各部分价值之和。另外，人类的行为对自然界的某些成分甚至整体构成了威胁，人类生态位的绝对优势地位在本质上造成了"不公正"的苦难。为了最大化地减轻这些苦难，我们需要采取复杂的手段来模拟这种整体的、自然的过程。

在渔业中，由于水域的流动性和水生种群的混杂性，任何局部区域的渔业活动都不可避免地会产生系统性影响。例如：捕捞行为可能对目标种和非目标种数量造成干扰，削弱栖息地的自我调节功能；兼捕与丢弃渔获物、"幽灵渔捞"会影响到许多与整个生态系统功能有关的非鱼类物种（公海流刺网和延绳钓对北太平洋、格陵兰岛西南部和加拿大东部的海鸟和信天翁构成的生存威胁）；高密度养殖行为和不合理投喂方式可能带来水体污染；个别病鱼可能将病菌在水体中传染给周围其他鱼群，甚至其他生物。渔业的问题是整体性的生态问题，而非仅仅是"头痛医头，脚痛医脚"能解决的。因此，将生态系统视作整体加以养护和利用成为现代渔业治理的重要趋势。

## （一）渔业生态系统方法

基于"生态整体主义"的生态系统管理理论强调整体性伦理，重视人类对生态环境的作用和系统内部各要素间的相互影响，对传统渔业管理单元进行了扩张性调整。早在 1966 年，Aldo Leopold 创建的养护伦理理论中就正式出现了"生态系统管理"的表述，最早的管理客体是陆地上的野生动物、牧场和林业，以优化人类科学利用资源从而获得的长期回报为目标。随着水生生物伦理学的发展，FAO 在 2003 年出台的《负责任渔业技术准则》（*FAO Technical Guidelines for Responsible Fisheries*）中首次提出"渔业生态系统方法"（ecosystem approach to fisheries，EAF）的概念，将其定义为："在对生态系统中的生物、非生物、人文因素及其相互关系的知识不完全掌握的情况下，对渔业采取具有生态意义的综合管理方法，以实现多种社会目标的平衡；并在渔业管理中考虑到包括结构和功能在内的生态系统主要组成部分与服务。"作为落实《负责任渔业行为守则》的重要方式之一，把人类的愿望、社会目标和体制安排以及生态系统纳入渔业共同管理的讨论之中。

EAF 本质上是一种综合管理，与之相关的术语还有"基于生态系统的渔业管理"（ecosystem-based fisheries management，EBFM）。EAF 和 EBFM 在国内外文献中经常混用，国际上并无统一定义。但就其词义内涵来说，二者还是存在一些差异。"approach"侧重于思考或解决问题的方式方法；而"based"即"建立在某种基础之上"。后者易引发有关"环境是否应绝对优先于经济和文化"的质疑。有观点甚至认为，生态系统成为"新基础"其实是否定了传统渔业管理在某些方面发挥的根基性作用[159]。从元治理的角度看，EAF 的表述似乎更具包容性，更易被管理者所接受。相比于更接近科层治理的传统方式，EAF 较为贴近参与式治理，侧重于科学方法和决策过程。环境法上的"污染者自负"原则（the polluter pays principle, PPP）和"使用者自负"原则（the user pays principle, UPP）皆可用于指导 EAF 的实施。通过调整人类生态行为开展对全生态链、种群多样性的保护已被越来越多的国家和地区提上议事日程。

生态系统是一个自适应系统实体，其不同组成部分之间并非完全独立，而是在开展动态交互的过程中实现能量传递。作为该系统一分子的人类可能采取导致生态系统服务功能转换的行为，影响系统自发展进程。即便人类干预的主观意图和实际范围是局部且有限的，但这种干预所引发的后果却可能是整体甚至不可逆的。EAF 认识到了除人类因素之外的不同类型的价值，其中并非所有价值都能够在经济意义上得到量化和评估。正因如此，渔业生态整体主义治理者才更加关注对多元价值和目标的权衡。与生态系统有关的目标可分为操作目标和理想目标，前者通过可被测量的指标或在日常渔业活动中使用的具体目标得以体现，而后者基于伦理和意识形态标准，倡导从健康渔业中获得长期社会经济利益，涵盖审美、文化和社会经济价值。当治理者满足所有相关操作目标时，就可以认为其实现了理想目标。在社会和生态价值观的碰撞融合的作用下，人们对 EAF 理念的认知经历了从生态管理到社会经济的新拓展，"渔业社会-生态系统"适应性治理模式就是通过建立非对抗性的社会权力架构、行动决策制度实现社会子系统和生态子系统的动态耦合。

生态系统方法的实施多见于海洋捕捞场景，强调治理者在不具备确定知识的情况下，最大程度地维护关联物种的生态依赖，减少渔业活动对整个系统的影响，采用适应资源分布的管理单元（意味着可能跨越行政区域进行管理）。这就要求渔业国家在确定有意义的指标和参考价值的同时，发展适当的数据收集、分析工具和模型，以便利用科学为管理决策提供信息，依次开展种群生态范围界定、渔业参考指标制定、渔业活动风险分析、管理策略制定实施和生态系统评估工作。目前国际认可度较高的分析指导框架是 EwE

（Ecopath with Ecosim）模型和生态系统综合评价（IEA）。EwE 和 IEA 可对生态系统的内部能量流动和健康状况进行整体模拟和诊断，为治理者进行生态决策提供参考依据。

随着资源养护成为国际主流共识，这一理念逐渐在南极海洋生物资源养护委员会（CCAMLR）、南方蓝鳍金枪鱼保护委员会（CCSBT）等诸多区域渔业管理组织中得到推行。《南极海洋生物资源养护公约》是第一个将生态系统方法作为管理海洋生物资源的基本原则的国际文书，早在 1980 年，CCAMLR 就指出，捕捞海洋生物应遵循可持续的养护原则，还要综合考虑到科学原则，并考虑"相关活动对海洋生态系统的影响和环境变化的影响"。针对作为南极海洋食物网中心的磷虾，CCAMLR 在 1989 年创建了生态系统监测计划，用于监测磷虾这一目标种，以及包括海鸟和海豹在内的关联物种。随后，其科学委员会利用监测信息和技术手段首次开发出磷虾反馈式管理机制，根据实时科学数据的反馈动态调整捕捞限额，确保磷虾渔获量总体控制在可接受的水平。

国家层面也有诸多良好实践案例。例如：在坚持推行整体性生态管理、公众和社区参与、水质监测和开发绩效评估等符合 EAF 理念的措施后，澳大利亚大堡礁海洋公园管理局自 2003 年起对保护区内的渔业活动采取分区管理，并在 2004 年将禁渔区的比例从占整个公园的 6% 增加到 33%，而拖网捕捞等具有一定生态破坏性的作业方式只被允许在 33% 的可捕区内进行；根据 1999 年《环境保护和生物多样性保护法》，在此地捕鱼不仅需要申请许可证，渔获还需要符合国家标准才能获准出口；考虑到可能来自陆地的影响，澳大利亚政府还给予管理局更大的权利来管理可能对海洋公园产生影响的海洋公园边界以外的活动。相关种群评估预测结果表明，大堡礁主要鱼种珊瑚鳟鱼的生物量将在 20 年内增加到未捕捞生物量的 80%，从建立禁捕区开始，渔业生物指标改善的可能性随时间呈现增加趋势。

渔业生态系统方法是一个较为宏观的表述，广义上可以囊括所有和渔业生态系统相关的养护型发展模式。具体来说，目前较为著名的概念包括：在 1962 年首届世界国家公园大会上提出的海洋保护区（MPAs），在 1986 年美国科学促进协会"大型海洋生态系统的变动性和管理"专题研讨会上首次得到系统讨论的大海洋生态系统（LMEs）管理以及 2010 年国际自然保护联盟生态系统管理委员会渔业专家组会议首创的均衡捕捞（BH）理念。

　　这些新兴管理框架从不同侧面展示了 EAF 治理范式。海洋保护区是对"海洋遗产"的多样性、抢救性保护，它被认为是在缺乏数据的情况下开展水生生物资源养护最有力的工具之一。在海洋保护区建设中，FAO 渔业和水产养殖司结合海洋保护手段和渔业资源养护措施，最先在全球推广海洋保护区在渔业中的运用。实际上，海洋保护区同时也是海洋渔业管理区，治理者在区域内设置了禁捕区、种群保护区、产卵场保护区、增殖保护区、滨海湿地保护项目等多个和渔业养护息息相关的特殊区域，在区域内进行可持续综合管理。

　　大海洋生态系统理论是人类想象力在海洋空间维度上的拓展，Kenneth[73] 依据地理和生物特征把全球海洋划分为具有生态完整性的不同海区，将生态整体伦理融入对渔业生产力、生态系统健康、社会经济的治理。全球共 66 个大海洋生态系统的年均海洋渔业生物产量占到总产量的 80%，海区内包含许多生物和不可再生资源，每种资源都拥有多个物理或关系属性。鱼类资源可根据其年龄结构、生长速度、种群分布、饮食结构、基因库和栖息地来作出区分。这些资源属性都有潜在价值，但按照属性管理的成本也较为高昂，因此大海洋生态系统建议将渔业资源属性捆绑在同一空间边界内进行产权安排，这种打包式的配置也是全局意识的生动体现。

　　为了在整体上缓解过度捕捞压力，"均衡捕捞"这一概念在最近几年逐渐流行起来。均衡捕捞是一种将捕捞压力按照自然生产力的比例尽可能广泛地摊派到具备不同营养级、规模和物种的生态系统的策略。Kolding 等[160] 通过 110 个已发表的 Ecopath 数据发现，在营养金字塔中，人类所施加的总体开发压力是高度不平衡的，并且显著地向体积大、价值高但生产力低的顶端物种倾斜。为避免失衡性生态风险，均衡捕捞强调在管理中采用适宜的捕捞强度指标，使得每个可利用生态种群的渔捞死亡率与其产量呈相应比例，以支持总产量在长期内保持可持续状态，同时尽量减少捕鱼对生态系统内相关物种、规模和性别组成的影响。这种均衡指的是捕捞死亡率（避免过度捕捞）和选择性（根据种群和规模匹配捕捞强度）在生态系统上的一个均衡状态，追求捕捞方式（如何捕鱼）和努力量（捕多少鱼）的"最佳"组合。该理论提出时间较短，对不同生态系统中不同生命阶段的生态相互作用的实证研究和科学认知还有待加强。

　　执行层面，EAF 受到多目标、多行为者和多社会文化等因素的限制，在具体实践中遭遇了复杂挑战。针对 33 个国家和地区的一项颇有影响力的调查显示，这些采纳 EAF 的渔业实体中没有一个完全符合"好"的标准，而得到"失败"评级的却超过半数，说明将"整体主义"抽象善转化为具体善的进程仍任重道远。由于研究、管理、协调等方面的工作量增加，生态系统方法的全面实施可能需要更大的管理预算。因此，设法减少渔业机构的摩擦和对抗、加强利益相关方合作以降低交易成本，是让这种符合伦理的治理方式在未来发挥更加积极作用的必要课题。

虽然目前基于生态系统的管理理论遭遇科学依据不足、沿海国和区域渔业组织管辖权纠纷、管理职能协调难度大等现实困境，但因其在伦理上的优越性和前瞻性，该理论有望成为可持续渔业治理领域的主要理论。

### （二）预防性原则

预防性原则是"生态整体主义"视域下的另一个重要理念，这一新兴原则被广泛用于各类指导可持续渔业的国际法律和政策文书之中，并且时常作为与 EAF 概念的并行和互补概念一同出现。例如：《南极海洋生物资源养护公约》中提出在对南极海洋生物资源的生态系统进行养护时采取"预防性措施"；联合国大会关于可持续渔业的决议呼吁应用"预防性方法和生态系统方法"；《生物多样性公约指南》中有"与预防性方法一道，生态系统方法构成了指导我们管理生物资源努力的基本概念之一……鉴于在大多数情况下确定生态系统功能限度的不确定性，应酌情采取预防性措施"的评论。如果说生态系统方法的重点在于"What"，即指出有哪些对生态系统健康的损害需要预防；那么预防性原则的核心词就是"When"，即指示何时需要采取行动防止上述破坏。具体来说，预防性原则是在制定政策时采取预防性措施以解决环境潜在风险的指导方法。当环境存在严重、不可逆转的损害威胁时，无确凿科学证据不应作为妨碍或推迟决策者采取预防或减轻损害的预防性行动的理由。

值得注意的是，"预防性"一词针对的不是已经得到明确证实的危险，而是缺乏充分科学依据但被合理怀疑的潜在风险。正如前文中"合理怀疑"以及"严重、不可逆转的损害"阈值所示，并非任何不利影响都有可能引发行动。这种审慎型思考暗含了对生态系统服务价值的认可，与生态伦理学"敬畏自然"所倡导的心理机制（居安思危）不谋而合。在追求真理的过程中，我们应当意识到生态资源的复杂性和人类认知的局限性，对自然中不确定的事物保持一定程度的理性和冷静，并在行动中采取审慎态度。虽然抽象的不确定性本身不具备道德品质，而是某种情况所附带的固有属性，但在存在危机风险的情形下，不确定性可能会触发旨在避免危险和降低风险的道德调整行为。

基于"生态留白"和"责任和义务相称"的伦理考量，预防性原则要求在治理中预留一定生态空间，合理估量实施相关措施的支出和收益，并在国际环境法上否定了原有的"一国跨境损害责任"制度对责任判定时提供充分证据的强制性要求，将举证责任主体由环境污染受害方转移至危险的实施方。这种责任伦理以他者为逻辑起点，从行为者所引发的外部性角度统一了"恶"的发出者和承担者，具有充分的前瞻性和警示性。正如哲学家Jonas[161]所说的"相较于对福祉的预期，我们应当对不幸的预警给予更多的关注"，这是出于"恶"本身的特性，它比善在认知上更易识别，在程度上更为紧迫，和扬善比起来惩恶则争议更少。

运用预防性原则是为了环境本身以及人类的整体和长期利益的目的而充分保护环境。由于担心滞后的科学研究与严峻的水域资源环境形势之间产生较大时间冲突，预防性原则的应用逐步扩展至渔业资源养护和管理领域：当没有充分结论能佐证人为干涉和后果之间的因果关系时，缔约方也应通过采取预防性措施来养护渔业资源和生境，开展谨慎行动进行严格管理。应用这一原则意味着对充满不确定性的渔业环境抱有一种忧患意识，给予一种怀疑态度，持有一种"善待自然"的动机，并据此采取现有的最不严格的有效治理方针，其目的是尽可能地避免预期的不利影响，相关预防性措施必须量身定制、及时进行，并酌情开展定期审查和调整。

《国际捕鲸管制公约》《生物多样性公约》《联合国鱼类种群协定》《联合国有关禁止流网捕鱼的决议》《负责任渔业行为守则》《南极海洋生物资源养护公约》和《濒危野生动植物种国际贸易公约》等诸多国际文书都提到了预防性理念、原则或方法。此外，诸如美国、加拿大、澳大利亚、新西兰、德国等发达国家已在国内渔业立法中运用预防性逻辑。这种逻辑贯彻了整体主义的思维模式，一方面，它强调张弛有度，提前留出一部分渔业生态空间用以缓冲资源过载性压力；另一方面，它秉持人类共同利益原则，要求将全球渔业资源和遗产视为整体进行保护，体现均衡的正义。

当然，目前预防性原则缺乏统一定义，没有一致的风险尺度和明确的实施标准，在具体对抗科学不确定性的过程中存在操作性困难，而且渔业经济亟待发展的欠发达地区尚不具备实施条件。尽管存在困难，但考虑到当前资源退化的速度，上述不足之处并不是放弃采纳预防性方法的借口。

目前全球受到一定程度保护的海洋区域比例仅占到 5.3%，只有 2.5% 的海洋达到了"受高度保护"的标准。这些数字远远低于国际自然保护联盟（IUCN）所提出的到 2030 年保护 30% 海洋的建议。截至 2021 年，处于生物可持续水平的鱼类种群占比已从 1974 年渔业机械化大发展时期的 90% 下降至 57.3%。一些特定世界海洋生物种群已发生不可逆的改变；长江天然捕捞量从 1954 年的 42.7 万吨，降至不足 10 万吨。

渔业"荒漠化"趋势如果无法得到及时遏制，等到渔业行为的潜在危险转化为不可逆的现实危害时，即使拥有再高超的水产技术，也没有源源不断的野生鱼卵资源作为繁殖增殖的基因库。从这个角度上看，预防性原则对决策者的审慎提醒并非杞人忧天，渔业预警参考点的设置是十分必要的，确保在达到参考点前采取及时养护，使渔获量维持在安全水平，并使环境维持在健康水平。

预防性原则以提前付出的较低成本来避免未来可能承担的高昂成本，主张通过多种方式防患于未然。Garcia[67]将该原则在渔业领域的具体实施运用表现较为全面地总结为：①根据影响监测结果采取逐级开发模式，摒弃缺乏相应科学证据的大规模开发行为；②及早对捕捞努力量作出限制，摒弃导致过度捕捞的自由放任型投资策略；③在制度或融资方面设计"刹车性"措施以避免"爆炸式"发展；④预先获准订购新船或者为新船借款，鼓励淘汰旧船；⑤为当前无法得出适当评估结果的物种设置预防性配额；⑥对被合理推断为恢复能力较低的鱼种套用"悲观模型"（启用 Schaefer 生产模型，而不是 Foxmodel 或单位补充量产量模型）；⑦审慎开展多物种治理；⑧为用于测试系统响应的"实验管理"提供建议；⑨建议将可捕量设置为低于最大可持续产量（MSY），如：$F_{0/1}$，$F_{2-3}$；⑩采用"安全生物限度"概念；⑪在整个不确定范围内模拟系统响应；⑫就谨慎管理阈值（最小产卵生物量）和危机发生前的行动方针达成协议。

然而，预防性原则打的是"宁要安全，不要后悔"的"两难牌"，在渔业实践中可能会适得其反，因为旨在避免潜在损害的行为可能会对生态和社会产生弊大于利的反效果。在日后的渔业立法、决策和执行中，需要引入更为全面的治理框架，这些框架至少应当使审慎的远见制度化，考虑到渔业发展的可能后果和影响它的事件，制订明确的预防性规则，控制进入渔业的机会（所有渔船应取得执照），增加数据报告的透明度以及执行更完善的监督程序。鉴于制定全面的渔业计划可能需要很长时间，上述框架还应包括在通过这些计划之前采取保护资源的临时性措施。

与着眼于生态系统的 EAF 相比，预防性原则关注的是更为宏大的环境保护议题，针对"最佳科学信息"审慎采取适应性管理方式，这两个理念你中有我、我中有你，在互为补充中成为贯彻"生态整体主义"的有力措施（表 3-2）。

表 3-2　生态系统方法与预防性原则的异同

| "整体主义"治理理论 | 目的和宗旨 | 科学信息在其中扮演的角色 | 关系 |
|---|---|---|---|
| 生态系统方法 | 生态系统养护和人类福祉 | 基于当前掌握的确凿证据——加强科学研究，尽可能多地获得对生态系统和人类影响的知识和了解，以改进管理行动的基础。 | 两者互相促进对方的应用 |
| 预防性原则 | 环境保护和人类福祉 | 基于当前最佳科学信息——前瞻性方法和适应性管理相结合，审慎采取预防性措施。 | |

渔业生态系统方法不仅是一种生态层面的伦理选择，也是一种法律和社会意义上的伦理选择，从空间和时间的全景式视角帮助渔业利益相关方更好地认识自己的生态地位，了解自身同水生物种的特殊生态关系，从而理性考量作出渔业行为选择的潜在后果，建立一种软性约束机制。

## 二、"价值平衡原则"治理理论

伦理学中的价值具备规范属性，即特定事物或行为（对人）的重要性程度，价值的功能包括：确定最好的行为是什么、最好的生活方式是什么以及描述不同行为的意义。规范性价值系统影响着个体的活动意向和道德行为。基于人类趋利避害的本能，如果某人认为某一对象是有价值、有意义、有利可图的，那么他就倾向于去追求该对象；相反，如果此人认为这个对象乏善可陈，那么他就倾向于去无视该对象。一个具有伦理价值的对象可被称作伦理上的"善"。价值存在于关系之中，使一个事物或行为变得有价值的事物反过来也可能依赖于其所增加、减少或改变的对象拥有的伦理价值。通常来说，主要价值反映出强烈偏好，呈现出较为稳固的特征；与次要价值相关联的偏好较弱，易受外界影响而富于变化。主次价值排序会通过内心秩序的构建过程外化为具体行为，指导人们作出决策。然而，在完成一项多价值任务时，确定主次价值和子任务先后顺序的决策未必能一蹴而就，当不同价值产生冲突时，价值之间的平衡就显得尤为重要。

将价值分类到元政府治理领域，就形成了治理实践及其价值排序评价的基础。自然系统拥有构成人类存在基础的各类价值，这些价值根据性质可分为以下几个组合：自然价值 vs 人工价值，工具价值 vs 内在价值，个人价值 vs 社会价值，物质价值 vs 精神价值，临时价值 vs 永续价值，独有价值 vs 普适价值，低级价值 vs 高级价值，低效价值 vs 高效价值，理论价值 vs 实用价值，等等。价值不仅为管理决策内容提供支撑，还指导治理系统的制度和程序设计。现代治理中的"价值平衡原则"就是权衡上述相互关联的价值，从而得到一个符合当下发展的解决方案。

人与环境的多维度互动具有复杂性和动态性，使得渔业等自然资源部门成为最难治理的系统之一。渔业资源在生态、经济、社会、文化和历史等方面展现出多元价值。一个种群的生态价值大小取决于它在维持物种多样性和生态系统功能上能发挥多重要的作用，一般通过资源丰度和生态恢复力等指标来表达；而在经济学中，鱼类和渔业的价值与其向人类提供的经济利益相关，这些利益通常以货币形式计算。渔业管理需要运用价值理性去平衡各类价值的相对重要性，提供价值排序依据，解决多重趋避冲突，以实现合理开发和资源养护的辩证统一。

在过去，渔业管理看重短期经济效益，忽略其他价值，导致经济性开发成果被资源崩溃的后果反噬。"先破坏后养护""边破坏边养护"的传统渔业模式和利己主义的价值排序相吻合，这是受到个体在竞争中求生存的本能驱使的做法。现代渔业治理是责任型治理，利他主义倾向和主体责任意识的价值立场得到更多讨论。依照法国哲学家 Sartre 的自由选择理论，道德责任是主体价值选择的核心要素，人类在选择自我价值的同时，也选择了他人和整个生态系统的价值。渔业可持续发展就是要平衡各类相互影响、相互对立的价值。

基于"价值平衡原则"的管理是当前渔业治理研究的新趋势。当前国际上较为热门的新兴工具包括：管理策略评估、正当性理论、系统治理等。

## （一）管理策略评估

对开展渔业资源评估的科学家来说，一个典型的理想情况是：从渔场经营的初始阶段就能随时获取相当精确的资源丰度指数和准确的总渔获量数据，辅以可靠的渔获年龄数据来了解补充量的变动，据此推定的死亡率水平可就制定适宜的渔获量或捕捞努力量提出量化建议，随后写入种群开发政策目标之中。当然，这种乌托邦式的假设难以在现实操作中实现，科学调查和渔业生产数据不准确或不充分是渔业普遍面临的不确定性难题。

在环境友好型社会，渔业管理者随时都面临着伦理性选择：如果传统 TAC 目标降幅太小，就会出现过度捕捞的风险，威胁到未来的资源生产力；而降幅太大则可能会造成不必要的社会经济矛盾。针对这一策略选择困境，不断根据新信息的评估检验结果来调整战略目标和决策的"适应性管理"被认为是支持可持续发展的一项必要条件。在此框架下，各个子计划被赋予不同的排序和权重，从而打破了一些传统管理者对科学界给出单一答案或结论的惯性期待，有助于实现价值和行动的灵活平衡。

作为适应性管理的重要分支，管理策略评估（MSE）是在 1994 年首次写入渔业词典中的一个术语。MSE 是渔业科学评估类型和管理咨询形式演变所带来的一种新方法，即利用系统模拟手段对不同渔业管理战略进行测试和评价，明确展示出这些战略选择目标达成度的权衡结果，以便对决策组合进行改良。该方法有一个关键特征：它并不主张规定最佳战略或决策，相反，它意在为决策者提供充分信息，帮助其在给定的一组（通常是相互冲突的）目标的基础上开展管理选择。决策者可以自由地将自身的权重偏好和风险偏好运用在替代性目标当中。MSE 可用于为某一特定渔业制订管理战略、评价一般的管理战略、确定无效的管理战略并在后续管理考量中移除该项战略。虽然该方法最初主要是针对特定单一物种的资源状况进行模拟追踪，但随着认知水平的提高和评估技术的发展，多物种模拟评估中也能看见它的身影，澳大利亚渔业管理局（AFMA）对东南部以澳大利亚宝石鱼为核心目标种实施的多鱼种拖网作业就是一个典型案例。

管理策略评估方法倡导明确且可衡量的目标，基于渔业运行状况制定量化审计指标，以评价和调整管理人员和管理机构的行为。决策者对多个渔业管理愿景的明确和权衡也是构成 MSE 的主要优势之一，这些愿景可分为战略层面的"概念型目标"或战术层面的"操作型目标"。概念型目标是较为普遍的高层次政策宗旨，从整体架构上规定管理方向，例如根据 AFMA 主要职能之一的规定："通过适当的养护和管理措施，确保澳大利亚渔区的生物资源不因过度开发而受到威胁。"[162] 这一目标仅在宏观上确定了避免过度捕捞的措施倾向，在具体执行中，概念型目标需要转换为以渔业绩效衡量值或绩效统计值表示的可操作目标，以下是关于 AFMA 目标的另一个例子："巴斯海峡中心扇贝渔场的开渔期为 2017 年 7 月 11 日至 2017 年 12 月 31日。为开展养护型捕捞战略，AFMA 将这期间对烟灰色扇贝和面团扇贝的TAC 分别设定为 3 000 吨和 100 吨。"一个概念型目标可对应一个或多个操作型目标，当这些目标发生冲突时（在风险水平一致的情况下，加强监管可能会使捕鱼量减少，但同时也会带来经济成本），MSE 使用包括效用函数在内的计算模型可拟合出一个平衡各项指标要素的数据，供寻找替代措施的决策者和客户群体参考。

Punt 等针对 MSE 建模过程的概念进行了简述（图 3-2）。MSE 包含了复杂的数学计算和管理建构，是多学科综合的典型方法，其具体实施主要遵循下列步骤：订立观念性目标，并利用量化的性能数据明确相应的指示性目标；确定针对各类（与生物、环境、渔业和管理制度相关的）不确定因素的鲁棒策略；开发一组计算待管理系统的数学操作模型，该模型应当再现被管理系统的生物组成部分、以模型种群为对象的渔业、如何从系统中收集数据以及数据与模型种群的关联，并匹配相应的执行模型以反映策略的具体实践应用；选择运行模型的参数，量化参数的不确定性（较为理想的做法是将运行模型与实际系统的数据相拟合）；确定能够在系统中实际得以实现的候选管理策略；模拟每类操作模型下各管理策略的应用；总结并阐释表现结果数据；模拟过程的发展可能带来针对管理目标相对权重的细化，并持续产出更为精细的结果，为定量权衡相互竞争（冲突）的目标提供信息。

这种建模式策略起源于科学界，其发展也在很大程度上得益于科学界的推动。评估不同管理选择结果的第一步，是针对渔业资源的潜在真实动态和开发影响建立若干可能的情景模型。典型的种群动力学模型包括生长、年龄结构、自然死亡率和种群补充关系，但也可能涵盖关联物种乃至整个生态系统。其他常用的端到端的生态系统模型有 Atlantis、EwE 和 OSMOSE。在

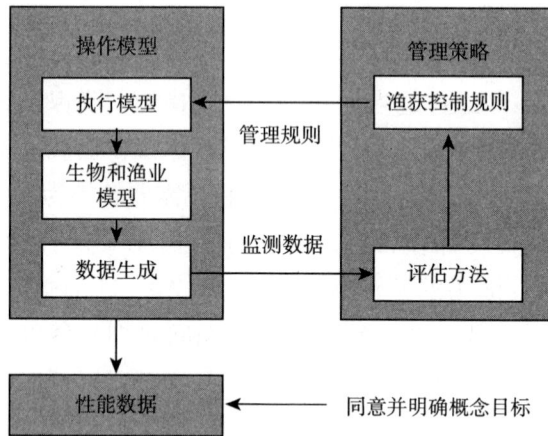

图 3-2　管理战略评估建模过程的概念概述

MSE 拟合过程中，不仅关注历史数据存在的调查偏差、统计错误和未被发现的趋势，还关注未来数据的可获性；不仅搜集各类种群动态信息，还考虑环境和社会承载力。由于综合了决策分析、管理科学和社科性评价方法，MSE 为解决渔业不确定性给出的建议更具描述性而非规范性，提供了更为开放的思考空间，因而在由于数据不足而无法采用标准的种群评估方法时，也可作为一种补充。特别的是，MSE 不仅将反馈控制考虑在内，还注重对被管理系统状态的未来数据的收集和使用，通过统计模拟来预测评估相对稳定的管理规则（如：TAC）的影响，这一点使它有别于简单的风险评估，后者因为没有考虑到管理人员对于未来数据信息的反应而过低或过高地估计了风险。

南非是最早使用 MSE 的国家，该工具最初被用于制定欧洲鳀和虱目鱼的总可捕量，随后又应用在无须鳕、吉氏真龙虾和竹荚鱼等种群的管理当中。由于 MSE 的方法和过程与 AFMA 此前采纳的"伙伴关系方法"非常契合，澳大利亚各渔业管辖区也广泛采用了这一方式，较为典型的有北部对虾渔场、昆士兰蛙形蟹渔场、东部和西部金枪鱼和长嘴鱼渔场、东部和南部的鳞鱼和鲨鱼渔场以及塔斯马尼亚鲍鱼渔场等。

美国《马格努森-史蒂文斯渔业法案》中的捕捞控制规定是 MSE 具体功能的一个体现，其渔业主管部门 NOAA 的综合生态系统评估方法步骤就应用了 MSE 工具，还专门成立了 MSE 工作组，协助有效控制长时间超过捕捞努力量的捕捞死亡率。美国在阿拉斯加、西夏威夷、加利福尼亚等区域的渔业管理都借助了此种方法。国际渔业组织中，国际捕鲸委员会（IWC）、南方蓝鳍金枪鱼保护委员会（CCSBT）、北大西洋渔业组织（NAFO）和美洲间热带金枪鱼委员会（IATTC）等区域渔业管理组织也将管理策略评估用于对多种资源模型的评价和优化。

管理策略评估工具高度重视常态化科学顾问团队的评估结论，在一定程度上压缩了管理者的"自由发挥"空间，对决策者处理复杂动态数据的水平提出了更高的要求（图3-3）。所以在一开始推广时，受到诸多来自渔业管理层的阻力。对所谓科学家分析数据的来源也不乏质疑之声。与结合临时咨询意见的传统最佳评估方法相比，管理不善的策略评估服务可能并不一定奏效。尽管如此，综合考虑不同利益相关方在MSE模拟具体场景中平衡社会目标、经济目标和生态目标之间的潜在冲突，有助于以更加符合伦理的方式做出决策，确定影响未来生态系统条件的生态—社会过程，从而更有可能使前一步中确定的风险最小化，实现跨目标管理的最有利结果。

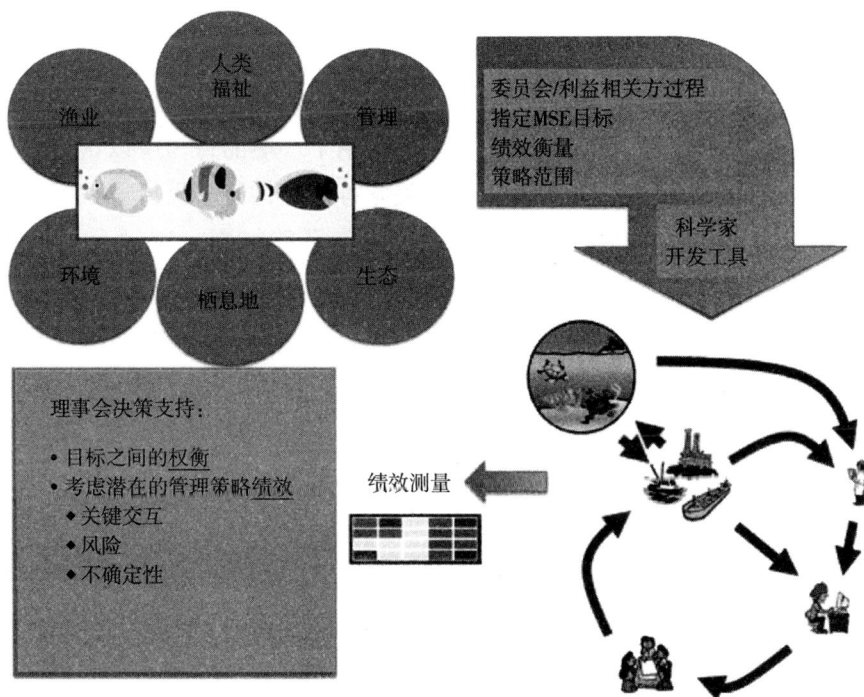

图3-3 管理策略评估流程

## （二）正当性理论

人是生活在特定场域的社会性动物，该场域构型内的经济资本、社会资本、文化资本、象征资本和生态资本是置身于其中的人群所追求的目标和竞争的工具。在高度细分的现代社会中，渔业小社会占据一定时间空间，拥有自身的网络关系和运行逻辑，追逐有限渔业资本的行为者在场域内部生发出"力的较量"。这种社会紧张关系的一个具体体现就是"争论"：哪些地方存在问题，哪些地方必须改变。在争议环境下，个体或集体需要诉诸他人或其他机构以获得尊重，本能地利用已有知识和经验，证明自身行为对他人或其他机构的利益，以争取共同合作的资本。行为者在说服时须提供具备合宜性的理由。现代治理是否正当，关键在于治理参与方能否就共同利益达成一致，也就是能否就一个事物或行动所产生的"善"抱有统一的价值取向。渔业共同利益通过多重价值来定义，每一种价值都以特定方式整合物质环境、传递公平理念，从而使场域行为变得合法化。

正当性理论就是考察特定对象及其行为是否符合正当性价值或实践规范的理论。社会学巨擘 Habermas[156] 将伦理学推崇的规范主义正当性（社会制度和治理手段在"应然"层面被承认）和传统社会学中的经验主义正当性（社会制度和治理手段在事实上被承认）恰当地结合起来，完善了正当性理论的规范和经验之维。该理论认为，人类作用于环境的行为应以认知和道德两种方式来构建情境价值。渔业利益相关方可通过构建多重价值秩序，寻求对所有人都有利的公共利益，营造出一种公平的氛围，通过运用渔业的"善"来为自己和他人的行为辩护，并评估上述行动的适当性。把正当性理论引入价值平衡原则，强调人们在公共利益达成一致对提升政府治理合法性的重要意义，也为分析渔业决策及其冲突的社会根源提供了理论工具。

个体需求具有天然的异质性和利己倾向，每个人都因为背景、惯习、性格或立场的不同而对同一事物抱有不同的甚至相互对立的期待。相关冲突可能发生在渔业子场域内部，例如：同一渔村中的渔民针对相同批次大黄鱼的定价纠纷，或是因配额分配问题产生的纠纷；也可能发生在渔业子场域之间，例如：在同一片池塘中要发展休闲渔业还是水产养殖业，作为生物多样性重要组成部分的鲟鱼（生态资本）更为重要还是作为传统渔业生计来源的鲟鱼（经济资本）更为重要；还有可能发生在渔业场域和其他场域之间，例如：排他性捕鱼权和其他海域使用权的冲突，以及我国大农业体系下渔业和农林牧副业的财政资金争夺等。符合伦理的渔业治理必然涉及环境和社会公共利益，要想不同主体在目标和排序上达成一致，首先需要建立一种正当的对等协商关系。只有在权利和义务对等、决策程序对等的约定中，合宜性讨论才会成为可能。研究发现，社会公正对于渔民而言十分重要，渔民乐于见到一视同仁的捕捞限制，而非针对特定群体的捕捞限制；加强政府和渔民的对话有助于提升渔民群体对限制性政策的履行程度。

当价值主体证明其对价值客体作出的是正当行为时，至少可参照下列几类有关共同善的表述：反映团结、公平和共同福祉的公民价值，倡导尊重和保护生态的绿色价值，建立在传统和世代之上的家庭价值，表达人与环境直接关系的启迪价值，用受公众欢迎程度来衡量的名声价值，基于价格、成本和供需关系的市场价值和以效率为导向的产业价值。

Ignatius 等[163]通过正当性理论探讨了波罗的海鲑鱼资源和渔业的社会文化价值。鲑鱼是波罗的海的关键种，鲑鱼利益相关方希望运用参与式科普促进知识生产，并借助波罗的海鲑鱼常设委员会等平台就目标设定、种群评估、确定和选择管理措施进行辩论，找到最具正当性的公平治理方案。鲑鱼在其生命周期的每个阶段都在波罗的海占据独特生态位，对科学家、环保主义者和娱乐部门来说，其生物学特性是开展养护和保障福利的正当理由。家庭方面，鲑鱼捕捞被波罗的海沿岸渔业社区视作一种悠久传统，能将该传统延续下去是一种荣誉且正当的行为。由于鲑鱼具有像人类一样"重视"自己出生地的洄游迁徙本能，一些沿岸居民甚至对鲑鱼作出拟人化的解读，以它为媒介构建他们与自然的情感联结，这个强壮而聪明的水生种群为捕捞者和垂钓者带来了令人兴奋的挑战和自由体验。波罗的海鲑鱼享誉全球，对鲑鱼相关场所和雕像的宗教崇拜一直持续到 19 世纪，诸多当地民间艺术以及芬兰和瑞典几个地区和直辖市的盾徽上都融入了鲑鱼元素。作为重要生产资料的鲑鱼为波罗的海提供了重要经济价值，鉴于其近年来可利用资源持续下降的趋势，可持续开发和养护也具有市场和产业价值层面的正当性。

除行动符合上述共同利益的目标取向外，正当性的判定标准还包括是否具备：公开且受认可的程序，值得信赖的行为主体，合规且有效的策略，被妥善监督与制衡的权利。所有标准都指向了现代参与式治理逻辑——从利益相关方的利益出发实施管理。占据主导地位的治理者通过分配、程序和互动公正与被治理者建立信任关系，激发其信息分享和创新的积极性，完成"共同善"/价值的创造和平衡。

在这样一种类似元治理的权力场域中，主体间的互利合作变得十分重要。当前日益流行的合作/共同管理模式体现出正当性理论对渔业治理实践的指导价值。合作管理本质上就是参与式管理，在此过程中，渔民被赋能成为管理团队中的积极成员，与其简单称之为政府决策程序的参与者，不如将其描述为更具主人翁责任意识的合作者。他们同其他团队建立起一个集体理性所表征的"价值共同体"，为共享性、公共性价值进行协商并相互监督。

诺贝尔经济学奖获得者 Ostrom 认为，治理链条上多重参与者所形成的多中心自组织为管理可再生稀缺资源提供了出路。自组织中的利益相关方融入治理过程，平等表达诉求，充分尊重他人权益，在满足正当性标准的协商中讨论出一个各方都能接受的方案。组织成员的合作意愿源于政府元治理者和社群规范的内外约束，用社会普遍认可的伦理规则编织信念网络系统，有助于进一步整合社会资本，减少监管、协商、联系和信息成本，促进利益相关方达成共识且自觉履行。

自组织在渔业中有多种表现形式，最常见的是渔业社区管理组织和渔民合作组织。社区管理组织在地理或虚拟空间上切分出渔业管理的基本单位，由社区管理委员会行使投入控制或产出控制权利。渔民合作组织是由渔民自发建立、自主管理的非正式自治机制，在渔民与政府之间架设起沟通的桥梁，这种"民主"模式在小型渔业中尤其重要。

日本的渔业协同组合（FCA）是该国共同管理手段得到广泛应用的一个典例。日本渔业采用一种垂直管理和横向双重共治的范式。中央政府垂直领导都道府县各海区渔业，而横向管理则侧重以 FCA 主体的自主式管理。FCA 是一系列由沿岸中小规模渔业生产者组成的县级或町村级自治管理机构，不仅协助沿岸渔场的生产经营、纠纷调解和渔业研发等工作，也负责像工会一样致力于维护渔民权利。由于渔协所属区域范围有限、位置固定，限制了其对洄游种群的管理能力，日本随即成立海区协调委员会，委员会成员有 16 名：渔民（9 人）、学术专家（4 人）和代表公共利益的个人（3 人，通常为地方政府官员）。从人员配置可看出，渔民占据了协商团体中的绝对多数。FCA 遍布日本大大小小的渔业发展区域，截至 2006 年底，日本共有

2 273 个FCA，其中沿海地区 1 267 个，内陆水域 864 个，特定部门 142 个，由于功能合并等原因，FCA 总数在 2016 年下降至 1 825 个[164]。只有满足会员资格，才能参加 FCA；只有参加 FCA 并履行相应义务，渔户才能获得相应的合作优惠和权益保障（专属捕捞权）。日本文化认为，竞争是"恶德"，协调才是"美德"，社群遵从内部协调有序、群体利益至上的"村落伦理"。FCA 在地方上形成的独特凝聚力使得原本相互竞争的渔民拥有了互利合作和遵守规则的意愿。在集体理性下，FCA 成员开展了多种资源养护措施，在沿海地区自愿建立 1 000 多个海洋保护区，选择进行沿岸植树、栖息地恢复、资源保护、捕捞监控的 FCA 数量分别占总数的 13％、22％、40％和 47％。此外，FCA 还经常定期发起技术和教育研讨会。由于老龄化导致的青壮年劳力不足和劳动结构不平衡等问题，FCA 还鼓励妇女和青年群体积极参与交换信息、学习知识。这种共同管理范式打通了自下而上的沟通协商渠道，广获捕捞和水产养殖渔民的支持和拥护，在整体上取得了较为显著的成效。

合作管理理念不仅可用在同质社区内部，也可用于支持异质社群之间的协商和流动。多个国家渔业部门鼓励发展的"转产转业"政策，本质上也是一种跨界共同管理。例如，欧盟海洋与渔业基金（EMFF）在 2014—2020 年预算条例第 56 段清楚地说明："在捕捞和水产养殖部门，社区主导的地方发展应当鼓励创新，创造增长和就业机会，特别是通过增加鱼产品价值和使地方经济多样化，开展包括蓝色增长和其他涉海部门活动在内的新经济活动。"[165]

然而，这一理想在实践中易遭遇经济、社会和文化方面的困难。以捕捞业和养殖业长期并行发展的西班牙瓦伦西亚自治区为例。该地区盛产欧洲舌齿鲈、金头鲷等。瓦伦西亚捕捞业因资源衰退、减船政策、石油危机等因素出现产量下降趋势。水产养殖受益于技术发展愈发蒸蒸日上，然而，养殖渔民人数却不降反增，从 2008 年的 581 人下降到 2013 年的 424 人。在对瓦伦西亚渔业利益相关方开展走访调查后，Martínez - Novo 等[166]发现，留守当地的捕捞渔民甚至外出打工者中鲜有人员转产至养殖业，甚至在经济危机时，后者也宁愿回归被其视为传统惯习和荣耀归宿的渔船。他们将涉海人群划分为"我们"和"他们"两类，在心理上试图拉开自身与其他利益相关方（管理层、企业、科学家和养殖人员）的距离。对他者的不信任，加上他者之间的互相不信任，构成了阻挠合作的抗拒心理："科学家不是来解决实践问题的，他们只在意有多少文章能够发表""水产公司只是看到商业机遇而投产，并不真正了解这些鱼群""养殖者总是和我们'开战'"（表3-3）。该研究揭示了一个理想的协同创新框架，以及实践中的社会文化挑战——如何让拥有根深蒂固的习俗和价值观的传统捕捞渔民转向拥抱工业、科学和市场的价值观。

表 3-3　关于创新水产养殖的阐述[19]

| 主题 | 假设的认知 | 破碎的话语 |
|---|---|---|
| 水产养殖利益相关方之间的关系 | "科学家型企业家""创新型商人"和"创新型管理者"之间的合作是发展水产养殖业的理想框架 | 虽然有时"科学家无法接触到公司"、商人"不得不转向研究"，但这是一个"理想的框架"，"必须收紧"，甚至对管理人员也是一个"商机" |
| 当地渔业社区之间的关系 | 如何处理同手工渔民的关系是创新水产养殖面临的一个障碍。为了与他们达成合作，必须从本地知识转向科学和工业知识 | 捕捞渔民中存在"社会心理问题"，"改变和创新是困难的"，他们"必须进化"，并转向"水产养殖"。只有少数人认识到"科学信息是有用的"，这就是为什么"我们处于'战争'状态" |

由此可见，正当性理论能否成功指导实践的核心在于多元主体在参与程序内对不同价值的协商调和，在于能否形成"共同善"的信念系统并拥有保障在履行中坚守这一信念的机制。无论是渔业社区管理还是渔业合作社，消除利益相关方之间的不信任，增加其对知识和技能价值的认知，建立必要的对话渠道，是建立有效合作共同框架的先决条件。

## 第三节　渔业伦理分析和评估

关涉捕捞、养殖、加工和科技等方面的伦理问题错综复杂，无论是单独呈现还是贯穿水产价值链，相关议题都尚未得到清晰界定。但通过政府法律法规、自愿行为守则和贸易协定以及市场导向型工具，新的渔业道德原则和实践规范正在形成。FAO 高度重视渔业的伦理向度。《负责任渔业行为守则》载明了诸多符合负责任和公平渔业伦理的原则和措施，要求"以非强制手段"实施负责任的行为制定原则和国际标准，其中第 6 条特别强调采用符合伦理的实践方式：[6.1] 各国和水生生物资源的使用者应当养护水生生态系统……；[6.2]……应当结合粮食安全、减轻贫困和可持续发展，为了当代人和后代人促进保持渔业资源的质量、多样性和足够数量的供应量；[6.13] 确保决策过程透明……实业界、渔业工人、环境和其他有关组织的有效参与；[6.18]……保护渔民和渔业工人的权利，特别是从事小规模渔业的人群，保障其安全和公正的生计，以及优先获得……传统渔场和资源的权利……。第 7 条涉及具体执行，规定了符合伦理的管理目标以确保渔业资源的永续利用：避免捕捞过剩，发展负责任渔业，养护水生生境和生态系统，保护濒危物种，酌情纠正人类活动对资源环境的不利影响，等等；有些条款还直接涉及公平问题，包括提升数据透明度和将小型渔业和当地人民纳入管理计划等。

《负责任渔业行为守则》被认为是现行最富伦理意义的国际渔业文书之一，为全球和渔业各国提供了资源生产与养护相协调的伦理参考原则框架。虽然该守则为自愿文件，但其中包含基于国际法的条款和有约束力的规定，一经推出就获得了广泛影响。世界海洋管理委员会、可持续渔业伙伴组织等机构都是以此为基础开展活动。丹麦采取了基于权利的管理（从尊重捕捞权利到尊重人的权利），挪威采取了基于市场的 ITQ 管理，东太平洋国家采取了减少兼捕的行动，菲律宾和印度尼西亚承认过度捕捞事实并逐步开始拥护新的"珊瑚三角倡议"。

但从全球实践看，守则所涉伦理原则的遵守情况却不容乐观。针对 64 个重要渔业实体遵守第 7 条共 46 款管理与执行内容的评估发现，占世界渔捞总量 96% 的大多数国家和地区甚至未能达到及格分数，其中 28 个实体的"不及格"分数低于 40%[167]。守则的执行主要受到社会经济驱动因素的制约，由于缺乏对其长期生态效益的量化参考，可能导致各方执行不力。如果从那些直接同资源博弈的"生产者"视角出发，伦理约束也许会因量化困难和投机心理而失效。但从价值链的另一侧看，以"消费者"为主导的鱼产品伦理似乎更可追溯，有潜力识别和权衡不同价值和利益，使公共决策更加透明、利益相关方配合度更高。针对新生物技术的实践伦理方法——伦理分析矩阵和据此建立的评估工具 Rapfish，为负责任渔业实践分析和评估提供了"良善之策"。

## 一、伦理矩阵

我们在评判一个行为是否符合伦理时，事实上充当了"道德裁判"的角色。考虑到个人的知识结构、裁判能力和中立性等因素，并非所有人都能够胜任这一"高门槛"的角色。在此既定情形下，要使符合正义的道德考量在处于"无知之幕"下的社会人群中得到普及，就需要借助特定"常识道德"或普适的思考框架。伦理矩阵就是由共同道德标准和公认伦理原则编织而成的一种概念工具。

诉诸"常识道德"的实践最初见于医学伦理，受到 Beauchamp 和 Childress 生物医学"四原则方法"的启发，应用生物伦理学家、食品伦理委员会创始人 Mepham[168]于 1994 年设计出了"伦理矩阵"，用于指导新型农业食品生物技术，包括：牛体细胞营养蛋白，转基因鲑鱼，在实验中使用的转基因动物，异种移植，功能食品和转基因作物等。管理者或对此问题感兴趣的人士，对粮食生产和其他生物伦理问题开展审议。这批人可能未受过系统伦理学理论训练，或者在将相应理论用于具体问题方面的经验有限，无法胜任传统意义上的道德裁判一职，但却可以通过矩阵，识别使用新技术所引发的道德问题，并据此作出符合理性的决定。

伦理矩阵将福祉、自由和公平三大共同道德原则（横排内容）应用于一组选定的利益集团（纵列内容），通过排列组合形成表格矩阵。其中，福祉代表功利主义提倡的"善的最大化"；自由代表义务论中将他者视为"自身的目的"的利他/它责任；公平代表对正义的尊重。利益相关方的筛选需要尽可能全面，既包括诸如食品生产者和消费者组合的不同人群，也延伸至像农场动物那样的非人类生物。作为一种实践评估框架，伦理矩阵为审查特定道德问题提供了参照系，辅助评价者得出各种结构化的道德结论，旨在通过以透明和可广泛理解的方式阐明任何问题的伦理维度，促进理性的公共政策决策。换句话说，该工具有助于提高对具体道德问题的认知，鼓励道德反思，指明道德决策的共同基础，达成一致意见或澄清分歧，明确支撑伦理性决定的推理过程。

矩阵是一种分析工具，在伦理上是中立的。相比之下，伦理评估则需要对不同的影响进行权衡或排序。排序的关键在于价值的映射和其权重大小。矩阵单元格中的内容代表了伦理判断的"事实"和"价值"依据。如果要对

"减少远洋渔船燃油补贴"一事进行伦理分析，就要先明确远洋渔业燃油补贴的相关事实，比如：禁止性补贴、可塑性补贴和不可塑性补贴的具体占比；补贴额度变化对渔船数量和渔获量的影响以及对渔业社区、财政利润和外交关系可能产生的次要影响；生物多样性是否受到积极或消极影响等。上述证据的可信度是伦理评估的重要考察因素。在特定情况下，价值要素比事实要素更为关键，对伦理矩阵单元格内容的评估不仅取决于可量化的结果，而且取决于相关结果映射出的价值（这些价值甚至可能与量化结果相悖）。例如：在东海野生大黄鱼面临崩溃危机时，为取得生态正义，渔民靠捕捞该鱼种获得最大化的"生计善"就应当让位于"将渔业资源养护视为自身目的"的利它责任，让得到喘息的资源有持续为渔民后代服务的可能性。

　　伦理矩阵采用参与式逻辑。理想情况中，伦理学家在不操纵结果的前提下构建和促进分析伦理过程，政府元治理者可以"自上而下"设定主题单元格目标，主导讨论程序，并邀请利益相关方作为评估团队成员；另一方面，利益相关方也可以"自下而上"组织讨论，政府元治理者承担观点汇总和审议兜底的任务。

　　伦理矩阵通常利用半定量的量表对每个单元格的"感知性影响"进行评分。以（-2～+2）的打分区间为例。在预期喷洒大量鱼药的情况下，养殖渔民利润可能会适度增加（得分＝+1），但由于此举对池塘环境的影响更大，水生生物自主性（生物多样性）可能会因此降低（得分＝-1）。微不足道的影响记为"0"。上述计分法并不意味着我们可以通过汇总每个单元格得分来简单进行伦理"计算"。这样的得分不仅非常不精确，只是简单地表示出"非常"（+2和-2）和"相当"（+1和-1）的程度，而且不同单元格的得分权重也不相等。一些使用者采用了更大的阈值（+5～-5）来增加区分度，而另一些人则舍弃分数，只在意影响是"积极的"还是"消极的"。虽然矩阵仅用于确定伦理问题的纯定性分析，但针对矩阵单元格的伦理审查和辩论可以协助治理者作出更全面、更长远的决断。

　　随着生物伦理学的发展，矩阵分析工具的应用范围逐步扩大至动物生产系统、转基因鱼类、捕捞业、水产养殖以及农业和粮食安全等领域。由于渔业涉及人类与生态系统之间的互动，对人类渔业活动中的道德问题开展关键规范性分析应当涵盖与人类和生态系统福祉有关的价值、规则、责任和美德。2001 年，为评估挪威捕捞业未来发展，Kaiser 等[25]以福祉、尊严和正义为原则，以渔民、渔业、海洋和海岸的其他使用者、社会整体、消费者、子孙后代和生物圈为利益相关方形成矩阵，后两者以代理人的形式呈现。2005 年，FAO 在《渔业的伦理问题》专刊中提出可持续渔业伦理分析维度，综合生物伦理学和人类基本利益。FAO 认为，除了福祉、公正和自由三大基本渔业道德原则外，伦理分析还应将人类尊严、人权和正义、善行、生物和文化多样性、多元化和宽容、团结、公平与合作、对生物圈负责等因素纳入考量（表 3-4）。

表 3-4　渔业的伦理维度

| 渔业伦理维度的主题 | 渔业伦理维度的目标 |
| --- | --- |
| 生态系统 | 生态系统福祉 |
| 鱼类种群 | 养护 |
| 渔业 | 负责任渔业，可持续发展 |
| 渔民 | 船上安全，自由和福祉，公平入渔 |
| 渔村社区 | 消除贫困，文化多样性 |
| 其他利益相关方 | 跨部门平等，社会效率 |
| 消费者 | 食物权，食品安全 |
| 政治家 | 透明的政策，公共协商 |

Lam 结合 Mepham 提出的矩阵框架模型和 FAO 版本的渔业伦理维度，进一步将渔业部门划分为自然尺度、人类尺度以及天人互动（表 3-5）。Lam 的修正矩阵是目前针对渔业伦理最为全面的分析框架。矩阵本身暗含对现代渔业属性的双刃剑式假设：一方面，渔业产业链的发展被认为是一种具体善，因为它在一定程度上解决了当代人的全球饥饿危机和生计危机；但另一方面，它同时也对资源、环境和后代人的生存产生了负面影响。该矩阵通过简洁透明和可被广泛理解的方式综合阐明了渔业道德问题，既可用于指导渔业个体的道德判断，又可协助理性的公共决策。需要注意的是，虽然矩阵形式旨在推出一个协助伦理裁决的框架结构，但决策者无法在不进行健全独立的伦理审议的情况下，仅凭表格指标就得出明确判断。不同群体可能对每项原则所赋权重抱有不同解释，使得协商过程难以从源头上达成一致。因此，从伦理矩阵的使用中自动达成一个按照规定行进的议程的可能性不大。

伦理性原则较为抽象，无法涵盖一切渔业实践，治理者在作出决策时，应依据具体渔业情景逐案分析。

表3-5　Lam 基于 FAO 模型修正之后的渔业伦理分析矩阵

| 系统 | 福祉 | 自由 | 公正 |
|---|---|---|---|
| 自然尺度 | | | 生态系统 |
| 生态系统 | 生态系统完整性：食物网和生境保护，生物多样性 | 对人为干扰（渔业、污染、气候变化）的适应和应变能力 | 生产性：管理、生态养护和保护<br>恢复性：减轻人类对生态系统和栖息地的影响，使人为生态损失最小化 |
| 鱼类种群 | 鱼类福利：鱼类资源丰度及遗传保育，养殖鱼类的最小遗传混合或鱼虱子和病毒 | 减少鱼类迁徙和进入摄食或繁殖栖息地的障碍 | 生产性和恢复性：维持鱼类生物量、生长和繁殖的公平逃逸政策 |
| 人类尺度 | | | 社会 |
| 社会 | 健康、稳定的经济和环境：渔业企业的最低负外部性；实现今世后代利益的可持续资源流动 | 可自由获取信息以及表达对资源管理的关切，以确保其造福全社会 | 分配性：管理机构向渔民收取费用，以支持渔业和社区社会项目<br>再分配性：对渔业生态损害的补偿 |
| 政府代理人 | 为公共利益服务的替代性政策选择和公开民主程序 | 可自由基于透明信息、公开辩论和所有利益相关方参与共同治理而作出决定 | 分配性：通过负责任的管理和政策维持经济和生计<br>再分配性：保护信托资源免受非法或有害捕捞的侵害 |
| 渔民 | 工作保障；足够的收入；减贫；安全体面的工作环境；尊重经济、社会和文化权利 | 可自由继续从事捕鱼或选择其他生计；为边缘化群体（如贫苦渔民、渔家妇女和土著渔民）赋权；土著渔民、小规模渔民和手工渔民独特的文化身份和捕鱼权 | 分配性和再分配性：共同管理资源；公平进入和获得资源、市场、信贷、贸易和法律；同工同酬；消除社会和性别不平等及非法或有害捕捞 |
| 消费者 | 粮食安全：获得安全、充足、物美价廉的粮食 | 可自由选择带有生态标签和以负责任方式捕捞的海产品 | 分配性：公平获取粮食；无贸易壁垒；供食用的低营养水平鱼类的数量，与养殖鱼类或动物转化为鱼粉的数量相平衡 |

（续）

| 系统 | 福祉 | 自由 | 公正 |
|------|------|------|------|
| 其他利益相关方 | 非消耗性利用在资源决策中受到重视 | 可自由在非政治化经济中分享资源；参与式决策和协作治理机制 | 分配性和再分配性：公平分享和获取粮食、收入、生活、文化、娱乐资源；资源争端解决 |
| 天人互动 | | | 生态系统和社会 |
| 渔业 | 经济可行性和稳定性；有竞争力的渔业；可持续发展；安全 | 通过捕鱼权以及海洋管理的社会生态责任，实现有条件的自由或特权 | 生产性：基于生态系统的管理<br>恢复性：基于历史发展的生态恢复<br>分配性：跨部门公平分配<br>再分配性：捕鱼损害赔偿 |

## 二、伦理评估工具

"指标产生于价值（我们衡量我们所关注的），并自主创造价值（我们关注我们所衡量的）"[169]。开展伦理性评估的前提是创建符合伦理的指标体系，渔业评估者应尽可能全面地筛选有助于实现可持续正义的指标。

从评估意义上看，传统资源评估模型大多采用生物和经济方面的指标，而渔业实质上是一种多学科的人类活动，受到生态、社会、经济、技术和伦理等诸多因素的综合影响。英属哥伦比亚大学渔业中心由此开发了 Rapfish 评估方法，选取和渔业可持续密切相关的各项指标，以"好"和"坏"对指标进行价值性打分（通常以 1～10 分为区间，其中 4 分以下为"坏"，7 分及以上标记为"好"）。

Rapfish 是一种半定量、多学科的快速评估技术，主要用于评估渔业的健康状况和可持续性，包括生态、技术、经济、社会、伦理和制度六大子系统，每个子系统通常被分配 6～12 个属性指标。基于对历史分析的改进、传统资源评估经验和多次场景模拟训练，软件逐渐深入了解"好""坏"和"不好不坏"的属性值，并利用 SPSS 对不同渔业指标进行多维等级打分和排序。作为一种规范技术，该工具仅限于设定与可持续性相关联的属性，具体标准属性单元可根据特定情况灵活定制。这些指标从整体上阐释和考量多个渔业元素的互动，以测试有关人类和自然耦合系统的假设[170]。六个维度中有一些常用评价指标，每个方框中的内容会根据实际渔况被打上相应等级分数（图 3-4）。

Rapfish可持续性评价领域

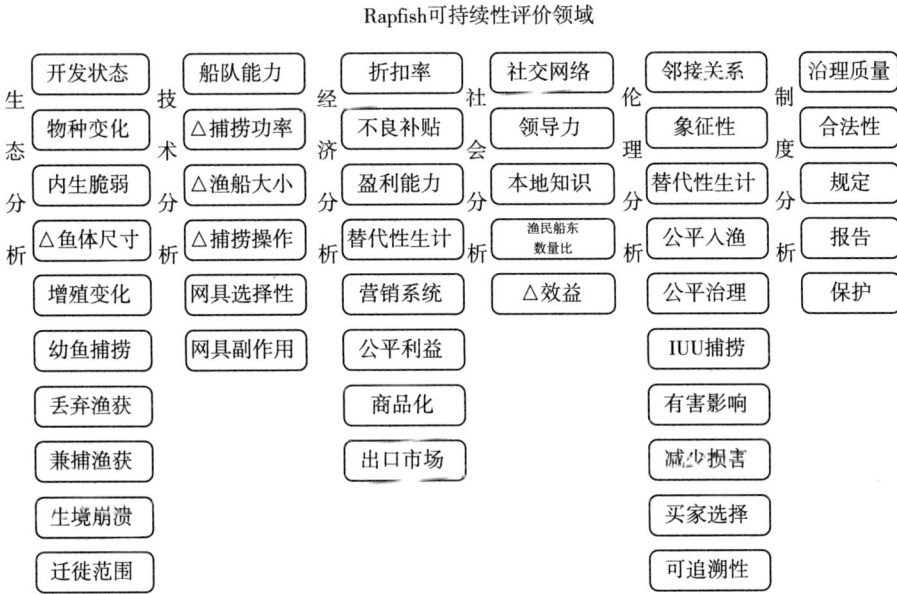

图 3-4　六大可持续性评价子系统的 Rapfish 分析概念表示法

Rapfish 采用具备可视性、稳健性和可扩展性的统计方法——多维尺度分析（Multidimensional Scaling，MDS），在坐标系中使用平方欧式距离矩阵对属性分数进行 z-score 标准化处理，以计算渔业可持续性比例分数，并用应力值评估拟合优度，使子系统由多维指标状态转化为显示"可持续性得分"的二维图像。用户无须费力寻找大量渔业数据（生物量，捕捞努力量，海产品供求量等），绕开了这些数据本身可能存在的可获性、可靠性和透明度挑战，而是依靠较易获得的子系统指标或专家意见给出分数。为减少不确定性，该工具选取蒙特卡罗方法降低个人打分误差，辅以刀切法来获得每个属性对评估字段结果的影响。为确保权威性，具体分数主要根据灰色文献和同行评议得出，不过修正后的模型加入了专家、个人、社区的酌情打分权。MDS 方法的好处在于：所选渔业实体的实际范围并不影响最终计算结果，只要比较对象处在大致相同的范畴即可。大尺度上，可将一个国家/水体的所有渔业同其他国家/水体的渔业一起进行比较；小尺度上，可对比在同一地点对同一鱼种使用不同渔具渔法的区别，或在同一艘船上使用同一种渔具捕捞不同鱼种的效果差异。MDS 既可单独针对生态、技术、经济、社会、伦理和制度这六个子系统，也可将子系统合在一起综合评分，然后将其制成用于分析整体可持续性的风筝图（图 3-5）。

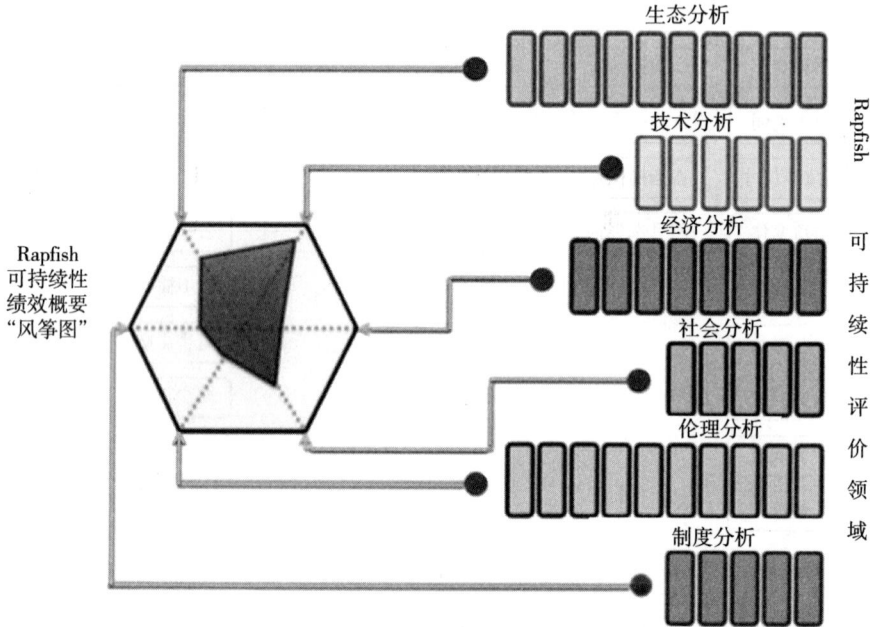

图 3-5 将 Rapfish 可持续性评价子系统等级评分转化为可视化风筝图

这样一来，决策层就能够通过可视化程度较高的风筝图一目了然地了解生态系统、渔业社区和海产品价值链组别的价值等级排序。该图展示了 Rapfish 可视化评价体系，针对可持续性不同模式的评估子领域可被转换为风筝图轴线上的分数，用线段和箭头连接的风筝相位表示每个字段 0% 到 100% 之间的分数。风筝外缘在每个领域中相当于 100%（"好"），而风筝中心代表 0%（"坏"）。Rapfish 的伦理子系统是其区别于传统评估模式的重要特征，负责该领域的开发团队吸纳了包括伦理学家、社会学家和自然科学家在内的跨学科专业人士，利用可持续指标分析渔业的生态系统正义（生态康乐）、生产性正义（合理生产）、分配性正义（资源共享）、恢复性正义（损害修复）和创造性正义（公平管理）。

有关生态伦理和鱼类福利的深入研究为 Rapfish 软件提供了良好的理论支撑。不过，Pitcher 等提出的伦理打分表（表 3-6）重点关注海洋捕捞，对养殖和加工等其他渔业领域基本未有涉猎。此外，"公平治理"一栏的打分依据显示：各方平等的全面共同管理（9~10）＞共同管理/社区主导（6~8）＞共同管理/政府主导，这种依据是一种简单"自下而上"的线性思维，有彻底"去政治中心化"的倾向，忽视了政府作为元治理者所发挥的关键作用，也不符合中国国情。因此，若要将此表应用于指导我国渔业，那么在单元格的设计中需要进行相应调整。Lam 等以此为基础将 Mepham 从伦理理论衍生出的伦理矩阵与 Rapfish 这一快速评价工具相结合，提出 matrix-Rapfish 方法，充分发挥前者在筛选伦理指标方面和后者在计算好坏分值方面的互补功能。伦理矩阵能够更加精细且全面地以单元格的形式汇总利益相关方的伦理考量，并通过 Rapfish 算法得到一个风筝图，其中沿轴的半定量分数与伦理原则相匹配。这样一来，用户就能够通过明确的道德权衡来促进决策。

表 3-6　Rapfish 伦理子系统评估指南[171]

| 属性 | 描述 | 指南 |
| --- | --- | --- |
| 邻接和依赖 | 评估地理邻近程度和同资源的历史联系 | 不相邻且不依赖（Rapfish 得分 0~2）；不相邻且部分信赖（3~5）；相邻且部分依赖（6~8）；相邻且依赖程度较强（9~10） |
| 替代性方案 | 评估除支持社区内部发展的渔业之外的替代性方案 | 无（Rapfish 得分 0~2）；有一些（3~5）；较多（6~8）；非常多（9~10） |
| 公平入渔 | 评估入渔权是否基于传统和历史权利及捕捞产量 | 不考虑（Rapfish 得分 0~3）；考虑（4~7）；传统本土渔业（8~10） |
| 公平治理 | 评估渔民参与管理和治理的情况 | 无（Rapfish 得分 0）；咨询（1~2）；共同管理/政府主导（3~5）；共同管理/社区主导（6~8）；各方平等的全面合作管理（9~10） |
| 减缓：生境破坏和生态系统结构变化 | 评估试图减缓对鱼类栖息地的破坏或渔业对捕食者、猎物或渔业目标的竞争生物体造成的生态系统变化 | 受到很大伤害且未得到缓解（Rapfish 得分 0）；受到一些破坏（1~3）；没受持续损害或得到持续缓解（4~6）；得到一些缓解（7~8）；得到很大缓解（9~10） |
| 非法、不报告、不管制（IUU）的捕捞 | 评估非法和不报告的渔获量（偷渔和转运）。 | 无（Rapfish 得分 10~8）；一些（7~6）；很多（5~3）；大量（2~0） |
| 兼捕和丢弃渔获物 | 评估对鸟类、哺乳类、爬行类及结构性底栖无脊椎动物的兼捕和丢弃行为 | 无（Rapfish 得分 10~8）；一些（7~6）；很多（5~3）；大量（2~0） |

　　用上述方法对海产品伦理开展初步分析发现：小规模渔业比大规模渔业往往更富伦理性和可持续性，而杂食性（包含食草性）水产养殖系统比食肉性系统更富伦理。虽然这一结论只是偏定性的简单推导，但它为日后更为完善的渔业伦理研究提供了灵感。

　　除了快速评估渔业的"健康"状态外，Rapfish 也可用于渔业"分类"和确定有限的治理或研究资源在何种领域集中能实现效用最大化（帕累托最优），还可追踪单一渔业的历史变化趋势，帮助决策者在生物、经济或社会的合力影响带来灾难之前预测行业问题。值得注意的是，Rapfish 并不意图取代用以制定配额等渔业管理策略的常规种群评估程序，而是作为渔业政策制定和执行的一种补充工具。由于操作较为简易可行，且考虑到了上层建筑——"人的维度"，Rapfish 已被用于考察多个富有影响力的框架和目标的执行情况，例如：FAO《负责任渔业行为守则》，世界自然基金会"基于生态系统的管理"模式，美国"我们周围的海洋"项目，新南威尔士州立渔业公司的发展宗旨等。

　　除 Rapfish 外，EwE 也是全球范围内比较流行的三维可持续水域生态系统评估工具，通过对生态过程的定量化分析，基于食物网搭建能量平衡模型，动态模拟生态演变规律并预测生态发展趋势，目前已成为渔业生态系统管理使用最广泛的方法。EwE 由 Ecopath（关于维持数量平衡的静态系统快照）、Ecosim（助力渔业政策制定的时间动态模拟模块）和 Ecospace（主要针对探索保护区的影响和布局而设计的时空动态模块）三大部分组成。EwE 方法并不单纯考察个别物种或单一人类活动，而是结合渔业生产与整个生态系统结构功能的互动，计算均衡状态下水生生物群之间的生物量水平和食物消耗。"正确"选择可持续参数是模拟成功的关键。从这一层面看，该软件潜在运用了符合渔业伦理的理念，可配合 Rapfish 共同丰富渔业分析和评估的伦理尺度。

　　本章提出了基于渔业伦理的治理范式，透过元治理理论反观当今渔业治理的合法性和正当性，倡导采取符合伦理的治理措施，灵活运用伦理分析矩阵，以促进可持续渔业的实施和评估。

# 第四章 现代渔业治理的
# 伦理进程

人处在一定的社会和生态关系之中，人类的生存和发展始终遵循着特定的自然法则。远古时期，置身于丛林规则中的渔猎者大多选择依山傍水的地带栖居，从山野中采集果实、捕猎猛兽，从海河中获取水产资源，以维持自身和群落的延续。国家成立之初，为谋求一种集体服从的稳定秩序和国家的整体幸存，统治者参照宇宙运行规律（在中国被称为"天道"）创设了治国的道德合法性根据，要求臣民必须遵守"道德义务"，甚至在必要时以无条件牺牲自我为代价换取君王或共同体的利益。

然而，到了生产力大幅进步的现代公民社会，个体自我独立意识和能力增强，对共同体的依赖减弱，治理的合法性由过去的强义务逻辑逐步转向关注个人自由意志、重视个体自主选择权的权利逻辑。当今我们谈论道德，免不了会谈到责任和义务，而权利的有效主张和保障是激发公民自觉担当责任和义务的必要条件。人有自由选择发展道路的基本权利，尊重和促进自由选择权的公正行使构成现代治理道德的核心内容。因此，现代治理的伦理困境实质上就是一种权利困境，即当人们不得不在多种行动方针之间艰难行使选择权时，无论选择其中任何一项，都可能涉及违反其他某项伦理原则的选择性冲突。

现代渔业治理需要应对众多盘根错节的社会和生态关系，复杂关系网当中的利益相关方对"什么是善"有着不同的甚至相互矛盾的答案。在多目标的语境下，制度安排和治理决策不可能是完全价值中立的，渔业生态的利用和养护议题本身就附带着决策者特定的价值倾向。即便上述倾向时常以看似"中立"的方式呈现，但它们背后隐含着一些基本假设，而这些假设可能成为导致权力滥用和不正义现象出现的潜在根源。例如：有关"海洋向所有人开放"的环境假设曾一度使得大量渔船在产权不明晰的情况下自由入渔，争相竞逐海洋提供的资源，造成环境过载性侵蚀，在资源短缺的情况下远洋工业渔船还可能逐渐侵占以前由传统渔民开发或保留的近海地区，带来渔村社会生态危机。再如，"消费者希望购买到（物美）价廉的水产品"这一经济假设促使那些有资本抬高捕捞投入并同时尽可能压低鱼价的大型鱼商控制绝对的市场份额，在增加小规模渔业社区经济负担的同时，挤压后者的生存空间，使得被边缘化的渔民陷入生计困境。

上述现象展现出治理者常常面对的道德困难：他们不会主动或在主观上违背伦理原则，而是在众多抽象或具体的伦理原则中选择重点执行其中一项（"物美价廉"——增进消费者福祉等），但却在客观结果上违反了另一个原则，这就是渔业治理中的悖论所在。

渔业决策的制定和执行始终面对着充满不确定性的环境和市场，中立或善意的假设有时反而会引起恶的结果。从伦理上看，如果决策者把"为最多人提供最大利益"的功利主义口号奉为圭臬，他们很容易沦为不道德的"帮凶"，因为其结果不仅可能损害剩下的那小部分人的正当利益，还可能给资源环境带来最大程度的破坏。相反，如果决策者秉承"义务论"的观点，认为只要渔业利益相关方在行动时抱有善良动机、符合伦理规则，其行为就是道德的，那么这种行"正义"之举而不计后果的行为可能会好心办坏事，环保行动中市民随意放生水生生物导致生态链被破坏的事件就是一个例子。即使一个国家或地区的决策者接纳了"为己利他/它"的生态伦理思想，尽力做到兼顾自己、他人和水生生物的福祉，也很难避免其他国家或地区独立展开功利主义行为，在公共水域和贸易中带来负面的外部性影响。由此可见，实现绝对正义的理想渔业场景是不存在的。现代渔业治理的突围任务不是消灭固有的资源、技术、社会和文化困境，而是深入认识困境产生的原因，懂得如何在困境中通过妥善的制度安排得到一个整体上受到认可并能可持续地执行下去的方案。这也是本章将具体探讨的重点——渔业治理的伦理难题和突围之道。

## 第一节　可持续渔业中的维度指向

"可持续性"概念初见于对可再生资源的道德理性分析。渔业资源依靠自我繁衍实现世代延续，它们如存入自然界银行的本金，只要本金不被破坏，就能持续获得相应的存款利息，以供未来使用。进入 21 世纪，人类向自然支取"本金"的速度一度远超资源存量增长的速度，这种行为违背了自然规律和道德秩序，无异于杀鸡取卵。

从伦理上看，人与鱼之间的可持续互动有助于增进渔业生态的整体和长期福祉。随着可持续发展理念得到全球价值认同，1972 年联合国人类环境会议和 1982 年联合国海洋法大会开始将渔业的可持续问题摆到决策者面前，1991 年渔业委员会（COFI）呼吁发展可持续能力和渔业管理新方法，以实现渔业资源的永续利用。此后，可持续渔业成为渔业发展所追求的新信条，它从捕捞业开始，逐渐渗透至水产养殖、加工和渔业科技等方面，潜移默化地改变着利益相关方的认知方式、生产方式和生活方式。正是出于对永续伦理的高度关注，FAO 在全球渔业报告中专门增加了显示可持续性和不可持续性的颜色编码和标签。

可持续渔业易受自然和人为因素的影响，是渔业伦理关注的核心。现代可持续渔业治理所涉困境主要出现在时间、空间以及人际维度的决策选择过程之中。

## 一、时间维度

从人类生而平等的伦理逻辑出发，无论出生于哪个时代，前代人与后代人应当是平等的，理应享有同等权利，其中包括获取和开发自然资源的公平权利。破坏后代人的福祉在道德上是错误的。在当前渔业资源危机的大背景下，后代人从前代人继承生态遗产的权利遭到破坏，潜在削弱了其从环境中谋求生存的能力。丰沛的渔业资源是渔业发展的根基，若任由危机继续升级，越建越高的渔业文明大厦有可能因"资源地基"不牢而面临倾覆的风险。如何平衡前代人和后代人的资源利益是可持续渔业需要解决的最首要、最核心的议题。这种以"代"为分析单位的道德哲学就是代际伦理。

### （一）代际伦理的建构与解构

传统人际伦理和生态伦理的基本视角是横向的共时空间维度，以位于共同空间中的"同代"人或其他生物作为观照对象。近几十年来，随着"代"的自我认知觉醒，以及代际裂痕的日益显著，不少伦理学家意识到，过去、现在和未来之间存在着一种深刻的过程性联结，而上述静态思维方式无法解决在此进程中不断演化的社会和环境议题。

若将视角沿着时间轴纵向拓展，我们不难发现，现代社会的群际关系既是过去人类实践行为影响的延伸，又潜在地作用于未来的群际伦理形态。在科技进步、人口爆炸的今天，这种影响对有限资源环境的侵蚀尤为明显。自然资源保护主义者认为，身处当今社会的人类肩负着一种道德责任，即确保我们的后代能够享受到与我们自身同样的令人满意的生活。由此衍生出的可持续发展理念试图突破时间的藩篱，从历时性维度去审查和应对不同伦理关系的结果：对过去反思，对现在调整，对未来预判。"可持续性"彰显出伦理问题的代际特点，这种对代与代之间应当存在何种关系的思考就是代际伦理所考量的范畴。

代际伦理，顾名思义，就是存在于不同时代人群之间的一种伦理关系。它以当代人是否对子孙后代的生存和发展尽到道德责任与义务为主要研究对象，以实现群际的和谐延续为目标。作为在人际伦理和生态伦理的结合处和交叉点上产生的一种崭新的伦理形态，代际伦理为可持续发展思想提供了道德依据。代际伦理和代内伦理有所不同，由于时代区隔，当代人对后代人的影响不是互动式的，而是不对称、不可逆的。资源和环境问题具有长期性，人类某些行为（温室气体排放、过度放牧、修建大坝等）的影响将在几十年甚至几百年后才会显现出来，促使道德哲学将视野拓展至几代人之间的关系。要想确保人类文明不断延续，保证相互继起的不同代际人群融洽相处，保障可再生资源有足够体量维持自身发展，就需要根据可预见的未来情形合理界定处于时间轴中"当下"这代人的权利和义务。其中所蕴含的伦理价值和目标就是代际公平，体现在发展观上就是可持续发展。如果说代际伦理是可持续发展的思维方式，那么代际公平就是可持续发展的基本准则。

值得注意的是，大多数关于代际公平的论述都是以"当下"作为逻辑起点，支持现在作出最有可能保存或提高后代可持续生活机会和能力的选择和行动。这个起点似乎忽略了时间轴另一端的伦理意义——前几代人对现几代人显而易见的影响。回溯历史意味着尝试纠正当代人在过去所遭受的不公正，特别是那些在今后社会中可能会再次出现的不公正情形。代际矛盾还应关注那些过去未能得到妥善处理的做法所造成的不公正现象。

治理者为认识和解决历史不公正而采取的社会和政治过程通常被称为恢复性、纠正性或补偿性正义。这类正义对治理公平来说十分重要。以温室气体排放为例，排放 $CO_2$ 的产业推动了经济快速发展，因此 $CO_2$ 以"生态债务"的形式"储存"于富裕国家的基础设施和技术之中。依照此逻辑，这份债务的偿还责任（应对当前气候变化挑战的责任）应当更多分配给那些历史排放量高于可持续水平的工业国家。如果仅把过去视作历史，不考虑过去与现在的可持续联结，只着手限制现在和未来的排放，就会挫伤欠发达地区的发展机遇，这样的做法是不公平、不道德的。从代际伦理的角度上讲，那些从历史生态债务中受益的相关方，无论是否自愿，在道德上都有义务补偿承受外部债务成本的相关方。

虽然代际公平是环境保护的立论基础和主流论调，但仍有学者对代际关系的伦理属性表示质疑："代"的时长如何界定？可否在整体上包括好几代人？倘若在所谓的当代人中就产生了环境负面影响，那么采取养护行动到底算为未来人利益考虑的道德行为，还是为保自身利益的功利行为？反之，如果影响涉及遥不可及、难以预测的将来（危害可跨千年的放射性废料等），是否能就此牺牲部分现代人的红利？甚至有批评家声称，虽然现代人确实有责任考虑种族后代的生存，但后代人所关心的问题没有现代人关心的问题那么重要，因此现代人不应当完全为后代人买单。的确，代际存在着模糊区隔，现在对未来的影响以及未来人类文明的走向也无法被准确预知，但这并不能成为我们不对资源实施积极养护的托词。一旦现代人消耗红利的速度超过了资源再生和环境恢复的速度，导致资源减少乃至彻底崩溃，何谈可持续性？何谈未来发展？

细究起来，之所以会出现将矛头指向未来不确定性的批评之声，是因为有关"后代人权力"的论述存在缺陷。刘卫先[172]指出，可持续发展所援引的"当代"和"后代"仅为时间概念，其间并无父子语境中存续于上代人和下代人之间的法定继承关系，不属于法律关系中的权利义务双方。行动只可能由一切活着的人发出，所谓的后代人权利是一种莫须有的权利，其实质不是将虚幻的权利赋予后代人，而是为拥有实实在在权利的当代人设定保护地球资源环境的"对等义务"。这一从环境义务论角度作出的颠覆性解释让当代人不养护资源的借口无处遁形。

由此可见，代际伦理为可持续理论提供了价值基础，不仅应当体现当代人对后代人的影响，还需要从矫正正义的角度反思前代人的行为。代际公平实质上突出的不是后代人的虚幻权利，而是当代人的实在义务。要想实现可持续发展，当代人就必须扛起生态文明建设的大旗。

### （二）可持续渔业中的代际伦理

可持续性是人类应对代际关系、实现代际正义的重要伦理准则，可持续发展显著地投射在和谐代际关系的构建和发展上。对可持续的思考已突破"经济、科技、政治"等实践层面，开始逐步深入到"观念、价值、文化"等认识论、价值论领域。

可持续渔业意味着在渔业生态和社会方面关注上一代人的"债务"，关心下一代人的福利。受到自身和外界因素的多重影响，地球上的环境和物种境况处于不断变动的状态之中。这种变动有时是平静而缓慢的，就像工业文明之前的渔业社会，除极端气候等天灾引发的大规模死亡外，鱼类种群数量的世代变化随海流、水温、盐度、饵料等环境要素和人类小规模养捕行为的影响而平稳波动。依照上述发展轨迹，人类不同世代之间和鱼类不同世代之间所享有的生存条件不会有太大差别，环境也能够在受到干扰后自愈。但这种变动有时却是激荡而剧烈的，就像人口和工业大发展冲击下的现代渔业生态系统，随着鱼类世代之间数量和质量（体长体重下降、性成熟提前、基因变异等因素）的差异愈加显著，下一代人显然无法享有与上一代人同样数量和质量的渔业资源，渔业发展的可持续性因此受到减损。此时，上一代人的行为就实实在在地构成了对下一代人福祉的侵犯，构成了一种不正义的代际关系。有必要将代际伦理放到渔业治理的舞台中心，以应对不可持续的渔业资源剥削问题。

在代际道德理念得以发展前，几乎每一代人都以自身那一代的环境状况为参考标准，认为自己亲眼见到的状况在每一代当中都是自然的或正常存在的现象。这种"变动的环境评判基准"可能造成渔业社会集体性失忆，让人们忘却世代交替中留下的生态债务，继续不可持续的破坏行动。若不控制现代渔业的开发速度，渔业危机甚至在代内就可能出现，这样的例子比比皆是。

斯特拉大海牛于1741年才被俄国探险家Steller首次在白令海峡发现，而在1768年就因人类大量捕杀而灭绝。1960—1965年间，美国缅因湾底栖动物种群的总渔获量从20万吨增加到75万吨以上，鱼类死亡率远超可持续水平。20世纪80年代，60%～80%的缅因湾大西洋黄盖鲽、鳕鱼和黑线鳕被渔民大量捕捞，导致这些物种的渔获量在10年内从10万吨骤降至

4 万吨。供应了全球 90％鱼子酱的里海欧洲鳇由于体型巨大（成年鱼体长可达 4.5 米，体重可达 1 135 千克）、性成熟晚（需要约 20 年才能发育成熟）、生育周期长（雌性每 3～4 年才产卵 1 次）、行动迟缓等因素，在遭到过度捕捞后，种群数量在过去 60 年内下降了 90％，现已被世界自然保护联盟确定为"极度濒危"物种。同样味美价高的蓝鳍金枪鱼如今的产卵数量仅约为 1970 年的 21％～29％。20 世纪，中国东海的野生大黄鱼在 80 年代后期就几乎绝迹。20 世纪的规模工业捕捞证明，短短 15 年高强度的捕捞，就会导致 80％的原始鱼源消失殆尽。在面临"救人还是救鱼"的选择时，人类中心主义的思想曾一度占据了价值中心。

渔民每年要从海洋中捞出超过 7 700 万吨的野生动物，加上兼捕破坏、筑堤建坝、水域污染等行为，诸多被过度开发或产卵场和栖息地遭破坏的种群呈现出明显的负向世代区别。在现代渔业管理的努力中，越来越多的管理者试图通过减轻捕捞压力和其他养护措施来恢复种群数量。这些努力在一些情况下的确有所收获，例如 1980 年后的北美洲条纹鲈和秘鲁鳀鱼的数量基本恢复到了原有水平。相关鱼种一般趋向于营养层级较低、个体较小、寿命较短、繁殖力较高的 r 型选择（内禀增长型），在生态选择的压力中能够利用有限能量获取群落延续。但与之相对的 K 型选择鱼类却没有那么幸运，大体型、性晚熟、低繁殖力数和弱群落扩散能力使它们对过度捕捞、筑坝等破坏行为更为敏感，遭遇恢复缓慢甚至灭绝的风险，鲟科鱼就是一个典例。在对 25 个种群个数减少 13％～90％的经济鱼类在一世代的时间内数量能否恢复的追踪研究中，Hutchings[173] 发现，仅有 12％生活在开放水域的小型鲱形目鱼能完全恢复，而有 40％未呈现出恢复迹象。前代人在渔业中的过失无法仅凭后代人的努力就轻易得到改善。对脆弱的种群来说，事先预防远比事后的弥补来得更加奏效、更可持续。

鱼类不会说话，无法为自己的生存向人类争取利益。但渔业生态会通过资源环境危机等方式间接对人类展开"报复"，而资源环境的损害又会进一步侵蚀到经济、社会和文化领域。被自然剥夺了资源的传统渔民经历了从"靠海吃海"到"靠海不能吃海"的阶段。"失海"渔人的生存窘境、沿海渔村的逐渐没落、渔业社区的文化失格无不彰显出代际变迁中的负向冲击。

在现代社会，渔业相关的身份和职业越来越难使渔民产生自我认同。很多老一辈渔民认为渔业生活又辛苦又不体面，不愿让后代从事渔业相关活动；青年渔民更加重视个人感受和利益，也不愿继续从事父辈的工作。渔民群体的分化和心理认同感的降低可能导致渔业文化无法得到传承，甚至发生断裂，于是出现了"渔民不把自己当渔民、渔民的后代不想当渔民、捕鱼的人不是渔民"[174]的怪象。只要在拥有的资源丰度、观念系统、价值取向等方面有差异，代沟就无法避免，祖祖辈辈都以渔业为生的人群现已非常少见。社会层面的代际接力怎么才能健康地进行下去？渔民的子女会去向何方？

可持续渔业具有属人性，归根结底是要消解"人"的困境，对代际伦理的剖析必然会深化对于渔业文明建设和永续发展的认识。从符合代际伦理的角度来看，人类世代肩负着确保关键资产（人力和再生资本、自然资源、环境质量和技术能力）的人均拥有量随时间推移保持完整或增加以维持后代平等生活福祉的责任。当代渔业利益相关方不仅要"瞻前"，承受和处理前代人带来的资源环境和社会压力；也应当"顾后"，审慎地为子孙后代留下足够肥沃的海洋和湖泊，以支撑渔业的健康存续。过去的渔业之殇已无法改变，在处理代与代之间的伦理关系时，应重点考虑上一代对下一代的伦理关怀。

可持续渔业所秉持的发展观本质上是一种代际发展观。只有当代人构建起尊崇代际伦理的思维方式，选择可持续的生存模式和发展路径，充分尊重后代人的利益和权利，不把环境风险转嫁给后代人，担负起为后代人保驾护航的代际责任，渔业的永续发展才能得以实现。

## 二、空间维度

关于正义的讨论主要有三类指向：良善的品性，良善的行为，良善的状态。在谈到空间的哲学意蕴时，Fisher[175]将其比拟为"以公正的、明智的、温和的方式去容纳他者"并试图"展示质朴，规避极端主义，彰显人性"的良善之人。这种"良善空间"显然属于正义的第三类指向。实际上，"空间"一词本身就具备潜在伦理表征，其伦理性不仅体现在空间的样态，还体现在该空间所内构的各种道德关系：人类能够通过技术在空间中完成某些事情，但并不意味着我们在道义上应当去做这些事情，因为这样做可能会导致不正义的后果。关于空间的正义问题最为鲜活地反映在拥有不同质态的地理区域之中，渔业所涉水陆空间差异和相关社会生态问题是空间正义研究的一个典型样本。

　　众所周知，物种必须通过占用一定空间来获得赖以生存的物资。人类是陆地生物，而渔业资源是水生生物。在某种程度上，人类开发渔业资源的过程可被看作是将生存空间从陆上拓展至水上的过程，这种奇妙的空间组合为人类打造了水陆两栖的文明景观。物理空间表征着陆上和水里的各种资源，人类数量、欲望和能力的膨胀引发了对水陆空间的争夺。在争夺渔业空间的过程中，可能发生收获不均、分配不公、权利受损、环境破坏等不道德现象，对生态系统的整体和长远发展带来不利影响。有时，陆上渔民的问题会给水中鱼群带来麻烦，而这些问题最终又会反弹回陆地空间。渔业空间尺度的正义需要兼顾"能够"（以效率为代表）与"应当"（以公平为代表），照顾到特定区域内不同相关方的利益，确保该区域每一位参与者的基本权益，创造域内鱼类种群获得休养生息的机会和人群自由均等的发展机遇。

　　当今全球有超过 80% 的人口生活在距海岸不到 200 千米的沿海空间，少量族群甚至世代以海为家。例如长达 3 个世纪都流浪于东南亚海上的巴瑶族，他们信奉海神，因为每日徒手潜水捕鱼的习惯，其脾脏功能、体脂率、视觉听觉系统等身体情况都比普通人要更加适应长时间泡在水下的生活。相较于陆地，海洋才是他们的寄托。但当装备精良的现代渔船开始和其抢夺同一片水下资源时，巴瑶族的脆弱性暴露无遗，他们开始用自制的土炸药炸鱼、用氰化物毒鱼，在使大量鱼群死亡的同时，也破坏珊瑚和海藻、弄伤游客。迫于邻国的压力，族中越来越多人纷纷抛弃其"海上吉普赛人"的身份，来到陆地渔村生活。与继续生活在资源衰退水域里的同胞相比，这些上岸者也因缺乏教育和技能面临水土不服的窘境。新一代巴瑶族处于空间无所在的状态，他们似乎无法下海，也无法上岸。学会处理与陆上邻居（村民）、海上邻居（商业渔船）和海洋（渔业资源）的关系，是这个特殊的无国籍群体始终需要面对的伦理问题。

　　当然，巴瑶族"无所在"的生存情形只是一个较为极端的个例，绝大多数的水域空间利用矛盾要么属于国家管辖范围内的资源分配争执，要么就是国家管辖范围外的公域渔业权较量。

## （一）国家管辖水域内的渔业空间正义

　　空间是我们经验世界的物理和精神方位系统，人类族群以空间为坐标系来划定自己的领地，形成了拥有不同政治生态和历史文化的基本政治实体——国家。一般来说，只有国家才拥有统领社会的实际政治权力。亚里士多德等古典思想家将国家视作一个为实现最崇高、最权威、最广泛的至善而创设的伦理共同体，认为它应当从公共价值规范尺度去促成人类群居生活的道德目的。而现代理论建构对工具理性和实践利益的关注消解了传统意义上的集体伦理精神，国家更像是一种以保障公民和平、安全、自由和福祉为目标的政治地理共同体。国家空间既是公民生存之处所，也是其在共同生活中意欲分配的内容。国家的共同善不是每个个体善的简单加成，一国人民何以争议地"分享"这个共同"空间"是政府治理中绕不开的话题。

《联合国海洋法公约》（UNCLOS）以主权国家为划分单位，将全球海域空间分成国家管辖海域和国家管辖范围外海域。国家对其辖区内的水域拥有主权或主权权利，而作为人类共同财富的海洋公域则需要所有国家进行共同治理。上述两种空间形态的法律地位决定了不同的伦理关系和治理模式。因此，本书将两者分开论述，首先审查"域内"所涉及的渔业正义。

国家管辖水域包括内水、领海、毗连区、大陆架、专属经济区（EEZ）、专属渔区、群岛水域等区域。有关这些水域中渔业资源的非正义现象属于国家内部事务，依照现实情形，生态层面主要体现在国民对鱼类生活水域的侵犯；行政层面主要包括渔业社区纠纷、城乡二元对立等维度；行业层面主要包括产业内部摩擦、渔业与其他产业的冲突等方面。

**1. 生态空间**

地球上的海陆比为 7∶3，如果算上陆地中纵横交错的河流和湖泊，水体和陆地的面积差距将更加悬殊，这就意味着人类生存的陆域范围要远小于水生生物的整体生态空间。但人类活动对水生环境的单向侵蚀却蔓延至整个水体，打破了不同圈层生物原有的和谐状态。鱼群上到陆地就会死亡，它们只能在水中游动，不会占用人的空间；而人类的渔船、渔网、潜水装备、污染性养殖加工和大坝设施等技术手段无不在侵蚀鱼类的领地。这种降维打击一旦造成不可逆破坏，渔业环境将很难恢复。主权国家对维护其所辖渔业生态空间的正义负主要和直接责任。

UNCLOS 对 EEZ 的承认赋予沿海国更广泛的开发权利，若各国都按200 海里划定 EEZ，那么全球海域的 1/3（3 700 万多平方海里）将处于沿海国的管辖范围，沿海国肩负着比过去更宏大的使命来维护空间正义。为平衡地理条件和法律规定带来的潜在"不平等"以及由此产生的伦理风险，UNCLOS 第 69 条和第 70 条特别规定：沿海国应当适当顾及内陆国和地理不利国公平参与开发其 EEZ 内生物资源的适当剩余部分的权利。EEZ 新制度下他国的历史性捕鱼权也是需要探讨的问题。付玉[176]认为，历史性捕鱼权仍然具备国际法效力，该权利是对他国长期且持续在部分重叠空间中采取捕捞实践的一种法律确信。

从生态角度看，由于地理便捷性，人类与沿海区域的互动要明显多于与远洋的互动，沿海空间易遭受愈加严重的侵蚀。当前，我们面对的是一片贫瘠的海洋荒漠：加拿大纽芬兰渔场的鳕鱼储量在 1992 年降至鼎盛期间的 1/300，基本无鱼可捕，4 万多渔民失业，而鳕鱼种群在禁渔令出台近 30 年后的今日依然没有恢复迹象；1978 年美国"卡迪兹号"巨型油轮触礁沉没，事故所泄漏的 22.4 万吨原油让数以百万计的海洋动物死亡，其中包括 9 000 多吨的牡蛎；在中国管辖的 473 万平方千米海域中，近岸 27.9 平方千米已几乎没有渔汛。

视线向内陆转移，诸多国家的河流、湖泊、池塘等水体空间也遭遇了现代性侵蚀。这些侵蚀有的来自滥捕，曾作为宫廷御膳的长江鲥鱼已基本绝迹；有的来自栖息地破坏，柬埔寨洞萨里湖中的沼泽森林被村民开垦为农田，又在 2016 年的一场大火中被烧毁 80%，鱼类因失去栖身之所而大幅减少；有的来自陆源污染，1986 年瑞士巴尔塞市的一家化工厂火灾致使 200 余千克水银和 20 多吨农药意外排入莱茵河，大量鱼群集体死亡；还有的来自外来物种，为减少鱼塘中浮游植物和微生物的数量，美国于 20 世纪 70 年代引进"亚洲鲤鱼"，但这些繁殖力惊人的外来鱼种挤占了本土鱼种的生存空间，它们已蔓延至密西西比河大部分水域，并有向五大湖入侵的趋势，仅在 2010 年至 2017 年期间政府就支出超过 3.88 亿美元来治理鱼患，但至今收效甚微。

此外，无论是沿海还是内陆水域，IUU 捕捞都是扰乱生态环境的一个重要因子。在国家管辖水域内作业的 IUU 船只试图逃避政府监管，给渔业政策执行带来很大困难。非法渔民处于一定空间权力场之内，他们享受着场域资源红利，却拒绝支付受该权力场管辖的成本。这种行为不仅减损了水下鱼群的生态福祉，也减损了岸上合法渔民的利益。破坏近海和内陆环境、掏空国内渔业资源的行为是一种不义之举，给渔业生态造成严重打击，政府只有及时运用严厉有效的监管和养护手段，才能尽力降低管辖空间范围内渔业资源的损失。

### 2. 行政空间

一国按照地理位置和治理需要将国家划分为不同级别的行政空间，位于治理体系"神经末梢"的乡村是最基础的治理单元。作为一类特别的乡村存在形式，渔村行政系统承担了看护渔民聚居空间的权利和义务。

传统渔村"靠水吃水"，以河、湖、海中的渔业资源为核心生计资本，是典型的资源型社区，当地开发方式的变化以及由此引发的鱼况变化必然影响到居民生计策略。当前，不少资源衰退的渔区正经历着陆化变迁。在产业结构（捕捞转养殖，第一产业转向第二、三产业）和风俗文化（新婚俗迎亲中进行的"扒旱船"活动）等地理社会功能的变迁中，渔村生产关系和生活关系呈现出新的伦理风貌。

随着资源量减少，因抢占有限捕捞地盘引发的渔事纠纷频发，甚至导致刑事案件。2015年10月被撞沉的渤海02271号渔船就是其中一例，其中10余名船员不幸遇难。大量失海渔民转向陆地，他们有的在禁渔期上岸耕田养鸭或兼职打短工，有的甚至彻底脱离了水域空间，投身于陆上事业。过去由家庭宗族血缘为纽带构建立起的关系圈也不足以支撑现代渔民的社会身份确认。行政单元的合并和调整使现代渔村逐渐褪去熟人社会的色彩，业缘和血缘伦理在渔村空间逐步被稀释。

与此同时，沿海和城郊渔村的城市化进程突破了原有的城乡空间结构，城市和乡村的物理、心理和社会边界变得愈发模糊。与渔村的"空心化""老龄化""妇女化"和"低文化"相比，城市文明要素随着渔民后代的涌入变得更富多元性和异质性，潜在加深了城乡差距。大批从渔区出走的村民在商业市场中的谈判地位不高，难以适应城市中的复杂关系。渔民比依赖耕地的农民更加脆弱，他们既无法融入都市生活，也无法退回失海的陌生人社会，这种无所适从的身份是城市多重张力与矛盾的一个缩影。实际上，城乡二元分立的行政结构本身就暗含着公平正义的问题，如果不对称的资源和权利互动无法得到妥善应对，就可能因关系僵化带来仇视心理和社会隐患。另外，由于渔业空间可被视作一种特殊商品，逐步城市化的渔区还存在着使用价值和交换价值之间的冲突。一些过去用于满足起居、经营和社交等基本生存需求（使用价值）的场所，在商业旅游开发中被当作资产进行征收、出租或出售（交换价值）。渔村的历史文化储存功能和商业增值功能的碰撞与平衡也构成了这个基本治理单元道德考量的一部分。

若将生态空间与行政空间结合，就出现了不同级别的海洋保护区。从更大的区划维度，渔业行政空间还涉及不同城市或乡村渔区之间、中央与地方之间的关系，但最基础、最主要的还是围绕渔村变迁的伦理。政府元治理者需要用空间伦理理念打造城市、渔村和水域环境三类区域的和谐共生关系，为转产转业的渔民建立有益于城乡融合的空间伦理规范和准则。

### 3. 产业空间

不同渔业部门一致追逐的对象是具有特定经济价值的水生资源，因此，产业内部摩擦主要体现在对资源共同生活空间的争夺之中。首先，捕捞和水产养殖构成人类直接或间接消费水产品的两大来源。它们类似于陆生动植物的狩猎和饲养，是人类干预水生生物生命周期和收获水产资源的不同形式。养捕矛盾多见于沿海区域：一些传统捕捞渔民产权意识淡漠，设法闯入承包养殖空间开展作业，毁坏了育苗场和养殖设施，不可避免地与养殖户发生各类纠纷。其次，尽管研究表明商业渔业和休闲渔业可以共存于同一空间，但由于两者利用的是相同的资源基础，它们之间经常存在直接冲突。一项研究指出，全球工业化国家中从事休闲渔业的渔民数量是从事商业性捕捞的渔民人数的 5 倍，但商业渔获却是休闲渔获的 8 倍。出于道德经济学的考量，当"商业"和"娱乐"功能空间重叠时，工业化国家对渔获的分配一般有利于休闲渔业，例如早在 20 世纪 60 年代，美国北卡罗来纳州出现的战后休闲捕捞繁荣就使得禁止商用拖网捕鱼设备的呼声高涨；而发展中国家的情况正好相反，休闲渔业起初被认为是扰乱生计、"不务正业"的行为，在最近 10 年才逐渐在西非、东南亚国家流行起来。与此同时，渔业加工部门对水域的污染也给养捕活动带来了困扰。当然，渔业产业内部之间不全是竞争和厮杀，与空间融合伦理相符的业内密切配合会产生协同效应：捕捞所获的野生苗种可用于养殖增殖；池塘养殖可缓解海捕压力；加工行为会提升水产品附加值。为保障水域空间多重功能协同发展，需要协调不同使用者的关系，进行合理的海洋空间规划、清晰的产权界定和严格的执法监督。

一条鱼被人类利用的过程可能涉及第一、第二和第三产业的全产业链环节，其中每一个环节都可能会和其他相关部门产生联结。属于第一产业的养捕作业将鱼从水域空间转移至陆上空间，这些活动同农业的关系更为密切。在多耕地、多湿地的亚洲东部和南部国家较为常见的稻田养鱼模式，把渔业和农业巧妙地纳入同一粮食生产系统。稻田为鱼类提供栖息场所，鱼类为稻田吃掉害虫、排泄肥料。晒田、追肥和打药等田间操作可能对田鱼的健康生长不利，需要在共同空间内控制好排水量、施肥量和用药量。在鱼儿从水库到餐桌之前，属于第二产业的水产品加工又一次改变了它的状态和空间，将其变成了封存在各式各样包装中的商品。这个过程会消耗大量水资源，产生的废水对环境污染严重，因此会影响到环保部门。属于第三产业的休闲渔业、旅游观光业通过精神文化纽带将鱼的空间和人的空间整合起来，有助于吸纳就业、疗养身心。但目前在数据搜集等方面的困难，也使得该产业存在环境伦理问题。

综上所述，渔业正义并非在任何环境中都能得以顺利实现，其必定具备一个特定的地理空间性条件。国家管辖水域内的渔业空间正义主要涉及生态空间、行政空间和产业空间。对上述分类中存在的各种非正义现象进行认知和反思，是国家对渔业良性空间展开伦理确认的必由之路。

### （二）国家管辖水域外的渔业空间正义

在 UNCLOS 规定的现代海洋法体系中，国家管辖范围外海域（ABNJ）包括公海和国际海底区域，这两类公域空间是独特物种和生态系统的家园，占据全部海洋面积的 64％，由此形成了两种不同的国际制度。公海是位于 EEZ 以外的水体，各国在公海平等地享有捕鱼自由、航行自由和科研自由等权利。"区域"是位于大陆架界线以外的海床、洋底及其底土，区域内一切权利属于全人类，其资源主张或主权权利由国际海底管理局（ISA）代表全人类共同行使。ABNJ 海洋生物多样性日益遭受人类活动和气候变化的侵蚀，减损了海洋为实现人类福祉提供有益资源的能力，越来越多的国家和国际组织将海洋资源的有效养护提上议事日程。

国家管辖水域拥有公民应当且必须服从的强制权利。ABNJ 是人类公域，它以一系列国际文书所确立的机制和全球性、区域性渔业管理组织为基础，因而呈现出独特的伦理形态。除少数对缔约方具有法律约束力的协定，其他国家管辖范围外的渔业安排都属于应当且非必须服从的管理。联合国伞形框架下的涉渔重要文书不仅有 UNCLOS，还包括：《2030 可持续发展议程》（目标 14 项下的 14.4，14.5，14.6，14.7，14. a，14. b，14. c）《联合国鱼类种群协定》《国家管辖范围外海洋生物多样性公约》。主管渔业的 FAO 出台了：《负责任渔业行为守则》《促进公海渔船遵守国际养护和管理措施的协定》《港口国措施协定》《关于预防、制止和消除 IUU 捕捞的国际行动计划》《鲨鱼、海鸟养护及管理国际行动计划》《渔船、冷藏运输船和补给船全球记录》和《兼捕管理和减少海上丢弃物国际准则》等文书。

虽然没有任何一个超国家机构能够"统领"海洋公域，RFMOs 和其他相关国际组织的安排已基本覆盖了全球主要渔业活动。各国争夺资源的角力地带早已延伸至海洋领域，其中既有对"历史水域"传统入渔权的争议，又有地理意义上的相邻和相向国家的捕鱼冲突，还有针对公海渔业资源的管辖矛盾。在现代全球治理框架下，ABNJ 成为国与国之间的伦理关系场，这片公域空间所附带的权责分配问题本质上也是一种正义问题。

**1. 对公海捕鱼自由的管理**

随着人类对海洋控制力的增强，对海洋权利的索取越来越向外海延伸。虽然海洋在生物学意义上是一个不可分割的生态系统整体，但波尼等[177]认为："在法律上我们必须将海洋分割为不同的管辖区域，这样做的唯一目的是能在地图上更容易地把它们区分出来。"

按照与公海地理距离的远近，全球渔业国家可被分为内陆国、沿海国和公海捕鱼国。由于四周被陆地包围，内陆国没有自己的专属经济海域，自然无法主张像沿海国在其管辖海域的主权和专属管辖权。一些架锁国、拥有半闭海或闭海的沿岸国和海岸线较短的沿岸国，也因地理条件不利无法充分行使海洋权利。而到了公海，所有国家的公民都享有特定的公海捕鱼自由和养护义务。地理差异带来的权利差异和国家本身的实力差异导致了不同国家伦理关系的差异。沿海国对海洋的控制同海洋自由理念之间的动态张力深刻地影响着海洋的法律地位，因此，ABNJ 中主要涉及的是沿海国与公海捕鱼国以及公海捕鱼国之间的复杂关系。

ABNJ 海域不受任何国家的管辖。一条在 ABNJ 中自由行动的游鱼并不属于任何人、任何国家，只有当这条鱼被捕捞上船，捕捞者才有处置它的相关权利。原则上，人人都能在 Hugo Grotius 口中"对所有人开放"的公海捕鱼。但该原则得以成立的前提在渔业资源危机的现实面前显然已被瓦解。

UNCLOS 将 1958 年《公海公约》《公海捕鱼与养护生物资源公约》首次提出的 4 项公海自由原则扩充为 6 项，对其中给生物多样性造成最大影响的公海捕鱼自由作出限制性规定。随后的《鱼类种群协定》聚焦在不同法定空间穿梭的跨界和高度洄游种群，而《促进公海渔船遵守国际养护及管理措施协定》进一步强化了船旗国的监督义务。上述文件意识到，绝对的公海自由看似在法律上做到了机会均等，但给捕鱼能力较弱的发展中国家带来了实质上的不平等，违背了公平原则。新型公海渔业资源养护与管理制度由此形成。

公海管辖的主要原则是船旗国管辖，公海航船应仅悬挂一国的国旗，接受该国对其行政、技术和社会事项上的专属管辖。一经授权，检查船可在公海随时登临渔船、检查船舶文件、监督捕捞状况，船旗国应配合检查船的工作。这些规定给公海捕鱼自由戴上了"紧箍咒"。从某种角度看，一艘公海渔船就是一个流动的空间，船旗国通过对登记船舶的控制，将管辖空间延伸至远洋区域。这样一来，公海捕鱼国之间的关系就通过挂旗船得以体现。船旗国管辖原则是对地理空间关系的一种突破，无论属于沿海国还是内陆国，无论地理上是相邻国还是不相邻国，都在公海空间被赋予了船旗国意义上的平等关系；该国公务船舶在"有合理依据认为公海外国船舶存在不法情况时"，还拥有"登船检查并采取相关措施的权利"。挂旗船不一定在船员所在国登记，由此产生的方便船旗问题令公海空间的伦理联结显得更为敏感和复杂。

除此之外，区域渔业管理组织的建立进一步终结了公海捕鱼自由。作为超国家实体，RFMOs 针对在其管辖下的公海区域制定的养护管理措施一旦通过，对所有成员国都具有法律效力。有声音表示这是新一轮的"海洋圈地运动"，但从整体上看，资源衰退压力下的渔业外交关系还是在波折中朝着合作养护的方向发展，从"以互利关系为中心的斗争—合作伦理"转向"以大国责任为中心的斗争—合作伦理"。

**2. 异托邦视角下的公海 IUU 捕捞**

著名空间哲学家 Foucault 认为："我们生活的空间是一个关系的总体，不同位置之间的关系是不可消除、不可公约的"[178]。他将集真实境况和超越元素于一身的差异地点描述为"异托邦"（heterotopies）。在他看来，海上的船只"是伟大的想象库，是卓越的异托邦"。渔船好比是一个移动的漂浮空间，没有固定的处所，怀着对满载而归的期望，将自己托付给无垠的大海。

顺着 Foucault 的思路，公海也是一片异常广阔的异托邦。公海不仅是一个生态空间，也是一个具有异域属性的文化空间。为寻求共同的渔业资源，各色各样的渔船悬挂着不同国家的船旗，从不同地理空间的港口起航，在同一异域空间集合。在通常情况下，渔船的关系是相对确定的：只要合法登记、依法报告、接受管制，渔船就处在海洋法律体系的管辖之中，每艘船在哪里捕鱼、捕什么鱼、捕多少鱼都有明确规定，其捕捞行为也受到RFMOs、检查船登临和观察员等制度的约束。然而，不是所有船只都有自己的身份。IUU捕捞的存在打破了公海异托邦的和谐秩序，给渔猎关系带来了诸多不确定性。与国家管辖范围内的IUU捕捞相比，公海IUU行为显得更为复杂、更难控制。

IUU渔船已成全球渔业治理领域的主要难题。在追求资源养护和可持续发展的现代国际渔业文书中，几乎都能找到关于IUU捕捞不同角度、不同形式的论述。这样的海盗式偷渔行为构成一种不正义，它们既逃避税收，又逃脱惩罚捕到更多的鱼，剥夺了同一空间中合法船只的正当权利。IUU渔民通过方便船旗、海上转运、少报误报、丢弃低值渔获等方式逃避监管。这些方式都是对空间伦理的挑战。悬挂方便旗改变了原有国家空间权利延伸至远海的情形；海上转运利用渔获在空间上的转移令监管工作变得极为困难；伪造文件、少报误报让处在另一空间的管辖方无法获取准确透明的数据；丢弃渔获的行为浪费了渔业资源，将破损的鱼返还给大海。

据FAO估计，每年IUU渔获总量在1100万～2600万吨，经济价值高达100亿～230亿美元。如果算上工资增值、贸易损失和税收收入等间接经济影响，IUU捕捞造成的实际经济损失要高得多。此外，非法渔船还带来了人权和安全方面的危机，同IUU捕捞相关联的海盗袭击、贩运毒品和武器等恐怖和犯罪事件在西非海域时有发生。某种意义上，这些逍遥法外的渔民就是异托邦中的海盗，只是他们抢劫的对象不是满载商品的船只，而是提供鱼群的大海。IUU渔船对监管的排斥，加上各国国内渔业法有限的域外效力，使得相关管理措施一度陷入困境。

来自不同地域的渔船虽然在象征意义上凝集着对全球空间和文化的想象，但它们不应成为法律意义上的超越之地。近年来，许多国家和RFMOs采取积极和严厉手段打击IUU行为。美国、欧盟、新西兰、澳大利亚等国家和地区以及西亚、东南亚、地中海、太平洋海岛等海域的RFMOs提交了预防、制止和消除IUU捕捞的国家/区域报告。《港口国措施协定》的出台，让远洋渔船在停靠港口时暴露在港口国的法律和道义监督之下，不再是"自由的过客"。关于公海渔船异托邦的想象可能会随着现代性律法和伦理的约束而得到重新建构。

**3. 公海渔业资源养护措施对空间秩序的调整**

为养护海洋生物多样性，公海渔业秩序呈现出空间化调整。如果说对公海捕鱼自由的限制改变了"海洋属于谁"和"海洋渔业资源属于谁"的传统规制，那么对公海 IUU 捕捞的打击则进一步强化了这片异托邦海域的权属性质和负载的伦理义务。这种针对公海秩序的合法化表达，同样也体现在对公海空间的划分中。实际上，联合国海洋法公约提到的公海是被国际和区域渔业管理组织分割的水体，它在自然平滑空间的基础上接受了一种逐步扩张的人为纹理化[179]——公海区划和养护进程。

区域渔业管理组织以养护为名义将全球公海划分为不同的超国家管辖区域，将配额捕捞权和养护责任摊派到各个成员国。而在生态特别脆弱的公海区域，出现了更严格的替代性资源管理提议，即创设公海保护区。根据《生物多样性公约》的解释，"保护区"是一个"划定地理界线、为达到特定保护目标而指定或实行管制或管理的地区"。作为广义划区管理工具的一部分，公海保护区得以逐步建立。就渔业而言，主要采取禁渔区和禁渔期等限制性养护措施。在地位极为特殊的南极和北极公海，由于国际利益交错重叠，构建保护区受到了较高的国际认可。例如，除几处可对南极磷虾和犬牙鱼开展科研捕捞的特殊区域外，CCAMLR 成员国于 2016 年同意在南极罗斯海设立一般性"禁捕区"，约 157 万平方米的保护区内将禁止渔业捕捞 35 年，这是全球目前最大的禁渔保护区。

生物多样性层面，公海捕捞不仅对目标种群的数量有直接影响，而且对非目标种的间接影响也愈发受到关注。在生态网络设计中，针对海洋顶级掠食者鲸、鲨鱼，以及同样容易受到缠绕、兼捕、误捕等伤害而出现濒危的海龟和海鸟（例如，信天翁、海燕）的保护尤其得到重视。《全球捕鲸管制公约》《濒危野生动植物种国际贸易公约》文件相继出台，明确渔具的选择性使用和市场手段，将具有合法化功能的空间规制措施变为现实。这种叙事是海洋渔业空间政治化、市场化和伦理化的重要步骤。虽然不可避免地会给远洋渔捞的成本和产量带来影响，但从长远来看，这种保护是符合代际伦理的可持续方式。

ABNJ 水域存在三种层级的利益张力：沿海国与公海捕鱼大国的冲突，

发展中国家与发达国家的冲突，国家管辖与国际合作的冲突。海洋公域存在地理自然或人为割裂、多元主体利益摩擦、法律文本中的不协调因素、不同经济状况下激进与落后的保护观差异等错综交织的矛盾。促进各远洋渔业实体在伦理和战略方向上达成共识，应成为现代渔业治理者的首要思路。

### 三、人际维度

可持续渔业不仅关注生态的可持续，也关注人的可持续。从某种层面讲，关怀生态的落脚点最终还是人类的整体和长远利益。人们获取幸福的能力大体上取决于其对资产的占有情况。渔业共同体的构成是复杂且分层的。那些手握权力的管理者和富裕的商贾在渔业领域拥有绝大多数的政治资本和社会资本，因而可以较为轻易地攫取更多福利。在发生特殊情况时，他们也能从行业中全身而退。这类人群最有能力增进个人幸福分量和社会幸福总量，因而属于伦理关怀的发出者，负有更多促进渔业公平的伦理义务。

相反，对于那些以渔业为生计的小规模渔民家庭而言，渔业既是世世代代的召唤，也是为数不多的生存机遇，手工渔民具有明显的脆弱性。小规模渔民的弱势地位会通过影响其个人幸福分量的形式，直接或间接地减少社会的幸福总量。因此，他们是渔业伦理最需要关怀的对象，是社会道德调节的重点。

只有和谐的渔业社会才能实现世世代代的稳定发展。由上可知，可持续渔业中的"人和"议题主要关注的是渔业利益相关方中生计群体的权利：小规模渔民的基本人权是否得到保障？他们的基本人格是否受到尊重？处于传统弱势方的女性是否获得相对平等的地位和照顾？这些问题的答案或许能够从有关"可持续生计"的探讨中找到一些灵感。

#### 1. 可持续生计

生计是一切生活手段所需的能力、（物质/社会）资产和行动的集合。生计概念从伦理上拓展了对贫困问题的认知维度。除经济学上的收入和消费能力匮乏外，我们还可以透过非货币化的主观参与视角剖析贫困的本质，以及贫困与福祉之间的联系。在不破坏自然资源基础的情况下，当生计途径能够应对各种压力和冲击，并从中恢复、维持或增强其现有和将来的能力、资产和行动时，它就被认为是可持续的。可持续生计是支撑可持续发展的社会底层逻辑。

自 20 世纪 80 年代末诞生以来，"可持续生计方法"（SLA）就作为一种思维框架，在国际上被越来越广泛运用于分析不同人群的生计问题，特别是包括农户、渔民等贫困人口在内的生计状况。SLA 致力于权衡生计活动的目标、范围和优先事项，从人力资本、社会资本、自然资本、物化资本和财富资本等 5 个维度，思考提高或制约穷人和弱势群体生计机会的因素。每户家庭或个体拥有的资本组合不同，因而其面临的选择机会和环境风险有所差异，应采取的生计策略也不尽相同。

SLA 的分析过程[180]：在受各种外部时空元素影响的脆弱性语境下，五类资本相互映射，通过与公共政策机制的互动以及私人生计策略的制定，实现符合可持续伦理目标的生计输出。它倡导过程导向型的沉浸式策略，将人们从识别问题和寻找解答的传统方法中解放出来，超越了同质化"部门"和"社区"的狭窄评价视角，以及投入和产出之间的机械关系（图 4 - 1）。

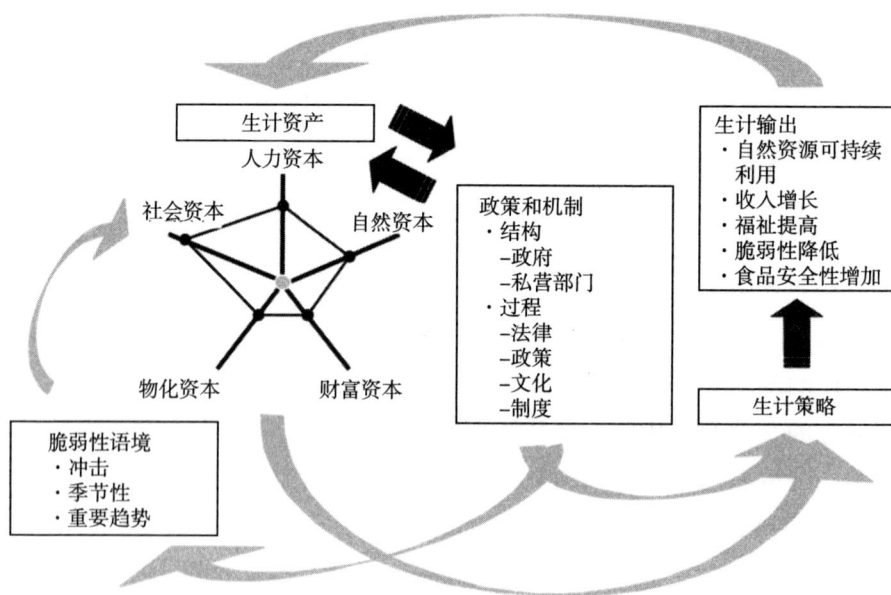

图 4 - 1　可持续生计策略示意

SLA 框架可迁移至对渔业贫困人口和弱势群体的分析中，成为渔业扶贫和发展项目设计和实施的切入点。目前，全球有 5 亿多依靠小规模渔业生活的渔民，他们中的许多人生活在发展中国家，时常面临着诸如飓风、洪水、干旱、海平面上升、土地侵蚀以及温度和降雨波动等气候冲击，还有过捕过养、水体污染和栖息地丧失等非气候压力，甚至还有类似恐怖主义、新冠疫情等非传统性威胁。捕捞渔民面临着野生资源下降和入渔限制增强的双重压力，自然资本呈现下降趋势；养殖渔民的自然资本也可能因为河海污染受到削弱，而拥有科技的加持，加工、休闲等渔业部门的形势相对乐观。人力方面，渔民大多以个人或家庭为生产单位，青壮年男性最受青睐，女性、老人和儿童相对弱势，但就主要劳动力层面而言，脆弱的劳动妇女是最受伦理关注的人力角色。承包一个池塘、利用一艘船只赚取微薄收入，构成底层渔民群体的基本物质和财富资本。此外，社会保障（转产转业等退出机制、健康和教育资源等）不完善和社会信任网络难以建立（渔民暴力等）等问题，都在无形中削弱了渔民的社会资本。SLA 秉持"以人为本"的伦理思想，有助于促进对渔业中最贫困、最边缘群体的质性和量性审查，而这类人群是保障"人和"的根本因素。

**2. 小规模渔业**

当今很多渔业活动的肌体内还流淌着传统知识和习惯的血液。赶海采捕是最古老的沿岸小规模渔业行为。早在史前时代，原始狩猎采集者就已开始利用潮汐在滩涂和浅水区采捕贝类，并将吃剩的贝壳混合骨头和其他废弃物一道堆砌成贝冢。从美国加利福尼亚州埃默里维尔贝冢到中国云南省滇池东岸的巨型海螺贝冢，无不展现出早期人类的强大采捕能力。

随着捕捞渔具的进步，人类制作出各式各样船长短于 12 米、载重小于 100 吨的渔船。这些小型船只目前占到全球渔船总数的 90% 之多。像这样的小规模渔业有 97% 都在发展中国家，尽管绝大多数渔获物直接供应当地消费，但它们对许多商业价值链也十分重要。该业态吸纳了全球海产品行业近 90% 的全职和兼职工作，其中约一半由妇女担任。小规模渔业"易过渔、易污染、难治理"等自然特性以及"人数多、贡献大、收入低"等社会属性，使得其在全球获得越来越多的道德注意。

虽然小规模渔业是最传统的渔业部门，但它却受到最广泛的现代性压迫。拥有极少生产资料的渔民长期处于劳动分工中的底层，他们冒着失去健康甚至生命的风险，用着比商船简陋的渔具，在船上从事长时间的高强度捕捞。在过去渔业资源相对丰富、工业捕捞还未大规模兴起时，这些渔民尚能较为体面地向大海讨生活。而到了现在，由于野生鱼类衰退，政策准入资格愈发收紧，小规模渔民的资源采捕权（生计基础）在很大程度上被剥夺。他们在捕捞准备阶段面临压榨，捕捞上岸后的市场定价和议价权也掌握在收货商手中。在渔船内部雇佣关系中，船员还会受到船主的进一步剥削。一些非法渔船上甚至存在奴隶劳工现象，例如被绑架或哄骗至渔船上的缅甸劳工，他们失去自由、受尽虐待、惨遭屠杀，被剥夺了最基本的人权。一端是惨无人道的对待，另一端是欧美消费者的餐桌，这样的海鲜供应链凸显出渔民的高度异化。此外，气候变化和新冠疫情等因素也给捕捞业带来了非传统挑战。渔获量的减少会导致家庭渔业社区收入减少，这将对渔民的购买力产生不利影响，并危及其获得或购买各种食物以及其他生活用品和服务的机遇。

失海渔民身上捆绑着无所不在的枷锁，他们时常感到迷茫和无力，但这些历经风浪的人群却拥有着强悍的韧性。他们深知，海上生产是一项风险很高的职业，而无限制地攫取资源也会影响自己后辈的收获能力。因此，这些小规模渔民根据世代积累的实践经验，自发总结形成了"道德化"的行为规范。其中的一些规矩秉持着团结和谐的共同体伦理，以抵御风险作为目标，例如"绝对服从船老大""父子兄弟不同船"等要求，这些都是为了维护船上秩序、保全家庭成员和船员共同体的幸存率而制定的。还有一些规矩同养护资源有关，例如不离开熟悉区域、限定作业季节和时长、拒绝滥捕幼苗等约定，在主观或客观上调节了渔民的价值认知和行动标准。

上述所谓的行规虽无明文规定，但却在无形中被渔民严格地遵守着，有时甚至比硬性的政令更为有效。在面对海域这个变幻莫测的庞然大物时，渔民试图在精神世界中寻求安慰，构建起自己的信仰体系。海洋神话、海神崇拜、渔村祭祀活动和渔家禁忌，都给予了他们不同于陆上从业者的独特超验关怀。对大海的敬畏之情，对生命的敬畏之心，令这些无时无刻不在与自然搏斗的人群能够在现代社会去校准行动、安放灵魂。

小规模渔业聚合了一部分世界最贫困的人口。当今，各种环境和社会风险交织，不确定性与日俱增，他们比以往任何时候都需要伦理和制度上的关怀。坚韧的渔民已经开启各种自救行动（接受教育，学习技术，转产上岸，进城务工等），但这种自救力量在大环境的冲击下还是显得苍白而渺小。缺乏充分环境保障、行业保障、社会保障和制度保障的渔民，既不能确保今日"入场"就能捕到足够多的鱼，也无法确保今日"退场"就能拥有其他的生计选择。这样的情形是不可持续的，它会潜在导致部分渔业文化的断裂，无处安置的剩余劳动力又会成为社会的不稳定分子。因此，要想实现"人和"，就一定要从伦理上将注意力和治理资源向这类弱势群体倾斜，拓宽沟通的渠道，让小规模渔业的声音被更多地听到，被更好地代表；并通过构建社会保障网络，让遭遇剥削和异化的生计渔民在赶海归来时，真切感受到自己生而为人的权利。

小规模渔业在可持续生计和社区、粮食安全以及消除贫困等方面发挥了重要角色，联合国粮农组织于 2014 年通过了《粮食安全和消除贫困背景下保障可持续小规模渔业自愿准则》，在改善小规模渔业伦理状况的道路上又向前迈进了一步。

**3. "男女平权"呼声下的渔家妇女**

同采矿一样，捕捞业被认为是一个性别分明的、典型由男性主导的、非常危险的营生。该部门历来是男性的主场。在家庭渔业中，只有少量女性和丈夫一起出海，大多数妇女在岸上工作，她们直接参与织网、加工、贸易、融资，间接参与和渔业相关的各种支持活动。尽管女性并未冲在捕鱼的最前线，但她们通过在渔业家庭和社区中扮演的重要角色获得权力和地位。

这一行业的"男子气概"似乎掩盖了一个现实：它将男人们赶到海上作业，反而使其对于岸上女人们的工作极为依赖。这种依赖不仅赋予女性更多的责任，也给予她们在家庭和社会中获得更多权利的可能性。在许多国家，妇女都是渔民丈夫的"商业伙伴"，不仅负责管理家庭财务和后勤，还充当捕鱼决策的参谋者，为丈夫提供船只、网具购买和修理等方面的意见。正因如此，这些女性倾向于用"渔民"来定义自己的职业身份，她们在渔业生产链条上不可或缺的劳动，潜在促使捕鱼机会增加、鱼类价值增值、家庭收入增长。相比捕捞，水产养殖领域的确定性更高，性别分工的边界更为模糊，女性和男性共同参与一线劳动的景象也更为普遍。

世界各地的妇女在维持和发展渔业和渔业社区方面发挥着至关重要的作用。仅在体力要求较高的收获部门，妇女就占到直接从事捕捞和水产养殖总人数的近 21%。由于对职业的性别和文化偏见，女性所扮演的诸多角色在渔业治理和政策制定中却遭到忽视、未被承认或未得到充分承认。在传统话语体系内，似乎只有长期提供服务的男性劳动者才有资格被称为"熟练工"。而女性渔民往往在经济和道德方面处于性别象征结构的劣势，她们的面孔和角色模糊且隐蔽、内在且边缘。脸谱化的劳动任务分配强化了社会对女性从属地位的认知。女性经常不被允许出海，不仅是因为在船上生活不方便，还因为"她们会带来坏运气"的观念。

鉴于社会身份价值和经济自治权的相对剥夺，有时就连女性自身也没意识到自己的功劳。英格兰北希尔兹一名拖网渔船船长的妻子说："我完全没有参与渔业生产。我只是照看家庭和孩子，给船员做做饭，洗洗衣服，有时还开车带他们四处转转。"[181]那些自主意识日益强烈、受教育程度较高、经济能力较强的女性，苦于得不到业界的认可和赏识。这部分群体对自己作为渔民妇女的身份有着复杂的感情，一方面对能参与到男性主导的渔文化当中颇感自豪，另一方面又对狭隘的职业偏见和艰苦的生活条件深感苦恼。

男性渔民对女性"渔民"一以贯之的看法，与现代渔家妇女对自我的认知存在偏差。身心充满无力感的渔区妇女所处的家庭乃至社会氛围也是相对无力的，这种偏差通过强调男女有别的文化，消解了两性之间的良性互动，从而削弱了需要男女配合的渔业生产效率。

女性主义伦理试图从性别压迫的视角出发，更好地理解压抑女性的经历，旨在"理解、批评和纠正"性别在我们道德信仰和实践中造成的影响。透过传统渔业社会身份，男女发展出不同的正义观：渔家男性重视掌控权和自主性，将亲密关系视为追求上述价值的危险或障碍；而渔家女性体现自己责任的方式恰恰是对亲密关系的维系和看护，但这使得她们鲜有意识和机会去表达与实现独立的自我价值，在一定程度上束缚了女性施展能量的空间。

随着妇女运动的发展，女性"赋能"成为一种时髦的伦理词汇。作为SDGs的重要目标，这个概念也被搬到渔业谈判桌上。越来越多新一代的女性开始重新评估自己在渔业产业链中的劳动价值，关注到权力、特权及获得社会商品的有限途径。女性主义伦理本质上具有政治属性，要求现代治理者在制定和执行政策时，不再放大男女二元对立，而是通过保障女性拥有更多发声的机会，拓展社会对渔民职业边界和女性劳动价值的认知，来增强妇女对家庭的支持能力。当更多女性被接纳入决策过程，撕掉身上性别固化标签，渔业社会将变得更加包容、更有温度。

## 第二节　渔业治理之伦理难题

### 一、人与人的对垒

野生渔业资源是一种典型的公共池塘资源，其管理和利用属于"集体行动"的范畴。非排他性意味着无差别地向集体敞开，而竞争性意味着个人占有资源对他人占有资源的限制。在公共池塘资源的管理中，符合个体理性的选择未必能保证集体理性的实现，也就未必能产出最佳社会绩效，甚至会导致"损人利己"的后果。当不知道他人会作出何种决策时，个体为保全自身利益往往采取非合作博弈逻辑。这样一来，就同集体选择所要求的合作共赢逻辑产生冲突，导致集体行动失败。集体行动困境是以野生种群为对象的捕捞业管理无法绕开的难题。在针对这种渔业困境的论述中，以"公地悲剧""囚徒困境"等关涉集体行动逻辑的理论解释最具代表性和影响力。

## （一）新"公地悲剧"型生态伦理难题

Hardin 的"公地悲剧"理论是谈论捕捞业危机所使用的高频词。该理论初始设置的牧民草场放牧假设可被完整移植到渔民捕捞场景中：面对产权不明晰的渔业公共资源，多捕一条鱼就多一份收益，每个渔民都倾向于从自我利益最大化的角度出发，明知过大的捕捞努力量会使渔场生产力下降，但"我不捕别人也会捕"的心理还是促使其选择不断投入，如此恶性循环，导致渔场持续退化，直至出现水中无鱼可捕、渔民集体破产的悲剧局面。正如亚里士多德所述，参与分享人员最多的公共物品，获得的关心恰恰最少。基于上述假设，若将公共渔业资源的供给权完全交给私人处置，那每个人都试图不付成本而坐享环境之利，造成的集体伤害由环境来承担，最终将会反噬自己。

表面上看，一个向大家公平敞开的有限渔业资源共享系统是符合渔业自由原则的"善"，渔民可以自由获取资源并自主掌控其他涉渔生活选择；但渔业系统被个人使用者消耗或破坏的事实却部分违背了渔业福祉原则，以增进个体物质福利为代价减损了整体生态系统的福祉，造成生态之"恶"。个人使用公共资源获得的收益几乎全部为个人所得，而个人付出的成本由社会分担。这种权责划分不明的放任式管理方式也会更多催化出个体的竞争而非合作意愿，无法促成社会福利共享和社会责任共担，因此也不符合渔业公平原则。

道德的激发是有条件的，不受限导致的结果是渔民自私地做出违背公共利益的行为，不可持续地剥削渔业资源。在原始社会，这种剥削的代价尚达不到破坏鱼类丰度的水平，但到了拥有众多人口和先进技术的现代社会，生态道德的出场就显得十分迫切。公共道德利益也可被视作一片脆弱的"公地",现代渔业治理的伦理应当倡导对主体伦理选择的适当管束。在 Hardin 看来,自由是需求的确认,只有集体认识到共有资源需要受到规范和管理,才能获得更大程度的个体使用自由。

在当今这个泛管理时代,公地悲剧的适用边界有所收窄。按排他性程度,公地可在理论上被划分为:①开放准入型公地,②有限准入型公地(又称"群体开放准入型公地"),③禁止准入型公地[182]。①和③是两种极端表现形式,①多见于现代渔业产权制度产生前的无管制捕捞模式,以及在国际合作不足的历史时期中位于 EEZ 以外的公海区域;③仅存在于理论设想,即出现某项资源只有获得所有人同意才可利用的情形时,在资源利用中行使"一票否决权"会导致集体无法进入和使用标的,则会走向"反公地悲剧"的另一个极端。②才是现代渔业治理中具备普遍意义的公地类别。事实上,当今全球对资源的争夺愈发激烈,由于权利主张存在争议,即便是南北极这样的超出国家管辖范围的"净土"在法律上也属于准公地,而非无人看管的公地。治理者面临的伦理挑战不是来自缺乏照看的公地,而是如何才能有效地照看公地。

公地的宿命不一定都是悲剧,乡规民约等非正式制度软性约束着熟人社会的小规模渔业社区,各式各样的投入和产出制度(TAC 和 ITQ 制度)对公地产权作出限制,RFMOs 也对公海区域进行了详尽划分。现代渔业公地或多或少都有自己的看守者。

然而,私利与公利的平衡仍然是现代治理者所要应对的伦理难题,目的是避免新型公地悲剧的发生。以鄱阳湖的禁渔制度失灵为例。作为我国面积最大的淡水湖,鄱阳湖内栖息着丰富的种质资源,其淡水鱼类多达136种,占长江所有鱼种的 66.34%。由于滥捕以及大型水利、围垦和采砂等工程,鄱阳湖渔业资源锐减。虽然政府早在 1987 年就在部分水域开展春季禁渔和冬季休渔制度,并于 2002 年对全湖实施春季禁渔,但效果却不甚理想,有时甚至陷入"越养护鱼越少"的怪圈。简单缩短捕捞时间只能在禁渔期内保护鱼类增殖,但无法控制等待多时的渔民在开渔后疯狂捕捞。资源调查数据显示,鄱阳湖的鱼类数量从 1990 年初的 158 种下降至 2008 年的 122 种,这一数字于 2017 年下降到仅 75 种,降幅高达50%,白鱀豚、鲥鱼、鳗鲡、胭脂鱼和龙骨蛏蚌等濒临绝迹,青草鲢鳙渔获量也逐年减少,种群结构呈现性成熟早和体积变小等趋势。遭殃的不仅是水里的鱼,资源衰退叠加上春夏连旱，2011 年捕捞户减产减收超 80％，不少渔民"越穷越捕"，为贴补家用，会使用各种手段。鄱阳湖周边 11 个县市区的 5.2 万捕捞渔民共拥有 2.27 万艘渔船，其中无证渔船就达到 0.76 万艘（占 33.5％），这意味着每 3 艘渔船中就有 1 艘从事非法捕捞，给监管工作造成极大困难。

鄱阳湖的禁渔工作抱有善意的资源养护初衷，但这一举措客观上使专以捕鱼为生的渔民饱受生存压力，其开渔后的短期疯狂捕捞行为让来不及恢复的资源继续透支。为杜绝此种现象再次发生，2018 年政府在《关于加强长江水生生物保护工作的意见》中明确了禁捕制度中"保护第一"的价值取向。2019 年《长江流域重点水域禁捕和建立补偿制度实施方案》出台。江西省决定自 2021 年 1 月 1 日 0 时起，全面暂停鄱阳湖野生资源生产性捕捞，禁捕期长达 10 年。从鄱阳湖的案例可看出，管束状态下的新公地悲剧给现代治理者带来了新困境，生态安全恢复和退捕渔民安置工作仍任重道远。

### （二）囚徒博弈的伦理困境

"囚徒困境"是博弈模型中针对道德公共品难题的经典诠释，即面临道德决策时，个体最佳选择和集体最佳选择出现的不一致状况。基于理性人利己性的原始假设，两名共犯在接受独立审讯的过程中，选择沉默还是揭发会导致完全不同的审判结果。由于对不确定性的恐惧和对另一方的不信任，囚徒们的理性倾向于采取确定、可控的行为——彼此揭发，而不是采取对犯罪共同体最佳的策略——保持缄默。

渔业参与者也置身于囚徒场景中，一方面被共同资源绑定在一起，另一方面又寻求最大、最确定的自身利益，即使明知这种利益可能会对其他共同体成员造成损害。就个体而言，选择背叛比选择合作的害处更小、风险更可控，因此会发生非合作式的零和博弈。在充满不确定性的现代社会，参与方有更强烈的意愿去抓住确定的事物。在人与人的博弈中，渔业资源自然成了最大的牺牲品。

囚徒两难的处境暗示了一种道德模糊性：保全自我利益至少能够增进个体福祉，而保全集体利益可能反倒会减损自身福祉；只有在每个人都选择保全集体利益的情况下，才会存在最优道德，而这种囚徒合作对道德水平提出了极高的要求。如果缺乏信任网络，"为己"理性就会侵蚀"利他/它"理性成为主导。例如在 2011 年发生的"小悦悦事件"中，受到包括担心被讹诈在内的复杂心理支配，18 名路人并未（敢）上前施以援手，导致小悦悦最终被汽车二次碾压不治身亡。身处道德困境中，人类生命尚遭如此对待，何况是鱼类生命，还有连生命都算不上的池塘、河流、湿地和海洋。由此可见，单次的囚徒困境无法仅凭道德自律得以解决，因为此时的合作不具备约束性。

众所周知，可持续是一个过程而非结果。那么，在多次困境过程中积累起来的经验是否能带来改变？《合作的进化》一书探讨了"重复式囚徒困境"，认为多次非合作带来的负面结果经验会形成对行动机制反向约束，因为有经验的人群对个体"贪婪"的后果有了较为明确的预期；通过自然选择，利他行为能够从反复的自私行为中进化出来。

然而，渔业面对的不是能够反复试验的社会环境，而是难以恢复、充满脆弱性的生态环境。往往是还没等到渔民开展充分实验，获得确定心理预期，渔业资源就先行崩溃了。既然这种博弈策略行不通，那么单纯增加参与方（囚徒）的个数和种类是否会有助于缓解二元囚徒困境？Hardin 的公地悲剧场景对此给出了明确回应：在对自由没有约束的情况下，博弈方趋向将对方视作激烈竞争对手，而非亲密合作伙伴，于是就出现了共同背叛的不可持续后果：河海破坏，生计遭殃，后代福利下降。发达国家和发展中国家对各自利益的诉求同样也在国际场域印证了这种困境。由此可见，渔业中的道德行为既无法通过反复实践的反思而自然获得，也无法通过引入多个同一级别的利益相关方而自行产生。

多方囚徒困境可被分解为多组不同的二方囚徒困境，以政府和渔民的组合为例（表 4-1）。双方在各自的权利结构中都面临采取可持续举措和不可持续举措的两种策略选择。假设政府的伦理行动起到了养护渔业资源、保障渔民权益的长期效果，让渔民对自身和对后代的生存环境感到满意，即可获得 2 个单位效用。如果渔民信任政府，配合可持续渔业的要求，从长远来看，其生计状况会得到优化，所以也可获得 2 个单位效用。此时就出现了帕累托最优解。但如果处于权力高位的政府选择可持续，渔民选择不可持续，政府治理的结果会降到 1，而不合作的渔民会因为政府的努力获得 0.5 的分值。如果渔民选择信任政府，但政府完全不履行伦理义务，渔民本该因自身行为可获得的 2 个效用值就会减至 1，刚好和政府造成的负面影响-1 相抵消。如果双方都采取不可持续行为，那么就会导致环境崩溃，出现双输的集体背叛结果（−1，−1）。

表4-1 政府与渔民之间的博弈困境

| 政府 | 渔民采取可持续行为 | 渔民采取不可持续行为 |
|---|---|---|
| 采取可持续治理 | 2，2 | 1，0.5 |
| 采取不可持续治理 | −1，1 | −1，−1 |

从表4-1可知，渔业囚徒困境并不意味着道德自律不重要。相反，恰恰是因为道德自律的极端重要性，我们才要设计合理的制度来为它提供支持。对公共资源悲剧的防止有两种办法：一是制度约束，无论权力机构是公共属性还是私人属性，私人对公地的拥有和处置便是在使用权力；二是道德约束，将道德约束与非中心化的奖惩联系在一起。如果以元治理者为中心构建参与式权力框架，按照符合可持续伦理的原则对"为与不为"作出清晰界定，并允许渔民充分表达和讨论自我诉求，那么渔民对自身行为会带来何种后果的确定性就会增加。当大家知道"友善、环保的合作"能获得更好的生计结果，道德便会逐步在博弈中建立。

## 二、人与鱼的博弈

"养护"是近年来涉渔国际讨论中高频使用的一个关键词，与之相关的还有"多样性""惠益共享""担当精神"等等。这类愈发流行的词汇反映出人们对于当前渔业生境遭到破坏的焦虑之感，以及加紧资源保护的迫切之情。在环保主义思潮盛行的现代社会，人性深处想要"延续生命、福泽后代"的本能冲动被冠以伦理价值，外化为一套可持续的观念和行动，指引着人类更好地认识自然、利用自然和改造自然。

然而，由于难以严格界定和准确量化，可持续渔业的悦耳设想下经常出现公说公有理、婆说婆有理的噪声。各国对可持续概念的不同解读，甚至成为其采取不同形式的、有时相互排斥的行为的正当理由。环保主义看似风平浪静，实则暗流涌动，给致力于推动可持续渔业的治理者带来挑战。

### （一）可持续理论的陷阱

可持续发展理论在20世纪80年代一经推出，就在全球各行各业大获认可和追捧，渔业领域也不例外。可持续发展同时强调永续和发展的重要性，在开发者和环保人士之间架起一座桥梁，似乎为深陷环境危机的社会提供了一剂良药。当发达国家和发展中国家还在为如何增进全人类的福祉而争论不休时，该理论十分高明地跨过（回避）了关于生态问题的具体争执，为所有人勾勒出契合其现实诉求的正义、公平和自由的美好蓝图。但正是因为这种设计过于"巧妙"，让有关可持续的想象在加固环境理想的同时，流失了部分可行性和实践价值。事实上，可持续发展并不存在一个不可僭越的统一论述，而它无所不包的完美构想和泛化趋势让不同领域的治理者和研究者们很感兴趣。

在渔业领域，可持续渔业似乎已被视作一种正确，因为它的动人描述十分符合渔业正义这一最高伦理原则。如果政府间会议或文件中不将"可持续"三个字搬到台面，对渔业行为价值作出伦理升华和道德要求，那么很可能会成为其他参与方诟病的对象。

这个概念本质上是一种折中产物，它并未彻底解释发达国家与发展中国家之间、强势企业与弱势渔民之间的差异，并为此提供行之有效的解决方案，导致处于不同地位的利益方在关于可持续发展的态度上表面看来都非常积极，但在行动上却大打折扣。一方面，SDGs 中的社会经济发展目标与环境可持续发展目标之间本身存在潜在冲突，其目标财政支持的来源和范围不够明确，加之约束力的缺乏，导致每个国家都需要制定自己的国家或地区计划；另一方面，可持续发展战略虽被广泛接受，但各国就此作出的承诺依然未得到充分履行。且不说着眼于全人类、全领域的宏大叙事，即便是类似《负责任渔业行为守则》这样符合伦理的具象行业指南，也可能遭受执行度低的诘难。

可持续发展的现实应用比理论设想的情形更为复杂。以此前屡陷僵局的 WTO 渔业补贴谈判为例。逐步削减有害渔业补贴的改革愿景就是统一补贴规则和纪律，促进全球海洋渔业的永续发展。IUU 行为是一种大家都反对的纯粹"恶"，停止补贴此类 IUU 捕捞的讨论较容易形成一致声音。但公海渔业国采取的过度捕捞行为并不适用于简单的善恶是非标准，因为它远远超越了资源可持续带来的挑战，还涉及在海洋政治划界、RFMOs 管辖权利边界和照顾弱势国家利益（例如：欠发达成员国的"特殊与差别待遇"条款设置）等问题上如何保持公允的现实困难。现阶段有意愿及能力削减补贴的国家同大规模开展远洋捕捞的国家之间存在历史性错位关系，上述两种国家的补贴结构表现出明显差异，补贴内容和实际效果也无法用单一尺度来衡量。

助长资源破坏行为的补贴固然是一种主观"恶",但其客观上维持低收入人群生计和基本营养需求效果的"善"也是决策者需要考虑的因素。这进一步增加了可持续理论下沉至渔业补贴问题时的操作难度:在社会经济层面支撑人类延续,是否和生态意义上的可持续同等重要?如何平衡处于不同发展阶段的渔业国家的可持续诉求?

诚然,可持续发展具有一定乌托邦式的想象,这种有些空泛的论调也在可持续渔业中有迹可循。但正因如此,通过良性治理手段将可持续渔业制度化才显得更有必要、更具意义。该理念从增加全人类长期福祉的愿景出发,本身具有善意的初衷,对可持续水平下降的现实世界极富感召力和指导价值。我们在接受它所绘制的美好图景的同时,也应对它本身存在的妥协属性和实践弊端保持警惕。如何防止可持续渔业理念被过度口号化、政治化,甚至成为个别发达国家借口打压发展中国家发展势头的工具,是我国的一道难题。

### (二)激进鱼类保护主义的迷思

在拥有充足的水产品蛋白质后,部分富裕的西方人开始反省人类行为给渔业自然带来的种种压力,特别是对水产生物的生理和心理压力。为摆脱破坏渔业资源的负罪感,动物福利人士积极倡导对鱼类采取关怀式利用,避免它们在此过程中承受不必要的痛苦,并且确保其数量能足够支撑种群的可持续发展。相比过去以人类需求为绝对意志、大肆破坏渔业资源的行为而言,这种理念的觉醒是对人与自然关系的校准,具有重要的进步意义。

保护主义者对鱼类在自然界中的地位持不同看法。温和派正确地认识到:可持续渔业就是人类可持续发展的重要组成部分,保护渔业资源就是保护人类自己。上述人群保护资源的动机最终还是为了人类自身的利益,因而较容易在客观上获得人鱼双赢局面。与之相对,激进保护分子对利它道德水平有着极高的要求,他们不满足于类似不滥用鱼药、减少捕捞努力量、改进渔具选择性这种"普通"程度的保护方式,而是将水生生物视作地位高于人类的优先级,秉承不消费主义——不食用鱼肉、不使用鱼制品、不观看鱼类表演,更有甚者叫嚣取缔一切捕捞和养殖活动,以便让鱼儿们在人类干扰降到最低的野生环境下自在生长,捕捞上岸的鱼类也要放归自然。在其看来,就连正常利用鱼类也成了一种罪过。这种彻底的生物中心论剥夺了人类的正当权益,让本该顺应物竞天择规律而成为开发对象的那部分鱼类得到不成比例的保护，反而干扰了生态系统（"天道"）的自然运行。显然，激进动物保护者的论调是对基本人权的僭越，与良好道德背道而驰。

进一步观察这些站在道德制高点的人群特点，不难发现，他们几乎都来自富裕阶层，衣食无忧，没有生存方面的压力和困扰。对于 Rolston 和 Thoreau 而言，荒野不过是一种满足精神享受的休闲偏好，鱼类不过是万千选择中的一种产品，而仁慈对待这些动物就是过上有德性的生活的伦理准备。水域世界看似充满美德，实则隐藏着诸多不和谐因素。他们一边乘坐大油耗、大排量的游艇去享受海钓的乐趣，一边又为履行道德义务而开展颇具规模的放生活动（讽刺的是这类活动反而可能会造成生态破坏）；一边坐拥通过剥削穷人获得的红利，一边又批评穷人们不可持续利用资源的生存方式。他们对普通人生活方式的批判有时达到近乎虚伪的程度。比如 Thoreau[183] 极力说服其钓鱼同伴采用节欲的生活，全然忽略了后者还是一个挣扎在生计线上的劳苦人民。

从根本上讲，激进保护主义者混淆了人与自然的错综关系，错误地将个体意义上的"人"同整体意义上的"自然"耦合，用个体充满优越感的道德标准去要求全社会，企图让以鱼为基本生存需求的人群符合这种标准。殊不知，法律的作用主要是约束他人，而道德的脚本主要在于约束自己。当这种激进理念渗透至渔业社会，环保主义就可能成为一种不那么正义的政治运动，最终损害的还是全人类的福祉。绿色和平组织在渔业领域充当全球卫士的行为就是引发伦理争议的一个典例。该组织对环保运动采取零容忍的左翼态度，将重点放在对抗而非合作，与可持续渔业倡导的和平理念渐行渐远。

作为一种思想武器，保护主义并非牢不可破，也可能受到其他社会思潮的影响，出现时而激进、时而保守的双重标准，引向不一致的伦理评判。比如，挪威一直是渔业环保主义的主要倡导者和践行者之一，在水产品可追溯、电子监控、三文鱼绿色养殖等方面走在了世界前列，管理策略上也提出了相当高的资源养护要求，一些激进人士还试图说服其他国家也采取同样的做法。但唯独对鲸这一个物种，挪威采取了完全相反的保守态度。和冰岛、日本一样，挪威无视国际捕鲸委员会的商业捕鲸禁令，宁愿背负骂名，也要继续捕鲸。2018 年，挪威捕鲸配额高达 1 278 头，超过冰岛和日本的总和。为提升捕捞效率，挪威制造的捕鲸叉以一种非人道的方式迅速进入鲸的腹部，其携带的炸药和钩子会破坏鱼体组织，给生命力顽强的鲸带来巨大痛苦。这种行为很难让人相信是由十分注重研究和践行可持续渔业的国家做出的。

挪威之所以在捕鲸问题上出现如此不一致的立场，主要还是因为支持捕捞该物种的自然观、文化观和政治观占了上风。维京人是最早开展捕鲸活动的人群之一，捕鲸曾是所有想要创造财富、树立伟绩的男孩和男人都梦想加入的职业。作为维京人后裔的挪威人也将捕鲸视为延续当地传统血脉、传承父辈文化基因的重要行为。捕鲸业在本地社区的强大民族文化象征意义，让国民对这种沿海诉求多了一份认同和包容。加之挪威政府、环保组织和公民之间较为良好的政治合作氛围，反对捕鲸的声音逐渐减弱。在挪威人看来，处于食物链顶端的鲸类会消耗大量的生物能量，而对鲸的过度保护其实对其他较低等的海洋生物种群构成了威胁。因此，当地居民在心理上给予了捕鲸行为相当的"合法性"，他们不认为自己对鲸类种群构成威胁，致使该国在1987年停止商业捕鲸后，于1993年重启捕捞，一直延续至今，即便现在捕捞早已不构成其主要生计。

养护渔业资源势在必行，但这一认识并不能成为人类借机拒绝一切必要资源开发活动的政治武器。激进鱼类保护主义者走向了保护的另一个极端，给渔业社会和生态带来了潜在隐患。高质量的生活同超前的环保理念之间存在矛盾，一些双重标准的做法也展示出激进保护主义本身的脆弱性和迷惑性：当保护主义能带来实在好处时，就极力倡导；当认为其他方面更重要时，就置之脑后。可持续渔业治理应当努力揭开这些虚伪的面具，让伦理回归善意的轨道。

## 三、知与行的脱节

可持续渔业相关理论所勾勒的伦理图景是渔业治理希望实现的理想状态。但治理本身是一条包含"价值判断→科学信息→政治决策→行政实施→产业活动→资源管理"等环节的因果关系链。纵使前端出台了符合伦理的渔业法规，它们也并不总能在后端得到落实和执行。当前，许多国家仍未批准或执行 UNCLOS 和《联合国鱼类种群协定》等国际规则。而不管前期治理者将资源养护与社会和谐的政治目标定得何等伟大，无论学者给出的科学依据何等翔实，如果后期无法得到有效执行和落实，都将沦为一张空头支票。

渔业制度是一个由决策系统和执行系统组成的管理系统，执行在治理环节中具有特殊地位。当前渔业治理失败的案例很多都跟实施不当有关。虽然渔业科学家的生物学模型和社会学家的人类行为模型被认为是国家渔业治理合法性的认知和话语基础，但即便是实证主义导向下的经验总结和未来预测，也可能会导致不同程度的实施偏差。渔业中的"知易行难"主要见于行政和执法层面的落实障碍。

**（一）政策推行难**

为打造一个更为和谐的渔业世界，不少国家的治理者从"善"的理念出发，制定了多元化的管理形式，但不同政策的推行会促使渔业利益相关方产生不同的行为动机，继而影响实施过程，可谓是"上有政策，下有对策"。有时即使执行对象明白这个政策有利于己，但出于各种原因，他们还是选择采取各种方式逃避执行。

就控制捕捞努力量而言，如果仅通过设立禁渔期来限制捕捞天数，就很可能出现开海时万船竞发的场面，短时期内疯狂增长的捕捞努力量会对资源造成巨大压力，起不到真正的禁渔护鱼效果。假设 TAC 目标科学合理，捕捞许可证上的个体渔获配额（IQ 或 ITQ）明晰，渔民认识到没法再通过扩大捕捞强度获取更多利益，便会采取迂回战术，少报、误报上岸量，丢弃兼捕和低值渔获。一些渔船干脆直接逃避各项监管，成为 IUU 渔船。由此可见，具体实施涉及方方面面的复杂因素，不同管理手段在其侧重点上能发挥作用，但又会产生其他问题，因为渔民可根据政策来"灵活"应对。那些遵纪守法、顺应伦理的渔民反而可能由于减捕退捕后的社会支持不足，遭遇生计困难。

水产养殖业的执行环节也存在诸多乱象。其中，水产品生产的低透明度助长了贸易欺诈行为，不法商人以次充好，利用低价值品种冒充高价值品种，以赚取不成比例的收益。由于深谙消费者心理，市面上出现了各种打着"阳澄湖大闸蟹"旗号的其他产地螃蟹，它们要么是在上岸前拿到阳澄湖去泡一泡，要么干脆就仅靠绑在螃蟹上的生态产地标签误导消费者，从而收取品牌溢价。有的厂家看到"商机"，甚至放弃养殖主业，转向伪造产地标签，并售卖给有需要的经销商。此外，随着鲑鱼在我国逐渐流行，一些商家用外形相似的虹鳟冒充鲑鱼，与螃蟹案例不同的是，虹鳟是淡水养殖鱼类，身上的细菌和寄生虫进入人体肠道后，其存活率大大高于在高渗透压中生活的深海三文鱼的细菌和寄生虫，容易造成感染，所以生吃虹鳟会留下健康隐患。

加工和科研方面也面临重重伦理风险。无论是渔业生产中的哪个环节，无论属于哪种类别，只要后续问责和资源保障无法跟上，这种劣币驱逐良币的现象就会继续存在。上述行为可被认为是一种对策入侵式的"反伦理"，通过违背政策伦理之要求，钻政策的漏洞，以达到攫取最大化利益的目的。

对于想方设法绕过政策而行的那些渔民来说，除经济利益外，还有文化和心理方面的动机。他们就像《老人与海》中的主人翁 Santiago 那样，视捕鱼为自己的灵魂支柱；同凶猛的海洋搏斗，捕到更多更大的鱼，是展现其男子气概的主要方式。满船的渔获物象征着"人尽可以被毁灭，但却不能被打败"的征服精神。在这种文化氛围下，政府的禁渔令背离了他们的心理期待，激发了他们的抵触情绪。加之渔民教育程度不高、政策宣传不到位等因素，渔民无法深入理解政府养护行动对自己的长远利益，反倒因鱼变少了而变本加厉地搜刮海洋，期望"命运之神"及时赠了他们 Santiago 遇到的那条巨型马林鱼。在执行最前线的渔民对政策的叛逆，在某种程度上体现出其对渔业本身的向往和对政府的不信任。

视线转向政策出台方，一些国家和地区的渔业治理措施在目标和内容上过于抽象和模糊，描述缺乏清晰性和针对性，给执行者准确判断政策意图造成障碍，容易出现执行混乱。这种笼统性可能是由于缺乏有效科学依据或专门性行业规定导致的，也可能是政治妥协的产物。在共同渔业政策（CFP）改革中屡屡受挫的欧盟，始终在对成员国既定利益和权力的重新调整这一民主分配问题上争吵不休，使原本基于渔业专业知识与科学调查数据的政策目标无法在实践中推行下去。阻挠渔业改革的欧盟理事会拥有巨大权力，而作为 CFP 执行主要责任人的欧盟委员会却受到权力限制。本该交由专业人士决策的渔业问题让位于民主这个所谓的政治道德制高点，才会出现前期 CFP 照搬共同农业政策中的农业补贴思路，在渔业上也采用一样的补贴，误导渔民投入更多捕捞努力量。所幸的是，2012 年新改革对上述理念进行了修正，启用多年度生态渔业管理计划、绿色渔业补贴、鼓励发展可持续水产养殖等更为具体的养护措施，朝着努力解决欧盟渔业治理制度缺陷的方向迈进。

不仅是国际层面，国家内部也存在诸如中央与地方传达低效，涉渔部门繁多、职能交叉、相互推诿责任，政策实施成本高昂等种种弊端，致使一些好的政策推行到基层就变质。出于政治惰性和对改革失败的担忧，政府可能会继续施行过去不那么伦理的治理方案，形成路径依赖。用政治妥协手段来处理专业问题，这是现代渔业治理者不得不应对的伦理风险。

### （二）执法问责难

渔业执法活动可视为广义环境执法活动的一个组成部分，而环境执法在全球范围内都是一个较为棘手的议题。尽管环境保护意识和法规在古代社会就已出现，但大规模环境问题爆发对执法体量和质量的严苛要求基本上还是一类现代性挑战。执法问责难是导致渔业主体采取非法行为破坏渔业资源环境的重要因素。立法再严，终究是具体的人在执行。因此，执法问责出现的伦理问题，本质上还是关于执行人的伦理问题。"有法可依、有法必依、执法必严、违法必究"这一社会主义法治建设的基本方针同样适用于渔业法治建设。

渔政执法要保障"有法可依"。许多国际渔业文书仅提供道义上的约束，不具有硬法效力，国家有决定是否签署履行或退出协定的自由，更不用说充当执行人了。而除欧美一些环境立法起步较早、相对发达的国家外，广大发展中国家的环境法律体系较为滞后，多为原则性概述，缺乏专门性法规或具体操作条例。执法人员难以通过自由裁量把握执法的惩罚力度，执法行为的说服力不足。目前，我国仅在《中华人民共和国渔业法》和《中华人民共和国野生动物保护法》等法律文本中添加了关于打击 IUU 捕捞的论述，尚未出台专门针对"三无"渔船的具体条款，规制行动存在模糊地带。渔业领域亟待为执法者创设更多优良法律法规。

执法主体应当"有法必依"。渔政执法是一项严肃的工作，执法机关、公职人员和编外相关人士必须遵守执法伦理，严格依照实体法和程序法的规定办事。渔业部分执法工作发生在海上，相比于陆上而言，复杂海况带来的低能见度和高航行风险大大增加了追踪和登临检查违法渔船、当场进行事实认定的难度。为提升监督效率，执法者尝试将监督端口前移，越来越多的船旗国在船只上安装渔船船舶监视系统（VMS），或者向本国远洋渔船派驻执法观察员，记录和报告捕捞行为。不可否认，在所有渔船上都配备监管系统或人员是一个较为理想的状态。但现实困境是，这会给船旗国政府带来不小的财政负担，压缩对于其他方面的支出，发达国家还可能借此对发展中国家提出不切实际的养护要求。例如，作为 WCPFC "领头羊"的新西兰十分重视远洋捕捞对海鸟资源的破坏问题，要求成员国采用惊鸟绳、鱼钩保护套和支线加重等方式减少海鸟兼捕，希望各国渔船能实现接近 100％的观察员覆盖率。若以每名观察员 6 000 元月薪、50 艘船的规模来计算，一年光是支付观察员的工资就高达 360 万元，另外还有餐食、保险、体检等花费。

渔业执法人员应当"执法必严"。从执法人员本身素质来看，海警、观察员等涉海涉渔执法工作者的法律信念和伦理意识还有待提高。他们大多属于公务员群体，处于权利和道德的复杂关系旋涡之中，一旦对利益的渴望冲破了内心的道德约束，就会对执法过程造成更为严重的损害。长江上海段流域 10 年禁捕暂行政策刚推出不久，负责临港东滩促淤区海防设备养护的公职人员蔡某违背水域安全保卫工作职责，利用职务便利，带领团伙其他成员使用对环境危害极大的电捕工具非法捕捞 450 多千克渔获。蔡某不仅没做到有法必依，反而知法犯法，在执法源头上制造阻碍。另一方面，在执法过程中也要讲求公平公正。何为公平公正？若渔民张三的渔船违规捕鱼，而大型渔业公司的渔船操作违反同样规定，那么二者是否应当受到同等程度的惩罚？渔业执法人员在施行相关法律法规时，应当开展道德考量，对于生计渔民和商业渔企进行区分，明确"严格"管理的边界。

打击渔业违法犯罪行为，应当做到"违法必究"。违法犯罪行为人是心存侥幸、伤害他人（物）的道德缺失者，无论造成了为己害他/它还是两败俱伤的后果，都无益于增进社会的总体福祉。任何公民只要触犯渔业相关法律，必须一视同仁地受到法律追究。由于文化程度不高、上级政策宣传力度不够等因素，一些基层执法人员存在对政法文件的错读、误读或漏读情况，也可能导致渔业违法犯罪嫌疑人无法受到制裁和审判。在执法的技术细节层面，伦理学强调，要以符合道德的方式对待一个不讲道德的人。这个理念在法理中可翻译为"以合法手段对待不法之人"。换句话说，渔政执法人员应采取正当合理的执法力度和程序。什么样的执法力度才是正当合理的？笔者认为，正当合理的执法力度是既有足够威慑力，又不至于侵犯嫌疑人合法权利的力度。当前非法捕捞和养殖现象屡禁不止，很大程度上是因为执法处罚不够严格，从而纵容了渔业非法行为。在巨额经济利益面前，不成比例的违法犯罪成本显得不值一提。如果算算经济账，还是违法"合算"得多，部分利益相关方就会对法律丧失基本的敬畏之心，履约意愿将大打折扣。另外，渔政执法人员也不能滥用职权，在无合理怀疑或权限的情形下强行登临本国或他国渔船，或采取其他侵犯渔民正当权利的行为。什么样的执法程序才是正当合理的？执法程序应当具有独立于判决结果的价值，执法过程应当以看得见的正义方式进行，并经得起公众监督和时间检验。一些执法人员受到海上执法环境和装备限制，在执法操作时存在违反程序的风险，容易引发行为相对人的质疑和反诉，导致处罚失效——野生渔业资源利用了、环境也破坏了、钱也赚了，但却无法让嫌疑人得到应有的惩罚。

整体来说，渔业问责伦理关涉违法问题的可回答性、可问责性、责任本身以及对责任承担的期望等议题。负责任渔业的核心就是要建立和完善渔业责任制。一方面，渔业立法与刑事司法制度的强化与升级可为执法工作提供重要的事前和事后保障。另一方面，渔政执法队伍的伦理意识和道德素养，深刻地影响着其执法行为的合规性和正当性。只有不断提升渔政执法者严于律己的职业操守，提高其秉公执法的业务水平，推动其文明规范的执法过程，才能提升渔业法律、规则和条例的执行效率。

## 第三节　　渔业治理之伦理突围

传统渔业治理关注的是政策和法律层面的制度突破。政策和法律固然重要，但在面对充满不确定性的"现代病"时也存在局限。例如，它可以明示、预防、规范和校正渔业的行为和后果，却难以指导渔业利益相关方的道德选择。它可以将电鱼、毒鱼、偷鱼者绳之以法，却难以要求渔民必须善待生态环境、关心鱼类福利。它可以为失海渔民提供各类政策保障，却难以弥合渔民海洋纽带被切断后的心理创伤。它可以依照科学模型和数据制定总可捕量目标，却难以关照渔家妇女在职业、情感和生活上遭受的压迫。

渔业伦理的出场填补了制度的价值空地，为改善现行制度积聚了道德能量。这里讲的伦理不是机械分析道德语言本身的元逻辑，亦不拘泥于解答"渔业行为者应当成为什么样的人"这种美德伦理学问题，更多的是通过制度设计去激发人内心的德行，从而规范其实践行为。

如前所述，可持续渔业勾勒着天时、地利、人和的道德图景，但在现实中也不可避免地会存在集体行动、环保主义和知易行难等方面的困境。在很大程度上，渔业行为的动机依赖于利益相关方对人与渔业自然、人与人关系的价值判断。一旦道德考量上出现偏差，治理策略在各个步骤选取的行为调节重点就会出现偏移和疏漏。因此，渔业困境的破解不仅需要在制度上作出努力，也需要在价值上寻求方案。从制定目标到开展决策，再到执行、监督和评估，伦理视角可渗透至治理的全部流程。它就像我们努力去掌握的大多数其他事物一样，需要在实践中得到培育和锻炼。而治理者和被治理者的道德实践为其开展道德行为提供了良好准备。木节将从"目标→决策→执行"三个主要实践环节依次探讨摆脱渔业治理困境的伦理方法。

## 一、制定渔业伦理目标

### （一）激发渔业道德想象力

渔业是一种建立在资源基础之上的生产关系，也是一种尝试与资源对话与共存的生活方式。特定生产生活秩序的维持必然要有一定的治理道德规范，否则，放任渔业资本和科技倾轧的后果将是人和鱼的共同异化。

应对现实伦理困境的最大挑战在于，在很多情况下，我们难以找到一个符合所有伦理原则的明确解决方案。世上并不存在一个绝对正义的完美渔业制度。渔业社会可能沦为"个人私利的战场"。共时性渔业相关方的利益诉求并不总是一致的，满足整体福祉不可避免地要以牺牲部分个体福祉为代价，满足一部分人的需求可能又会伤害到另一部分人的利益。渔业资源数量和质量处于不断变动的状态中，渔业世代之间所享受的资源也具有天然的不对称性。冲突是渔业的永恒命题。因此，解决该领域伦理困难的最佳方法，就是在尽可能少地违背原则的同时，最大限度地坚持最重要的价值观。

那么，什么是渔业领域最重要的价值观？要想回答这个问题，首先必须弄清楚价值观的本质内核。从伦理上讲，价值观是人类判断善恶是非的观念工具，因而是一种义利观。当今社会拥有多重价值取向，形形色色的义利观占据着我们的道德生活，影响着我们的道德判断和决策。在做出抉择并付诸实践之前，个体会自觉开展一系列道德想象。在单向度社会，人类个体行动者通常将他人或自然设想成与自己二元对立的事物，而非你中有我、我中有你的共同体，因而不会将他人或自然的地位、角色、功能和利益转译至自己的目标选择和任务执行中。个体中心论的义利观视角下，只有自己的利益才是善的，关系性价值遭到忽略和消解。从渔业资源崩溃、渔民失海的后果来看，该观念显然不是正义的价值观。

在法国社会学家 Latour[184] 看来，自然现象是人类与非人类行动者共同建构的异质网络的基本组成部分，拥有与人类行动者同等重要的存在和认知地位，自然世界应当获得和社会世界对等的照料。在这种行动者网络中，人与人、人与非人、非人与非人之间相互影响，某一行动者的角色通过其他行动者的行为得到界定。当整体性想象映射到渔业世界，生产者和消费者便会重新审视自我身份，在开展道德考量时给予他人他物一种正向的"移情关怀"，而最重要的价值观就隐藏在这种正义性关怀之中。

积极正面的道德想象是建构渔业社会道德风貌的抓手，治理者可以借助这种想象的力量去调节和规范渔业生产生活秩序。例如：将鱼类想象成在生态系统中扮演重要角色的、能带给人类慰藉的、有情感的生物；将渔家妇女想象成家庭中独立的、平等的支持者和守护者；将捕鱼、养鱼、制鱼、赏鱼的客观经验想象为一种与自然持续良性互动的价值体验。上述想象加深了渔业社会生态共同体成员间的情感联结，利于促使其作出正向道德选择。尤其是当某些治理机制还不够完善时，这种道德努力更加彰显出珍贵价值。

道德想象的大厦不是凭空建造，而是来源于具体的渔业实践。《成为三文鱼：水产养殖与鱼类的驯养》一书中谈到，海洋驯化的发展模糊了鱼类和陆生动物之间的传统区别。在挪威西部峡湾的现代工业化养殖场内外，人类与三文鱼在养殖这种关系性实践行为中相互建构、相互塑造。一方面，养殖者将三文鱼喂养成全球迁徙的饥饿"异类"；另一方面，三文鱼又反过来给养殖者带来了情感、心理和行为方面的诸多影响[185]。由此可见，作为积极行动者的人类并非单向控制者和唯一行动主体，也潜移默化地被三文鱼所"驯化"。通过水产养殖，三文鱼的成长过程和成为人类的过程重叠交织在了一起。毋庸置疑，这种对驯化的颠覆性解读具有深刻的伦理进步意义，实现了渔民的生命体验和鱼的生命体验的有机结合，但双向驯化关系是脆弱而不稳定的，有时它会带来负面效应，比如鱼的污染和人的野化。因此，基于实践的道德想象需要用特定的语言和制度加以固定和规范。

伦理原则就是把积极的具体想象真理化为一种具有统摄力的指导规范，以便日后应用于类似的想象场景之中。根据第二章的讨论，渔业伦理可细分成渔业福祉、渔业自由和渔业公平三大基本原则。这三大原则从不同侧面明确了渔业的价值，有助于全方位地激发道德想象力。渔业福祉指明了利益相关方共同奋斗的方向——增进全社会和全生态的利益；渔业自由描绘了人们按照自主意愿不受干扰地开展渔业生活选择；渔业公平解锁了共享社会福利、共担社会责任的共同体分配逻辑。关于福祉、自由和公平的渔业想象聚合成为渔业领域最重要的价值观——实现渔业正义。在三原则面临冲突时，治理者应当考量的是：什么样的政策组合能在较少牺牲部分利益的情况下，最大程度地确保达成正义这项最高原则，以及什么样的制度能带来最多利益相关方的遵守行为的自觉。

正义是抽象的、流动的、难以量化的，因此，在解决具体冲突中激发和运用道德想象力变得十分重要。构建想象力的第一步就是对伦理困境作出合理假设，治理者将自身移情于潜在的冲突场景中，分析各种决策随时间流逝给利益各方造成的善恶影响程度。然后根据这些程度制定出整体目标和具体目标。按照时间轴，目标效果的善恶性质可分为"现在善""现在恶""未来善"和"未来恶"。一些决策在短期看来是恶的（影响了某些人的生计），或对某一部分人是恶的（损害了某些人的利益），但从长远和整体上看，却能起到满足最大化的善的效果。虽然"未来善"指标会受到不确定性的干扰，但仍然可根据渔业整体发展趋势作出伦理判断。这个时间轴的意义就在于，当"未来善"所带来的利益大于"现在恶"所造成的损害时，伦理重心就可以向未来进行偏移，突出目标的预警性。

当前，多国在制定可持续渔业发展目标时，都将"可持续"排在"发展"之前，就是因为现在不顾生态承载力攫取渔业资源所获得的生计和商业收益，远远无法弥补环境和资源崩溃所带来的发展损耗成本。当然，道德想象力并非全知全能，善恶结果也不总是如此明晰，特别是在对共时性资源分配目标的伦理分析中。比如，在支持失海渔民转产转业的过程中，有限的政府资金应当用于直接帮助渔民开展养殖、休闲渔业或其他产业，还是间接投入保障渔民生活的基础设施建设？在打击渔业违法行为中，假设资金不够同时支持海上执法和监督设施建设两项活动，那么应当先投入更多资金及时追踪非法捕捞渔船，还是选择购置 VMS 监控系统或在船上派驻执法观察员？这两对"现在善"方案在不同条件下会产生不同的"未来善"效应。因此，治理者需要结合两对方案带来的成本和收益开展移情性设想，根据当地的实际情况作出具体判断。

## （二）确定符合伦理的渔业治理目标

道德想象力在帮助我们厘清正义这个最重要的价值观的同时，也给我们提供了设置伦理目标的价值判断工具。渔业目标作为对预期结果的主观性设想，调整着渔业行为的方向。随着养护渔业资源的道义责任成为全球主流趋势，渔业治理进入了养护型目标的时代，治理者不再一味追捧经济效益，而是转向以"养护伦理"为基础的发展方针。

早在 20 世纪七八十年代，自然资源界就对可持续发展伦理进行了行业探索，这种兼顾发展和养护的道德想象在陆地上被概念化为"绿色增长"，在水域上则最先被最依赖水产资源的小岛屿发展中国家描述为"蓝色增长"。在"里约＋20"峰会后，FAO 发起了蓝色增长倡议，其目标是采用负责任和可持续的方法，将经济增长和粮食安全与水生资源保护相协调，确保或恢复海洋、潟湖和内陆水域的潜力。欧盟委员会随即推出蓝色增长战略，希望通过可持续的方式向海洋资源和能源索取 GDP。发展蓝色经济的理想在 2015 年 SDGs 框架内得到加固，特别是目标 2（消除饥饿、实现粮食安全和改善营养、促进可持续农业）和目标 14（保护和可持续利用海洋和海洋资源，促进可持续发展）。这一套充满伦理温度的目标体系既移情于自然，也洋溢着人文关怀。它呼吁对当代理性人革新自己的经济价值观念，在进行经济行为时，从尊重公共物品及其可持续性的道德要求出发，而不是一味重视市场价值和利润率。

除能源和矿产开发外，渔业资源及相关延伸产业也是水域聚宝盆，是增进人类福祉的重点领域。国际社会深刻认识到，以资源养护为抓手的治理方式已成时代之必然，但渔业生产零增长的事实既不现实、也不可取。实际上，蓝色增长的目标有两个并行主旨，一是重养护的"蓝色"，二是重发展的"增长"。蓝色经济是一种基于良善、公平和福祉的道德经济，它区别于传统市场经济公式化的供求推理，强调了经济学的伦理之维。

在某种意义上，伦理考量本身也具备经济价值：一方面，禁渔区、禁渔期等养护措施和由此导致的渔民失业问题会给渔业发展带来一些生产停滞成本；另一方面，这些手段会随着后续资源恢复而产生环境经济收益。"蓝色增长"修正了传统涉渔经济学的人性假设，看到了渔业利益相关方的行事动机、社会成就分别同道德判断的紧密关系，因而是一种值得提倡的宏观正义目标。为破解集体行动悖论，中国还在可持续伙伴关系的基础上，提出了"蓝色伙伴关系"，旨在促进国际海洋和渔业承诺的合作履行。该理念应用在细分渔业场景，就被治理者转译为复合种养系统、绿色养殖与加工、生态休闲渔业等行业道德想象，成为各环节缓解渔业资源和经济压力的目标。

在现行渔业养护话语体系中，"蓝色增长"把握了总体方向，"可持续渔业"规划了愿景路径，"负责任渔业"提供了实现手段。这些新兴表述集中于理念层面，而科学实践层面也存在多元化的探索。按照不同侧重点，渔业科学管理可主要概括为以下 5 类养护型目标：①生物维度——最大持续产量（maximum sustainable yield，MSY），强调在最大限度开发利用渔业资源系统时，维持该系统最高水平的再生能力；②经济维度——最大经济产量（maximum economical yield，MEY），强调在达到最佳经济效益时，降低经济渔获物消失的风险；③生物-经济维度——最佳持续产量（optimum sustainable yield，OSY），强调资源"最好"的生物和经济利用率或产量；④社会-经济维度——最大社会产量（maximum social yield，MSCY），强调促进渔民就业机会和收入的最大社会经济目标；⑤生物-政治-社会-经济维度——最佳产量（optimum yield，OY），强调在冲突状况下，综合考察生物、政治、经济和社会价值，权衡每一种目标的成本和收益，决定实施的优先次序，以对全社会产生最大效益。

由上可见，第⑤类目标同"伦理导向型治理目标"的逻辑较为接近，前者更注重数理计算，后者更倚重价值考量。由于公众越来越意识到：科学家也是人，科学实践中不可避免地会掺杂个人的价值理念，伦理在现代渔业科技探索中再次得到复兴。虽然目前国际上还没有类似"最符合伦理的产量"（optimal ethical yield，OEY）的表述，但权衡目标科学性和价值大小的做法，已在欧美国家渔业实践中已得到逐步运用。

在美国，多项关涉环保的法律明确规定，现有最佳科学知识应作为政策和决策基础。《美国濒危物种法》要求，决定是否将一个物种列为受威胁物种或濒危物种，必须基于"现有最佳科学和商业数据"。同样，《马格努森-史蒂文斯渔业养护和管理法》（MSA）的国内标准第 2 条规定养护和管理措施应以"现有最佳科学信息"为基础。这种信息不是一串生硬的数字，而是以生物多样性为信念所筛选出的最适合可持续渔业的科学依据。并且，只有协调好社会建构的价值观和决策桌上利益相关方的期望，才能作出最佳判断，使政策得到最大程度的遵守和执行。美国渔业决策层同科委会讨论后，会制定较长一段时间内的总体规划，再根据每 2～5 年的最新数据对该规划进行动态调整。美国严格的渔业管理目标和标准既清晰明确、又可操作，在其国内起到了较为良好的养护效果，对于我国渔业的精细化治理具有一定的借鉴意义。

确定符合伦理的渔业治理目标是现代治理者的责任，须在现有养护型目标的基础上，灵活运用道德想象力，兼顾眼前利益和长远利益，确保正义原则得到最大化的实现。从渔业正义的角度看，确保长远利益是治理的根本出发点，而最符合伦理的治理方针就是确保正义原则得到最大化实现的目标系统。可持续渔业的实施，就是根据生态整体性、价值平衡性的道德想象，描绘出符合伦理原则的渔业治理目标蓝图。

## 二、开展渔业伦理决策

渔业资源能否高效、绿色地转化为具备经济、文化和社会等价值的产品，依赖于合理架构和开明决策。在确定好方针、路线和目标后，治理者需要搜集并列出各备选行动方案，然后逐个比较、筛选，直至最终落实到行动。渔业决策本质上是一个动态的选择过程，这个过程中必然渗透着价值判断。若方案之间不兼容，决策者选择其中一项，就意味着自动放弃了其他提议。身处多目标治理的渔业社会，开展伦理决策显得尤为重要。

### （一）伦理决策机制

伦理决策即主体在实践中基于特定伦理价值自觉进行方案选择的过程。与普通决策不同，伦理决策主体受到一定程度的道德意识或情感的支配，会对行为好坏对错进行基本判断、评估和辩护，推出主观上认为有利于自我、他人、社会和生态的策略组合。Rest[186]将这种特殊的决策模式分为伦理认知→伦理判断→伦理意图→伦理行为四个阶段，前三个阶段都同内心理念有关，体现出道德考量的过程性。该模式主要关注对个体行为者的道德情境约束，但对规范集体行为也有一定借鉴意义。

现代渔业治理面临诸多道义难题。因此，渔业决策除包含政治、法律、商业等面向外，还关涉价值要素对事实要素的影响，其中既有诉诸伦理准则的主动实践，又有顾及行为后果的批判反思。在多元互动式合作治理情境中，决策参与者秉持不同伦理立场，政府元治理者在广泛听取各方意见和期待后，依照特定倾向（为己利他/它）和规范（例如可持续渔业行为规范、渔业伦理原则）作出裁定，确保弱势群体的利益得到倾斜式照顾。和人类相比，水里的鱼相对弱势，来自人类的破坏可能对其造成毁灭性打击，也只有人类具备关怀能力，因而很多国家都将生态恢复放在可持续渔业发展的首要位置。同样的关怀也应给予小规模渔民和其家庭中的女性、儿童。

　　到这一步，决策尚未彻底完成，还需对方案是否采用负责任的行事方式进行进一步考察，并最终通过执行反思提升伦理素养，以指导今后的决策，由此形成闭环。本书在经典伦理决策"四阶段"和新公共服务决策模型的基础上，整合出开展渔业伦理决策的逻辑推演图（图 4-2）。

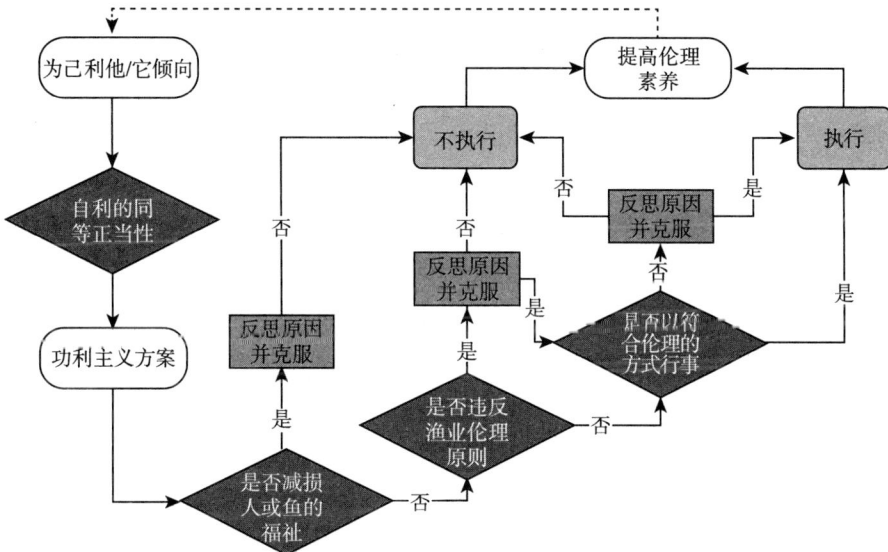

图 4-2　渔业伦理决策的规范性推演模型

　　要想让上述环环相扣的规范性模型更具备可操作价值，而不仅仅停留在空泛的描述状态，元治理者应当将界定先行操作规范和标准列为重中之重，给执行者培养起明确道德想象提供足够精确的信息。渔业操作规范倚仗于一系列针对涉渔概念的明晰定义，越是符合伦理的治理，就越应当将实施时依照的参考标准明晰化。

　　作为环境法律最发达的国家之一，美国的经验具有伦理启示意义。该国渔业基本法 MSA 在第 12～20 页中详细列出了 50 条最基本、最核心的词条定义，涉及渔业管理的方方面面。譬如第（12）项："鱼（fish）"是指有鳍鱼、软体动物、甲壳动物和除海洋哺乳动物和鸟类外的一切其他海洋动植物；第（13）项："渔业（fishery）"是指（a）可作为一个养护和管理单元的一种或多种鱼类，需根据相关地理、科学、技术、娱乐和经济特点加以认定及（b）捕捞上述鱼类的任何行为；第（18）项："渔船（fishing vessel）"是指用于、装备好用于或通常用于以下用途的任何小型船只（boat）、中大型船只（ship）或其他类别的船舶，用途包括（a）捕捞；或（b）辅助或协助一艘或多艘海上船只开展任何与捕捞有关的活动，包括但不限于准备、供应、储存、冷藏、运输或加工[187]。

这些关于鱼类、渔业、渔船等基础定义详尽列举了符合美国国情的渔业对象范畴，治理者很清楚地知道自己管理的应当是哪些水生生物、哪些涉渔的活动、哪些用途的船。甚至像"最佳（optimal）"这样相对抽象的价值性词汇，MSA 中也有所界定：（a）使国家整体利益最大化，特别是在粮食生产和娱乐机遇方面，并考虑到海洋生态系统的保护；（b）依照渔业的最大可持续产量而定，并受任何相关经济、社会或生态因素的制约而有所削减；（c）在过度捕捞的情况下，能够恢复到与在上述渔业中达到最大可持续产量相一致的水平。

这样一来，当多个参与方提出自身诉求时，政府和非政府组织决策层能够诉诸统一、具体的标准和依据，也能够对决策过程中涉及的伦理风险有更为深刻的把握。道德考量结合最佳科学数据，为作出增进人和鱼福祉的决策加上了双重保险。美国渔业以捕捞业为主导，以发达的渔业贸易、休闲渔业和行业组织为特色，其管理对象体现出鲜明的国家色彩。中国可将相关渔业规范化决策的伦理，创新地迁移至国内渔业之中，提升治理的可操作性和透明度。

### （二）伦理决策程序

制定策略的过程具备独立于机制的道德价值，决策机制的正义性也需要通过决策程序蕴含的正当性和合法性来体现。良善的机制为合理的程序提供了机遇，但后者并不直接遵循前者的"规训"。

渔业治理面临的一个关键管理问题，是如何确保受规制影响的人遵守相关规章制度。渔民违反规则不仅是一个刑事司法问题，也是一个社会正义问题。如果法律以牺牲其他群体的利益为代价来支持某些群体，那么没有理由期待前者遵纪守法程度达到很高水平。相反，在这种情况下，人们会坚持认为，违反规则在道德上是正当的，这是一种民间抗议的形式，尤其是当渔民经济困窘，除了捕鱼没有其他食物来源或收入来源时。渔业资源使用者的履约程度将决定治理的结果，即所设目标能否实现，资源和生态系统服务能否继续。我们需要像关注制度设计一样关注过程。

解决利益和价值冲突需要道德话语的配合：治理者必须对各类价值观和

规范进行相互比较和反复测试，才能最终作出决定。制度的创制和设计应当嵌入到特定道德话语中，在此过程中，道德话语可以被质疑、讨论和改变。开展道德论证须遵循普遍规范逻辑，即：代表所有渔业组织身份的渔民都能够接受决议的后果。这就意味着参与人须遵守和执行特定程序。具备合法性和正当性的决策将反对和反驳意见纳入本程序，渔业利益相关方推选代表参与结构性发言，就决策目标和方案进行辩论和协商，从而增强了参与者为达成共识而改变或调整其观点的可能性。高质量的程序协商话语为开展伦理决策提供了抓手。

根据元治理的话语逻辑，政府主导下的参与式决策较为符合渔业福祉、自由、公平原则的要求。在规范的参与式决策中，被赋能的利益相关方就治理目标、方案和实践展开互动协商，通过遵守拟制规则来加快集体接受新方案的进程。一方面，政府元治理者适时介入，借助系统识别利益相关方的动态偏好，确保弱势群体的兜底权益得到有效保障。另一方面，参与者凭借持续参加或退出协商来反馈他们的情绪和诉求，倒逼决策机制的改革。参与式互动机制特别适合小规模渔业，生计渔民可定期或不定期在正式场合将渔况向社区汇报、相互监督，充分了解订立规章制度的社会和政治过程。这种基于价值语言的决策程序有助于促进社会正义，减少不履约的情形。

一些批评者认为，"参与"的话语具有破坏性和危险性，在政治上显得不切实际，易导致效率低下（例如额外成本和时间消耗）、相互产生敌意和更糟糕的结果。随着公民社会的发展，行动者的数量不断增加，渔民社区的声音被更广泛的参与者所覆盖。正如权力下放语境下的欧洲渔业管理悖论，更多的参与行为反而稀释了决策层的影响力，导致养护政策在成员国之间推行困难。这些批评意见指出了过度鼓励参与的弊端，而元治理设计下决策者对最终意见的把控，以及对弱势群体的倾斜式关注，能够帮助解决参与模式的困境。

挪威渔业产权管理就是借助话语理顺伦理决策程序的一个例子。早在20世纪90年代初，为应对巴伦支海鳕鱼数量意外锐减导致最小 TAC 的分配冲突，挪威政府推出了"配额阶梯"（quota ladder）的治理理念，作为不同渔民群体之间以及渔业行业与政府之间商定的"社会契约"，只有使用特定渔具捕捞特定鱼种的渔民或企业才能作为参与代表。配额阶梯是挪威管理鳕鱼等重要经济鱼种的一种产权机制，根据每年 TAC 的变化，渔业船队事先协商好有梯度的分配规则，再按明确规则开展捕捞。当 TAC 较低时，沿海渔船将比工业和拖网船队获得更大的份额。当 TAC 低于 10 万吨时，沿海船队获得 80％的配额，上述份额随着 TAC 的增加而逐步减少。当总可捕量超过 30 万吨时，份额比例设定为 65％。这个分配准则由挪威渔民协会提出，并在协会内部进行商议，商议结果提交至挪威贸工渔业部审议通过。由于 TAC 分配是一类利益冲突明显的零和博弈，妥协往往难以实现。如果参与方能够达成特定分配规则，在过程中展现公平正义，加上协会对渔民利益的保障，渔民在一定时期内的履约积极性将得到增强。配额阶梯的比例是浮动的，当新情况出现后，再重启分配讨论环节。政府元治理者和渔民协会相互配合，利于提升协会成员的可治理性。协商程序将参与者冲突尽量限制在了谈判桌前，而不是水域之上。从当前渔况上看，挪威的配额阶梯策略取得了不错的效果。

Burgess[188] 提出了 4 条贯穿伦理决策的经验法则：①定义目标，量化权衡，并努力提高决策效率；②充分利用现有数据，它的作用比想象中更大；③设计机制框架，而非行为本身；④让利益相关方参与进来，但要确保流程正确。其中①和②同决策方案有关，③和④更多涉及决策程序。通过合法的、透明的、具备社会价值的程序，争取更广泛参与者的接受和支持，不失为解决当前渔业伦理困境的一种良性手段。民主协商和问责机制既适用于国内渔业治理，也可应用在国际渔业的共同治理中，相关国际和区域渔业管理组织可充当元治理者，把控伦理方案制定、执行和评估的全阶段。

值得注意的是，在符合生态和社会伦理的政策出台后，还应强化渔业行为的监督和评估。借助更严格的执法力量和监控系统投入，打击 IUU 捕捞和非法养殖加工活动，并依照统一标准，对执行结果的好坏作出伦理判断，以便对今后的决策和实施行动提供参考。

# 第五章　中国渔业治理的伦理议题

　　经过数年发展，中国渔业先后解决了"捕鱼难""养鱼难"和"吃鱼难"等问题，为产业持续稳定发展奠定了良好的"经济基础"[189]。养殖、捕捞、加工、文旅等渔业部门均得到不同程度的提振，产业结构整体趋于合理。作为渔业大国，中国近 30 多年都是世界最大水产品生产国。截至 2023 年，全国渔业经济总产值突破 32 669.96 亿元，其中渔业、涉渔工业和建筑业、涉渔物流和服务业产值分别达到 15 957.35 亿元、7 018.84 亿元和 9 693.76 亿元。在渔业人口从 2015 年的 2 016.96 万降至 2023 年的 1 598.57 万、渔船总数从 2015 年的 104.25 万艘降至 2023 年的 49.65 万艘的情况下，2023 年全行业为市场稳定供应了 7 116.17 万吨的水产品，渔民人均纯收入升至 25 777.21 元，渔业生产效率不断提升[6]。生计渔民属于农业中较为贫困的群体，是中国扶贫的重要对象。到 2020 年，我国已基本实现农业部《全国渔业发展第十三个五年规划》中提出的年度标准之下贫困渔业人口全面脱贫的目标。

　　不仅在经济领域，渔业资源在我国政治、社会、文化和宗教等诸多其他领域也贡献了多样价值。国家层面，渔业被视作中国乡村振兴的关键阵地；社会层面，渔民"转产转业"成为产业结构调整的重点对象；家庭层面，渔业继续为渔民提供经济来源、心理安慰和精神图腾。这意味着，在野生渔业资源短缺、渔业社区张力突显的背景下，当前中国渔业发展的主要矛盾，已从解决渔民最基本的生存与温饱问题和落后生产力之间的矛盾，转化为渔业利益相关方日益增长的美好生活需要和资源环境不可持续、行业不平衡不充分发展之间的矛盾。渔业发展正朝着增进渔业生态和社会整体福祉的总目标努力迈进。福祉理念下的脱贫、可持续、负责任、赋权、分配公平等关键词，越来越多地见诸国内外渔业文书中，这些表述无一不与伦理有关。

中国是社会主义国家，增进民生福祉是国家全面深化改革的根本目标。党的十九届四中全会第一次将推进国家治理体系和治理能力现代化作为大会主题，高度重视深化改革和效能提升，通过"动善时""事善能"，以应对明显增多的国内外不确定性挑战。在享有渔业资源开发权利的同时履行应尽的养护责任和关怀义务，在分享渔民劳动成果的同时尽力回应其合理诉求并保障其合法权益，应当成为我国现代渔业治理所秉承的价值追求。

然而，目前在针对中国涉渔问题的规制研究中，基于伦理维度的论辩尚显不足，但我国政府和民间推行的多项渔业活动已经呈现出鲜明的伦理特征。为此，本章结合中国丰富的涉渔伦理资源和独特的渔况，就近年来我国治理实践中遇到的困境和经验展开价值性分析，从上层建筑视角，探索具有中国特色的现代渔业治理之道。

## 第一节　中国渔业道德基础与现代问题

中国社会是一个拥有丰富道德资源的伦理社会，先贤以德治国的伦理思想和传统早在逾三千年前的《诗经》《尚书》中就有所记载。"德"本义为"得"，只有道德者才能"得道"。《尚书》以"皇天无亲，惟德是辅"来论证周文王治理的合法性和正当性，强调外在人伦之德和内在人性之德。自孔子创立儒家学说后，"德治"的主张得到极力推崇，道德教化成为调节古代中国社会秩序的主流意识。与西方重视个体理性分析的伦理思想不同，中国传统伦理以集体感悟为根基，"修德配命，爱民之德，为政以德，忠孝道德"对治国者和百姓摆正自己在"大我"中的位置提出了规范性要求，以促进人伦和谐目标的实现。

到了现代社会，德治仍然是我国治理系统中的重要辅助手段。社会主义核心价值观从现代化国家建设、和美社会构建、公民基本道德三个层面阐释了社会主义道德规范。2019 年《新时代公民道德建设实施纲要》推出，进一步弘扬坚定信念、立德树人的道德之基，为新时代治理体系下德治内涵的建设与完善指明了方向。无论是传统伦理觉醒，还是现代道德振兴，都可为促进中国本土现代渔业善治提供思想资源。

## 一、中国传统智慧中的渔业伦理元素

### （一）古代朴素涉渔生态伦理体系

中国哲学喜欢将整体作为逻辑推理的出发点。在思考自我与自然的关系时，古人认为"天地万物与人原为一体"，人和天是不分家的，"我"本身就是万物中的一部分，同自然环境和其他生物相互依存、相互作用。这种"天人合一"的东方哲思根植于农业文明，反映出靠天吃饭的农民对自然的亲近感与依恋感，同时也令其在看待人类与生态系统的关系时，多了谦逊与敬畏之心。现代西方工业文明和科技文明的双重背景下，倡导回归自然的天人协调说显得尤为宝贵。

#### 1. 渔业生态治理思想的历史发展

中国传统生态智慧孕育出丰沛的渔业生态伦理感悟。我国渔业治理史就是一部鱼类资源养护史，涉渔管理体制中流淌着可持续渔业的"气质"和"禀赋"[90]。先秦时期，渔业活动被认可为一项重要社会民生，在国民经济中占有较高地位。新石器时代末，世界最早的渔业管理机构"虞"在中华大地上创立。据《史记》记载，距今4 000多年前，黄帝就有"教民江湖陂泽山林原隰皆收采，禁捕以时，用之有节，令得其利"的说法。夏商时期，禹首创我国环保法规雏形，立下"夏三月，川泽不入网罟，以成鱼鳖之长"的规定。到了周代，生态养护机制逐渐完备，在官府中设有川衡一职专管河流沼泽及其中水生资源的利用和养护，并推出极为严格的环保法案《伐崇令》，不按规定动"六畜"者"死无赦"；周文王秉持"不骛泽不行害"的原则，施行多项涉渔管理措施，诏令天下人遵循时序开展渔业活动，以保病残贫弱群体福祉，利今世后代民生。春秋战国时期设立禁渔期，建立了庞大的渔政体系；春秋名将范蠡认为："夫治生之法有五，水畜第一。水畜，所谓鱼池也"，其所著的《养鱼经》详细记载了池塘养鱼的技术细节，一度被百姓视作致富之道，足见当时古人对渔业活动的重视。

秦代以后"重农抑商"的历朝历代，渔业经济地位虽有所下降，但仍不乏有关渔业资源养护的政法文书，以及各有特色的保育方式。秦汉时期，渔政大权由九卿之一的"少府"职掌，此后封建王朝的渔业事务均由工部的虞官管辖；在《秦律·田律》和《汉书·货殖传》等诸多律令或诏令中都列出了遵照季节变化和自然资源生长规律进行采捕的具体规定，明确鱼类最小可捕体长标准（体长须超过 1 尺，合 0.232 米），要求对生态系统加以敬畏并施以"孝道"。除时禁政策外，魏晋南北朝还倡导保障动物福利，《北史·魏本纪》中载有禁止"屠杀含孕"动物的诏文。唐代在京畿道（今陕西省附近）设立自然保护区，禁止在农历三月一日至五月十三日期间在畿内渔猎。宋代政府吸收了程朱理学"参天地、赞化育、致和谐"的中庸道法，在颁布多项环保敕令的同时，设立鱼鳖放生池。元朝规定"近水之家许凿池养鱼"，其做法类似于当今针对养殖户的许可证管理制度。明清时期海禁政策在客观上为海洋渔业资源提供了休养生息的机遇，并支持近水家庭发展池塘养殖以改善民生。随着渔业养护管理体系逐步完善，"时禁""节制""虔敬"等关键词成为中国渔业传统生态智慧的标签。

**2. 古代渔业伦理指导下的生态实践**

中国古代渔业采取促进"天人和谐相通"的治理思路，在决策排序中将人与自然合二为一的整体性价值置于人类个体欲望之上。先民们认识到了良好生态系统在渔业生产活动和精神需求中所扮演的关键角色。从水岸居民对渔业自然的图腾崇拜，到涉渔信仰、传说、音乐、诗歌、绘画等宗教和艺术形式，处处体现着敬畏生命、敬畏自然的生态觉悟。《山海经》《淮南子》中形形色色的怪鱼神兽、半坡彩陶盆上的人面鱼纹、寓意吉祥的鱼化龙、新石器南方部落的蛙图腾、苗族的龟图腾、傣族的水图腾等，都是我国较为典型的图腾文化。在道法自然的感悟中，古代艺术家们以祖国大好河山为背景，创作出以渔业活动场景为点缀的渔趣山水画。十大传世名画中的《富春山居图》和《清明上河图》中都有涉渔况景，民间关于生产性养捕、休闲性垂钓的画作更是形式多样、不一而足，反映出古人依自然节律安排与鱼类互动的状况。除此之外，"独钓寒江雪"的名句、《渔舟唱晚》的名曲、"年年有鱼"的美好祈盼等文艺形式在民间广泛流传。这种爱鱼、尊鱼、敬鱼的民俗和文化深刻地影响着我国的生态实践，具体实践例子如下。

（1）关怀鱼类福利。受到儒释道三教的浸润，中华民族的传统基因中注入了"好生护生"的秉性。南朝《忏悔礼佛文》道："天覆地养，水产陆生，咸降慈悲，悉蒙平等"，这种众生平等思想和珍爱自然、保护苍生的净念教化百姓对万物心存怜悯，不食荤、勿杀生。"勿临水而毒鱼虾"告诫人们不得毒害水生动物，减少对生态群落的干扰；"放生方可延生，无力放生，先戒杀"劝导人们放下捕捉和杀戮。为进一步关怀鱼类福利，政府与民间宗教场所设立放生池，鼓励民间开展放生活动。唐肃宗下诏在多地修建禁捕鱼虾的放生池，颜真卿为此还专门题写了《天下放生池碑铭》；宋真宗严禁民众在淮水方圆五里内捕鱼。社会各界人士一般选择在结夏或岁末举行大规模放生会，将捕捉或购买的泥鳅、乌龟、鱼虾放归天然河湖。我国藏族中还广泛流传着敬鱼文化，遂有忌食泥鳅鱼蛙的传统。信仰的力量在无形中促进了鱼的康乐。

古代对鱼类福利的关怀不仅体现在代内照顾之中，还体现在代际呵护之中。中国文化偏重整体性，重视香火延续和家族长远发展，抱有替祖先供养优质后代的朴素愿望，想要尽可能地给后代创造优质的生存环境。这种人伦维度的代际传承思想，也渗透至对不同世代环境资源的维护。捕捞业是传统渔业的主要形式，古人很早就提出了促进可持续捕捞的代际伦理。《吕氏春秋·义赏》有言："竭泽而渔，岂不获得？而来年无鱼"，这与《淮南子·主术训》"不涸泽而渔，不焚林而猎"的思想不谋而合，《礼记注疏·月令》中也表达了"毋竭川泽，毋漉陂池"。为确保年年有鱼、代代有鱼，朝廷和官府对捕捞网具的选择性、捕捞方式的破坏性、最小可捕规格、禁捕地区和时节、放生活动等可持续渔业指标有明文规定，若有"犯禁者"过度捕捞或置水生生命的康乐于不顾，则会受到掌巡者的"诛罚"，严重者甚至被处以极刑。史料中虽未直接提到代际伦理和鱼类福利这样的词汇，但这些质朴而原始的文字中却蕴藏着将天人合一精神世代相传的重要思想价值。

（2）师法自然的大系统思想。我国是传统农业大国，在悠久的历史长河中同自然发展出紧密的物理和情感联结。在天人合一的整体逻辑引领下，农民们在生产中祈求风调雨顺，注重顺应天时，遵循"老天爷"的"指命"和节律。正如《道德经》："人法地，地法天，天法道，道法自然"，宇宙万事万物演变遵循"自然而然"的天道，事物发展的过程环环相扣、不断循环往复，令整个系统维持稳定和谐之态；故黎民应"辅万物之自然"，而"不敢为"，即不得与万物为敌、违背自然规律。

师法自然的传统思维在水产养殖业中得到了亮眼的应用。从古至今，我国水产业的很多生产模式和技术都领先于当时的世界水平，在全球业界留下深刻烙印。中国是最早发展池塘养鱼的国家，目前有据可考的起源时间可追溯至公元前2000—前1000年，养鱼实践在近4 000年的历史中不曾间断。等到具备稳定农经条件后，定居人口开始以水为田、耕水牧鱼，养鱼行为也逐渐得到君王重视。《诗经·大雅·灵台》记录了周文王视察灵沼时"于牣鱼跃"的盛况,灵沼为人工挖掘之池,池水中有专门放养的游鱼;根据同一时期的《礼记·丧大记》,有一种只有士大夫以上官职才能启用的"鱼跃拂池"下葬仪式,即在殡车和棺椁上分别挂上鱼形和水池形装饰物,营造出一种鱼跃池上的景象。

范蠡《养鱼经》被认为是世界第一本养鱼学专著,虽然书中带有一些形而上学的色彩,但其中池塘结构设计、鲤鱼繁殖方法、鱼苗培育等方面的细致描述,对现代水产养殖也有诸多借鉴意义。范蠡向齐威王传授收获大量水产品的经验:品种上选取易养多产的鲤鱼;采用生态方法挖建鱼池,池底用湖沟港汊的肥沃淤泥铺垫,池内用土墩隔离浅水区和深水区,分别作亲鱼产卵、幼鱼发育和成年鱼避暑越冬之用;当鲤鱼生长到一定阶段(4个月、6个月和8个月),往水中放入一定数量的龟鳖,以发挥鱼鳖混养的生态效益,"内鳖则鱼不复去"。

从区域看,汉代开始在湖泊内培育鲤鱼和鲈鱼,宋代则将池鱼技术和苗种推广至浙江、福建等省份,这两个时期我国水产养殖的面积和地区得到极大拓展;明代因营造三江闸等水利工程,利用水位差变小的河道发展起河道养鱼。从种类看,唐代将鱼种扩展至"青草鲢鳙"四大家鱼,明清喜养鲻鱼、鲫鱼、鳇鱼、鳊鱼等鱼种。除为"饭稻羹鱼"的劳动人民改善膳食结构外,培养闲情逸致、寄托自然情怀的观赏鱼养殖也在古人中间颇为流行,特别是被称作"风水鱼"的金鱼。

"穿池而养给""水积而鱼聚",古人很早就启用因地制宜的适应性管理,利用大自然的循环系统开展生态渔业。我国不仅开发出水产生物多品种混养模式,按照特定比例放养生活在不同水层的鱼苗;还出现了衔接水陆两域的人工种养系统。"稻鱼粗可足生理",自三国时期百姓就在水稻种植区域尝试养殖鱼虾蟹等水产品,以增进居民的生存福祉。明清时期我国桑基、果基、蔗基和畜基鱼塘基本发展成型。这种大农业智慧巧妙借助立体空间布局的设计,最大化地激发出生态潜能。太湖流域桑基鱼塘系统是多元复合立体农业的典范,其中以浙江湖州模式最具代表性。明代反映嘉湖地区农渔生产状况的《沈氏农书》详细记载了循环种养原理:"池蓄鱼,其肥土可上竹地,余可壅桑,鱼,岁终可以易米,蓄羊五六头,以为树桑之本。"桑树与池鱼互生互养,形成以太阳能(光合作用)→桑叶(生产者)→蚕(一级消费者)→鱼

（二级消费者）→微生物（分解者和还原者）→桑基为主的能量循环链条。

由上可见，我国传统生态伦理思想和实践遵循符合代际伦理和空间伦理的可持续渔业逻辑，与如今倡导的基于生态系统的管理思路不谋而合。"人与鱼共命，鱼与谷争秋"，华夏民族崇尚自然、敬畏生命，在关怀鱼类福利的同时，借自然之力发展复合生产。通过技术-社会-经济大系统中枢的共生调节，推进大农业及其各分支的永续发展。受资源破坏、人员流失等因素制约，一些传统农渔生态模式面临消失的窘境，我们应当重视对传统生态智慧的保护和传扬，让历史遗产发挥当代价值。

### （二）传统社会涉渔规范体系

捕捞、养殖、加工、出售等渔业活动的开展离不开特定的社会关系，这些社会行为肇始于由人口增长压力所带来的社会生存需求，又反过来服务社会福祉。在涉渔行为背后，存在着一种"共有知识"指导下的行动逻辑，行动者需要依照所处社会普遍承认的基本规范，对自身行为动机及过程进行合理化解释。渔区长久以来形成的文化传统、风俗习惯、礼法结构等规范性因素，构成了传统渔业社会的"合法秩序"。中国传统乡土社会文化里充斥着大量的道德及礼俗规范，这些伦理觉醒先于法律而发生，无论社会环境发生何种演变，它们始终在规范涉渔行为关系上扮演着重要角色。

#### 1. 群体意识和互助伦理

费孝通将中国乡土社会结构概括为一种以家庭宗法关系为纽带的"差序格局"。生活于熟人社会中的渔民相互照应、彼此约束，遵循远近亲疏、伦理智识和实践经验作出道德评判，形成乡规民约。作为中国农村的有机成分，渔村的兴起也是依赖当地自然资源。渔业社区将世代居住于此的人口聚合起来。正如农民对耕地的情感联结，江河湖海被渔民认知为一种另类的乡土形式，渔船或水产养殖承包区就是渔民的"土地"。然而，与根植于土地的传统"小农经济"不同，流动的水体赋予渔民更为开阔的群体合作意识，这种合作互助精神在海洋捕捞业中体现得尤为明显。

海洋渔村靠海而建，自然边界较为模糊，流动水域资源也无法被人为分割，不大可能出现像农业村庄之间那样因划分土地而引起的矛盾争斗。与之相反，水生资源的持续、高效获取在很大程度上仰仗于村民群体的团结协作。一方面，海上劳作的危险系数很高，渔船面临复杂海况和气候环境，随时都可能发生船舶碰撞、倾覆和火灾，以及渔具操作不当、不慎跌落海中等事故；漂泊无依的渔民还得对抗高强度体力劳动和无聊情绪。另一方面，协同作业增加了捕捞努力量，大大提升渔船的捕捞效率。因此，海洋渔民培养起一股非常强的合作意识，渔民家庭内部、各家庭之间，甚至社区之间都因互助精神而彼此关照。《捕鱼船》渔歌中生动描绘了舟山岱衢洋渔场渔汛时节的热闹生产场景，众渔船"一驶驶到洋鞍弄，老大叫弟兄，舱板快捋拢，号子打打脚蹬蹬，一网撒开就捕重"。充当舵手的船老大引领船员弟兄们齐唱起网号子，大家互相配合，使劲拉网，共待满载而归。

作为政令法规重要补充，中国传统渔家行规也在无形中约束着民间捕捞行为。以下是几项典型的出海"道德规范"。

（1）渔船出没风波里，父子兄弟不同舟。鉴于海上生产的高风险特点，为避免一个家庭中的男性劳动力全部罹难，渔家不允许男性成员一同出海，而是要求不同家庭男子协同劳作，确保家里有作为顶梁柱的男丁延续香火。那些留在岸上的男性通常会协助其他渔业事务和家庭劳动，企盼出海的家人满载而归。

（2）船下大家好说话，上船服从船老大。在陆上，渔民之间的关系相对平等，可以自由交换意见；但到了渔船上，船长就是"国王"，唯有同舟共济，才能战胜风浪。出海捕鱼，所有船员都须无条件听命于船老大，只有在高度集中统一的权威秩序下，全员才能同心同德，步调一致，最大程度地提高生存概率。若有不服命令者，那么他日后将很难再获得渔民群体的信任和支持。这种心往一处想、劲往一处使的信任系统是一种典型的伦理系统，依靠道德规训而非明确法律条文来施加管理压力，保障出海秩序。

（3）陆上向来不相识，海上救其于危难。海况变幻莫测，谁都没法保证一帆风顺。中国文化讲究仁义，如果路过的渔船发现海中有发出求助信号的遇险者，即使素昧平生，甚至是"敌人"，在不危及自身安全的情况下，也应出于道义全力施救，事后不向其收取答谢费用。中国渔民千年以来所秉承的拯救生命的观念，同现代《联合国海洋法公约》的规定如出一辙。

公约第 98 条对航船"救助的义务"作出如下规定：每个国家应责成悬挂该国旗帜航行的船舶的船长，在不严重危及其船舶、船员或乘客的情况下，（a）救助在海上遇到的任何有生命危险的人；（b）如果得悉有遇难者需要救助的情形，在可以合理地期待其采取救助行动时，尽速前往拯救；（c）在碰撞后，对另一船舶、其船员和乘客给予救助，并在可能情况下，将自己船舶的名称、船籍港和将停泊的最近港口通知另一船舶。每个沿海国应促进有关海上和上空安全的足敷应用和有效的搜寻和救助服务的建立、经营和维持，并应在情况需要时为此目的通过相互的区域性安排与邻国合作。

（4）发海之日当巡视，捞拣浮水归原位。中国传统义化蕴含着完璧归赵、物归原主、因果轮回等思想。每当狂风巨浪席卷后，如发现渔船事故，渔民们便用挠钩或网篙等工具将遭遇海难船只的残骸、遗物，以及遇难者的遗体打捞上岸。这些漂流的尸体和物品在民间又被称作"浮水"。渔民会尽力找寻死难者的亲属，并将其遗体做好标记，就地掩埋，以方便亲属辨认，使他们能够入土为安。渔船上的遗物若能识别（渔船、渔网等生产工具上一般会有编号），就交给利害关系人，否则就交予海保机构。

（5）潜水作业靠把绳，命悬一线郎舅疼。潜水捕捞是危险系数最高的作业形式，过去潜水没有电子通信工具，只能靠手腕系上细绳的潜水员通过约定信号同甲板上的把绳员沟通联络，再将讯息传递给打气员和摇橹员。把绳人相当于生命媒介，其人选须经过潜水者本人和船老大的认可。由于父兄伦理关系有潜在家族矛盾冲突，可能存在加害风险，而甥舅或郎舅关系不是血亲关系，还附带着彼此关照自家亲姐妹幸福的道义责任，因此他们才是最佳甚至唯一的把绳人选。这是中国式家族伦理智慧应用至渔业的生动案例。

（6）未雨绸缪不离圈，安全防护设时限。捕捞仍旧是全球最高危的职业之一，在2000—2017年期间，从业人数从2 700万增至4 000万，但保守估计，捕捞渔民死亡人数上升到每年的3.2万人以上，还不包括受伤与受困渔民的数量，这些伤亡给社区和家庭带来巨大影响。今日尚且如此，更何况在海上安全保障不足的旧时社会。中国传统渔民具有防患于未然的集体安全意识，船员们形成了"出海不离圈、捕捞设时限"的习惯。为安全起见，知晓大海汹涌之力的渔民从不轻易涉足陌生海域，即使技术再高超的船老大也是如此。他们单次捕捞作业不超四小时，在登船时备足锅灶和干粮，但不在船上烧饭，从自保角度做好万全准备；天气预报应用前，为防潮水侵蚀，众人每日合力将渔船抬上岸。

中国式社区和家庭给予渔民无限的精神慰藉，不管再苦再难，只要归乡看到父兄、妻儿与熟悉的乡亲，一切恐惧与劳累就烟消云散。渔人们很少离家远行，在家庭羁绊、同行压力、乡规民法的伦理约束下，他们互帮互助、抱团前行，尽力保全自我和他人生命，共同抵御大海之力。

**2. 分配正义与矫正正义**（参与模式的组织规范化）

人是社区的一部分，如果社区会给生活在其中的人们提供讨论问题和提出解决方案的机遇，那么他们就有最大潜力解决竞争性公共资源的分配困境。中国渔民拥有较强的集体观念，为保障集体作业效率和自身权益，渔民们自发形成各类渔业团体，这些组织在渔政机构的指导和扶持下，产生了一定的伦理凝聚效应。

自唐代起，随着经济大发展和生产技术迅速提高，渔业逐渐从农业当中分离出来，大量邻水家庭户登记为专业渔民。为方便政府监管和征税，宋朝江南渔民以家族为单元或依附于豪户聚合成民间渔业团体；元、明时期，各渔村渔船遵照罟棚制度编组为棚；清代设艚长、建渔团，按渔船大小征收税捐，渔民的角色开始有了等级之分。清朝中后期，以同乡关系为基础的"渔帮"在江浙沿海地区发展起来。作为同乡会的变体，渔帮构成一种维护地区内有限环境份额的共生模式，帮与帮之间对彼此传统作业水域有不成文的划分，互不侵犯。

渔帮等级制度分明，帮会头目唤作"总柱"，不少总柱具有官方背景，下辖各散柱，二者指挥普通渔民，无须亲自参与生产[190]。渔帮根据渔户状况和环境最适技术来划分捕捞和养殖片区，各成员按照规范有序开展生产。20世纪20年代初的一份水产调查报告记录显示，舟山渔场依据不同渔具，明确了渔场相应的使用习惯，而且不能违反这些习惯。团体中如果有违反规定、破坏他人渔具或鱼塘者，一旦被其他渔民发现，将会面临形式各样的民间惩罚。根据《舟山风俗》记载，破坏或偷窃网具的违禁渔民若被抓住，就会被拴在敷渔网的桩上淹死；若坦白对某位渔民亲属的冒犯，宗族长辈会召开集会讨论适当处罚方案，甚至作出鞭刑、死刑等决定。对于逃脱的违禁者，帮会就制作一个稻草人，将其吊在受罚地点鞭打，随后扔进厕所。地方长老会出面调解渔民之间的冲突，向冒犯方收取戏曲表演费用作为罚金，以区分善恶是非。上述象征性或实质性的处罚体现了社区伦理评价的积极震慑作用[191]。

在习俗的约束下，地区渔业合作规模不断壮大，成员内部出现生产、加工和销售的分工，浙江地区渔业组织从初级形态过渡到高级形态——渔业公所。同渔帮相比，公所的规模更大，与官府的联系更紧密，承担的任务更繁重。为保障与官府的顺畅沟通，其董事和总柱皆选取文化程度较高的读书人担任；公所还须对渔业生产事故承担连带责任。光绪年间，海防形势十分严峻。因此在中法战争后，作为政府部门与行帮组织混合体的"渔团"兴起，渔业领袖的力量得到政府重视。渔团在保卫海疆方面发挥了重要作用，但政府参与边界的模糊性，税费征收和使用的不透明性，都限制了渔团制度的现代化发展。直到张謇筹办江浙渔业公司和渔会，上述伦理问题才得以改善。1929 年，中华民国国民政府推出《渔会法》，其中第 2 条规定"渔会为法人"，正式将渔会合法化。渔会增进了民国时期渔业社会的福祉，在政府和渔民（或商业化鱼行）之间架设起沟通桥梁，既方便政府管理渔民群体，又方便渔民向政府确保权益。自此，渔政机构同基层渔民组织的关系发生了新的裂变，渔业参与式制度初现雏形。随后成立的渔业合作社侧重于专业性经济合作，进一步推动了渔业互助组织的现代化、规范化发展。

我国传统渔业家庭和组织伦理规范构成了支撑前现代中国渔业社会价值体系、行动范式与制度安排的内核，并潜在积淀为现代渔民的价值观念和思维模式。群体本位意识和互助合作伦理整体形塑着当下渔业社会的义利观；从渔帮、渔业公所、渔团到渔会、渔业合作社的演化进程渗透着参与式的伦理逻辑。身处急剧转型期的当代中国渔业社会，如何将这些传统价值和范式调整、嵌入并整合到新时代渔业群己关系的建构中，消解其合法化危机，成为一项极具中国特色的渔业价值工程。

## 二、中国现代渔业问题的伦理之维

在中国现代渔业治理中，"三农"问题一直是关系国计民生的根本性问题，是全党工作的重中之重。除了陆地属性的狭义农业、农村、农民议题外，水产属性的渔业、渔村、渔民也是大农业的关键命题。随着中国从重陆轻海的近代社会迈向陆海统筹的新时代，"三渔"问题逐步得到治理者的重视。一定程度上，水体中的渔业资源比陆地上的农业资源更加脆弱、更易崩溃，处于转型发展洪流中的渔民遭遇着比农民更为严酷的现实，而渔业渔村面临的改革压力也比农业农村更为突出。中国的渔业发展困境同世界其他国家相比，既有共通性，也有特殊性。"三渔"问题的本质是渔业的过密化，渔民的过溺化，以及渔村的过疏化[192]。有效解决"三渔"问题是中国政府在渔业可持续发展方面所面临的伦理性挑战。

## （一）过密化的渔业

### 1. 捕捞业

中国地处适宜鱼类繁殖的温带和亚热带地区，水域面积辽阔、野生渔业种群繁多，拥有众多天然优良渔场和人力资源，其水产资源种类多样性、捕捞产量、捕捞渔船规模长期在全球均居于首位。小规模渔民和商业渔企的渔捞足迹遍布淡水、近海和远洋等各类水域。海洋捕捞占据核心地位。2023年国内海洋捕捞产量为 957.49 万吨，占总产量的 89.12%，其余 10.88% 为淡水捕捞产量，远洋渔获量达 232.23 万吨。

新中国成立以来，我国捕捞业先后经历了初步发展（1950—1957 年）、波动发展（1958—1978 年，渔业产量受到"文化大革命"等政治运动的冲击而出现波动）、稳定发展（1979—1985 年）、快速发展（1986—2014 年，1985 年 3 月，国务院发出了《关于放宽政策、加速发展水产业的指示》，此后不断有扶持政策出台，加速了捕捞和水产养殖业的大发展）等阶段，并努力朝着绿色发展（2015 年至今，联合国制定 SDGs，党的十八大首次提出绿色发展等）迈进。

在探索捕捞潜能的过程中，从业者采取各种升级手段不断扩大产能，致使生境和野生渔业资源不堪重负，优质渔获量占比降至 30%，特定种群甚至濒临灭绝。同 1980 年以前相比，渔捞品种有从高经济价值向低经济价值转移的趋势，一些主要经济渔获物出现小型化、低龄化、首次性成熟提前等现象。

造成捕捞业危机局面主要归因于持续过度投入捕捞努力量、使用破坏性渔具渔法、水域污染等因素。我国机动渔船总功率在 1986—2006 的短短10 年间增幅超过 100%。捕捞中曾大量采用流刺网、双船单片多囊拖网、导陷或拦截插网、地笼网等低选择性、高破坏性的渔具，其中拖网与定置网所获海洋渔产约占总产量的 2/3。不少渔民在江河中以毒鱼、电鱼、炸鱼等污染行为换取短期高额收益。全国 1 200 条河道有 850 多条已遭各类污染，2 400 千米江段鱼虾绝迹，鄱阳湖、太湖等大型湖泊的富营养化程度一度十分严重。近岸填海、港口、造船、冶金、炼化等重化工程项目乱象环生，沿海传统四大渔场已基本无法形成渔汛，远洋渔业发展还受到资源和国际局势的制约。空荡荡的海河仿佛是自然对人类无声的道德谴责，这是我国短视型开发模式所付出的环境代价。

面对不符合生态伦理的捕捞作业格局，我国逐步实施双控、双转、伏季休渔、增殖放流、河长制、渔政亮剑等系列涉渔环保政策，以调整产业结构、压减捕捞能力、养护可捕资源、打击违法捕捞。但在落实中，又遭遇了执行层面的伦理两难：不保护，坏环境，太保护，小经济；不禁捕，必衰退，设禁捕，也衰退。鱼虾生长的速度再快，放流鱼群的体量再大，似乎也赶不上不断加快的行船速度和不断增长的船队数量。有时甚至出现"越禁捕、越衰退"的怪象。例如，在 2020 年渤海 4 个月休渔期结束后，开海时节津冀鲁辽沿岸海域"万船齐发"，40 米长、配备 1 000 马力 * 和 80 张大渔网的铁船竞相追逐，在短短 30 天内就侵蚀了禁渔成果。在双转和养护政策的约束下，一些渔船选择不登记、不退捕，绕过法律开展地下捕捞活动，给监管和执法造成障碍。

中国现代捕捞业的转型发展要求现代治理者具备权衡利害、负重致远的伦理体认，寻求捕捞活动强度与渔业资源可持续生长的最佳平衡点。

**2. 水产养殖业**

受独特地理气候条件、饮食文化偏好等因素的影响，中国是世界上最早"以水为田"发展池鱼养殖的国家，也是连续 30 多年水产品产量位居全球第一的国家，还是目前唯一一个水产养殖占比大幅度超过捕捞业的国家。从古至今，我国都在水产养殖领域占据重要地位。

自 1985 年"以养为主，养捕并举"方针出台后，水产养殖迎来了高速发展的黄金时期。2018 年，全国养殖水产品总产量首超 5 000 万吨，这一数字在 2023 年达到 5 890.61 万吨，海水和淡水养殖发展较为均衡，产量分别为 2 395.60 万吨和 3 414.01 万吨。按养殖品种产值高低排序，依次为鱼类、贝类、甲壳类、藻类和其他，其中淡水养殖的主要对象为鱼类（2 771.59 万吨，占鱼类总产量的 93.09%），而海水养殖的主角是贝类（1 646.06 万吨，占贝类总产量的 98.81%）。然而，在向水要鱼的进程中，也出现了诸如养殖方式污染、养殖结构单一、外来物种侵蚀、水产品安全等各类伦理问题。

从生产方法上看，中国多样化的水产养殖方式带来了多元挑战。我国在水库、湖泊、滩涂和浅海等开阔水域大致采取半饲养、半放养的粗养模式，利用天然饵料培育人工苗种；在池塘、网箱和稻田等较小水体中多使用投

---

　* 马力为非法定计量单位。1 马力＝0.735 千瓦。

饵、施肥、用药的精养模式,或工业化程度更高的高密度精养模式。粗养方式与外部生态形成最深入的互动关系,若人工投放的鱼种搭配不合理,就会损害生活于不同水层的鱼类乃至整个生态链的福祉。由于建设发电设施或农业灌溉,水库水位下降,鱼类正常生活空间会被显著压缩,而污染物浓度升高又会抬高水库的水位状态。针对优质品种的组合筛选,以及对水体环境的科学调控,是目前在开阔水域养殖的中国养殖户们面临的主要难题。精养模式虽生产效率更高,但流水、控温、增氧、投饵与喂药等步骤都可能出现"过密化"问题。生物的健康生长需要一定面积的空间和一定长度的时间,过度工业化违背了自然发育的空间和时间伦理。一些养殖户因降低成本、知识技术欠缺等原因,向水中投喂大量劣质霉变饲料或无法合理控制投喂量,致使鱼体发生病变、残饵腐败水质。

从生产对象上看,目前我国水产养殖结构仍然存在较为显著的趋同性与单调性。养殖业多呈小规模、分散化状态。养殖户在选择养殖品种时,受市场环境影响较大,容易采取盲目跟风策略,别人养什么我就养什么,什么品种赚钱我就养什么,造成主要产区结构性、聚集性的产品过剩和价格下跌。村民在养殖技术不过关的情况下,跟风杀入爆款品类市场,采用粗放式管理,养殖成品质量不高,大量产品无法被市场消化,损失惨重。近年来,草鱼、鲢鱼、鳙鱼、鲤鱼、鲫鱼等淡水鱼种和克氏原螯虾的产量(吨)在百万级以上,远超其他淡水品种。海水养殖产量破百万吨的品种包括牡蛎、蛤、扇贝、南美白对虾、海带等。整体看来,水产品种类较为单一,近30年水产新品种名录集中在传统大型品种的改良,缺乏对新优品种的选育,名特优苗种比例依然较小。若养殖技术和市场信息继续滞后,主要矛盾没被化解,那么即便尝试调整品种结构,结果也是"从旧的趋同走向新的趋同",是一种"恶"转变为另一种"恶"。此外,育种时常出现逆向选择、近亲交配、品种混杂等违背自然规律和生物生长伦理的操作,给鱼(种质退化)和吃鱼的人(健康风险)都带来了福祉损失。

从水产品质量上看,我国水产养殖的环保性和安全性问题都有待解决。由于过分注重经济效益,养殖户偏重生产食物链高端的经济鱼种,加大了能源消耗和饲料压力,加重了生态负担。在每年约4 000万吨的饲料总需求中,3 000万吨左右都是无加工的原料形式,还有400万~500万吨野杂鱼饲料,高营养价值的饲料缺口较大。用药问题也是养殖中普遍存在的突出问题：水产养殖病害频发，养殖户长期使用激素、抗生素、添加剂等化学鱼药，不精准按照时间和用量，安排粗放投药，极易造成产品和水体中药物残留超标，水产品质量下降。另外，我国普通和深水网箱养殖规模庞大，鱼类一旦从人工网箱中逃逸，就可能产生较大的外来鱼种入侵风险，2016年因泄洪管理不善导致的长江流域鲟鱼逃逸事件就是一个典例。目前，我国暂未形成一套清晰的养殖水产品质量安全评估标准，未经国际认可的"不安全"产品在出口贸易上处于劣势地位。

水产业不仅在生产结构、选种、培育、用药、看护等方面存在生态审美壁垒，国人在水产品消费方面的生态审美追求还停留在风味和口感上，较少涉及鱼肉营养价值（如 $\Omega-3$ 和 $\omega-3$ 不饱和脂肪酸）。因此，发展充满道德温度的养殖业，还应注重绿色消费习惯的培养。

**3. 水产品加工与销售**

经过20多年的发展，中国水产品加工业已初步形成包括食用类保鲜品、冷冻品、腌腊制品、罐头食品、干制品、调味品、休闲零食、保健食品，以及非食用类鱼粉、鱼油、鱼糜制品、海洋医药、海藻化工制剂、皮革制品、美妆产品和工艺品在内的现代化水产品加工体系。虽然水产品加工业已在量和质上都有了长足进步，但由于科技底子薄、面向品种少、生产精度低、综合利用弱、装备设施缺、标准体系乏等因素，同美国、日本、加拿大和秘鲁等国家相比仍存不足。

2023年，我国水产加工品总量2 199.46万吨，占水产品总产量的28.50%。在加工方式中，冷冻品、鱼糜制品及干腌制品加工量分别占加工总量的71.56%和13.02%，粗加工产品、半成品居多，诸如海洋医药、化妆品等需要精细加工和技术含量的高档品类少。我国保留下来的传统加工多为家庭小作坊式，只能进行小规模的初级加工，机械化程度低，水产品利用水平不高，自然无法带来高附加值。另外，现代渔业资源和水域的紧张状况又给加工业获取原材料造成压力。一部分因资源养护政策而退捕的渔民转至水产品加工厂，但他们在制造技艺和科学素养方面缺乏训练，离其真正掌握现代化生产的知识和技术尚有一定差距。

由于区域发展不平衡，我国水产加工研发机构和企业呈现明显的空间集聚效应，山东、福建、浙江、江苏、广东、辽宁、湖北、上海等省市加工产量产值占全国九成，仅山东、福建两省的加工产值就接近总产值的一半之多。根据最新数据计算，山东省单位水产品加工产值是青海省的 26 倍，可见青海湖丰富的水产资源并未得到高效的利用。导致区域差异的主要原因是机械化、智能化水平的差异。但即使加工业发达的地区，大宗水产品综合加工技术也还存在较大提升空间。高值水产品精细加工、工厂废弃物高值化加工、鱼体机械化切割技术（如去头、去鳞、去内脏的"三去"设备开发）、保鲜技术装备、冷杀菌工程技术、渔机装备化水平、物流信息化程度等与先进国家仍存在不小差距。占渔业总产量 49.3% 的淡水产品加工比例仅为18.2%，远低于 75% 的国际水产品加工比例。目前中国包括水产品加工在内的农产品加工业，整体上对 HACCP、SSOP、GMP 等质量安全管控标准及体系认知不足，全环节的安全品控、检验监测、质量认证等建设相对滞后，仅在部分大型企业和出口型企业中得到施行。这反映出我国水产品整体缺乏价格优势和国际竞争力。

从消费端看，国内水产品质量参差不齐，国人对驰名水产品牌的追捧在一定程度上助长了不道德的虚假养殖和销售行为。例如不法商家利用水产品信息不对称、消费者缺乏鉴别能力等特点，以在其他水域养殖的普通大闸蟹冒充阳澄湖大闸蟹，或售卖仅放入阳澄湖泡一泡就捞起来的"洗澡蟹"。近几年来，打着"阳澄湖大闸蟹"旗号的总蟹品年营销额为 300 亿元左右，是真实产值规模的 100 倍。因为消费需求旺盛，生产防伪锁扣也成为一项有利可图的产业，一些传统大闸蟹养殖户本末倒置，转向制造锁扣以赚取更高利润，甚至推出所谓的造假一条龙服务，其所谓的高端锁扣信息让消费者拨打验证电话或上网查证也难辨真伪。防伪溯源系统本意是提升水产品生产、加工和销售的透明度和安全性，如果连防伪标志都为伪造品，那么消费者怎么确保自己能自由、公平地获取水产品福利？

由此可见，目前我国水产品加工行业中存在未能充分让水产品发挥最佳价值，以及未能通过正当手段让水产品发挥应有价值等问题。我国水产行业的现代化进程需要加强水产品生产者的能力建设和伦理教育，建设并完善水产品可追溯体系，加大监管打击力度，提升消费者的鉴别水平。

**4. 珍稀野生水生动植物保护**

"鱼比水多"曾是人类对海洋野生动物资源之丰富程度的礼赞，但从陆地拓展至海洋的近现代工业几近掏空了水域中一座又一座天然的生态富矿。北极的斯特拉大海牛、加勒比海的海龟、里海的欧洲鳇、北太平洋的海獭、中国长江的中华鲟和白暨豚等水生动物，均是在人类无休止地杀戮、贸易和开发建设活动中数量急剧减少，因而处于严重濒危甚至灭绝的状态。这种不道德的行为，让许多本来能够向人类输出多元价值的渔业资源，沦为在死亡线上挣扎的脆弱种群。只有得到有效保护的生命资源才能被转化为可持续意义上的有效资源。因此，针对濒危、珍稀水生动植物的保育伦理规范应当超越针对其他类别渔业资源的养护标准，遵循最严格的道德要求。

珍稀海洋生命的丧钟也是生态危机的警钟，催生出现代人类对野生水生动植物的保护意识和随后方兴未艾的保护运动。捕鲸业被认为是第一个全球性产业，1946 年问世的《国际捕鲸管制公约》开创了现代海洋动物全球保护公约的先河。20 世纪 70—90 年代涌现出大批水生动植物保护文书，涵盖栖息地、物种和贸易等方面的内容，将生态伦理的法律化进程推向高潮，较为知名的包括《国际重要湿地特别是水禽栖息地公约》（RAMSAR）、《濒危野生动植物种国际贸易公约》（CITES）、《保护野生动物迁徙物种公约》（CMS）、《南极海洋生物资源养护公约》（CCAMLR）和《生物多样性公约》（CBD）等。中国目前已批准加入除 CMS 外的上述所有公约，并积极为加入CMS 作各项筹备工作，在国内也出台《野生动物保护法》专门对珍稀、濒危水生野生动物实施管理。

中国有水生野生动物近 2 万种，包含 1.62 万种海洋动物和 0.33 万种淡水动物，鱼类品种达 4 000 余种，占世界鱼类总品种的 10% 左右，野生水生植物 600 余种，其中也不乏具备较高经济、文化、科研等价值的名贵物种，在全球水生物种多样性中占据重要地位。新中国成立以来，本土破坏性"大开发"和生态保育伦理和经验的缺乏，一度致使特定珍稀水生资源濒临灭绝。

近几十年来，中国大力发展水利工程，目前已建成河流水库 9.8 万座，各类水电站约 4.7 万座，水电总装机容量达 3.91 亿千瓦，在主要流域均设有多座梯级水电站。举世瞩目的建设速度在带来水调、发电等显著经济"善"的同时，也给水生动植物的生境带来巨大的"恶"果。在前期工程的建设中，较少考虑科学环评和过鱼设施；爆破、打桩等操作产生水下噪声震动，导致难以适应洄游通道改变和噪声污染的鱼类无法完成生活史。根据《中国濒危动物红皮书·鱼类卷》记录，92 种濒危鱼类中 4 种已绝迹，造成其中 3 种灭绝的原因为直接筑坝，24 种水利工程被列入"致危因素及现状"条目，占比 27.9%。不仅像长江三峡、葛洲坝这样的大型梯级水电站会损害鱼类福利，星罗棋布的小型引水式水电站也会因截断上游河水而使下游鱼类缺水死亡。这种情况在水利工程规模居世界之首的中国应当得到足够重视。

在"大开发"的号角下，2018年全国工业废水排放量达到历年顶峰——378亿吨，同年城镇生活污水排放量约为589吨，排污总量的高值多见于经济发达的沿海区域，诸如浙江省、江苏省、山东省、广东省、上海市这样的省市恰恰是渔业经济最为发达的地带。大量未能完全处理的污水及废水"入侵"了渔业资源所栖息的江河湖海，一边是鱼类被化学物质"毒"死或因缺氧被"闷"死，一边是水葫芦等植物因为富营养化而野蛮生长。未经严格评估和管理盲目引种的入侵行为，也使我国水生生态安全遭到巨大挑战。由于长期过度捕捞，长江鲥鱼、江豚、中华鲟、白鱀豚、大鲵等特有物种已濒临灭绝；东海已很难捕到野生大黄鱼；在白鱀豚被认定功能性灭绝13年后的2020年初，我国特有的长江白鲟被正式宣告灭绝。在过去很长一段时间内，国人生活质量的提升以水生动植物生活质量的下降作为代价。

尽管我国已逐步建立起关怀水生生命的意识和行动框架，成为众多国际水生动植物保护相关组织的成员，但在治理水平提升尚未赶上经济发展变化速度的情况下，也走了不少的弯路，面临着不小的挑战：想着手开展保护，但保育意识仅停留在模糊的口号层面；保育思想提升了，但立法环节因多头管理、责任不明等因素而受阻；立法出台了，但管理环节因精细化程度不够而难以统一行动；标准一致了，但监督和执法力量又面临短缺。

濒危野生水生动植物保护行动是一场与时间的赛跑，不应仅出现在海洋馆和明星的公益宣传广告之中，不应仅存在于空洞干瘪口号之中，而应走进渔业利益相关方当中，真正走入渔民群体的心中，利用参与式力量消解立法和执法困境。如何"在渔民中开展精细化保护"是我国现代渔业治理者面临的重要课题。

## （二）渔村和渔民问题

### 1. 过疏化的渔村

作为我国大农业治理的基本行政单元，农渔村为广大农渔民提供了生产生活的空间和场域。中国的上万个大大小小的渔村中，居住着近2 000万渔业人口，约450万渔户。这些渔村依水而建、向水而生，逐渐培育出区别于陆源农村的独特社会结构、风土人情、宗教文化及民俗习惯。渔村伦理就像一只无形的手，时刻牵动着在此栖身的渔家人的神经，不断调整着本村渔民之间、本村渔民与外部人口之间的关系。

从地理类型上看，渔村主要分为内陆型渔村和海洋渔村：前者拥有的耕地面积更大，同农村的联系更为紧密，不少村民既是渔民，也是农民；后者绝大部分生存资源来自海洋，更具独立性，构成了我国渔村的主体部分。无论是河湖渔村还是沿海渔村，其发展皆根植于特定水域和水生生物资源，而这种建立在自然馈赠基础之上的发展模式，不可避免地会受到有限自然的约束。改革开放以来，随着社会生产力的迅速发展和社会需求的巨大释放，思想理念现代化与居住方式城镇化相适应，中国的城市和农村都步入了快速转型时期。传统渔村场域经历了资源衰退和制度变迁。在市场化洪流的席卷下，一些无法完成现代化转型的渔村出现了过疏化趋势。

"过疏"是与"过密"相对的人口性问题，也是涉及伦理的关系性问题。我国区域和城乡长期发展不平衡的现象导致大批农渔村人口向城镇流动，驻村人口数量减少，人口密度减小，性别、年龄比例失调，与之配套的医疗、教育等社区基础条件难以维持在原有水准，村民生产生活质量受损，致使农渔村整体福祉下降。一般来说，人口普查数据在 5 年内下降 10%、平均财力指数低于 0.4 的渔村就会被认为是过疏化区域。在交通不便的内陆偏远渔村，或纯靠水产资源生存的海岛渔村，人口流失引起的空心化、老龄化现象尤为严重。2018 年，一份关于舟山市普陀区海岛渔村的调研报告显示，黄兴岛户籍人口 1 099 人，常住人口 40 人，平均年龄 65 岁；葫芦岛户籍人口 1 855 人，常住人口 160 人，平均年龄 68 岁；大双山岛户籍人口 1 300 人，常住人口 100 人，平均年龄 68 岁；柴山岛户籍人口 1 112 人，常住人口 129 人，平均年龄 72 岁[193]。失落疏离的渔村与喧嚣集约的城市生活形成鲜明对比。以往在渔村中形成的差序格局、文化传承和伦理关系，因为青壮年村民的大量出走而发生脆断。

虽然乡村过疏化是城镇化程度发展到一定阶段的国家所普遍面临的现代性迷思，但中国广大渔村的过疏化及其治理问题也具有自身的独特性。

（1）人户分离，难以管理。为方便行政管理，我国将人口同土地、血缘绑定在一起，施行较为严格的户籍制度，公民（特别是农渔牧民）的居住和迁徙自由受到一定程度的限制。人户分离是空心渔村的典型表征，也是城乡二元结构为流入城市的渔民所设置的生活障碍。离开户籍地的渔民由于种种原因未将户口迁出。许多渔民在务工城镇买不起房、达不到落户资格或落户困难；部分已落户置业的渔民不愿迁户，要么是担心失去原有生产生活资料或集体经济分配权益，要么指望户口所在地摇身一变，成为商旅经济开发地带，从而获得补偿款。人户不一致的情形减损了村民的生产生活福祉、法定权责的公平享有和自由行使，影响了基层组织的公信力和治理能力。

（2）设施落后，文化滞后。人口过疏化的渔村难以吸引新公共产品供给，也并无财力修缮老旧基础设施，甚至陷入村容村貌越变越糟、人居环境越变越差、文化传承后继无人的窘境。为节约治理成本，提升服务效率，舟山在 10 年前就推出了"小岛迁、大岛建"政策，将一些几乎人去楼空的外岛小乡，撤并至新农渔村建设点，开展统筹管理。这一举措的确减轻了财政和人力负担，有利于资源的整合和发展，但客观上也导致了渔村空心化问题。那些主动或被迫留守原村的老弱病残岛民，需要面对更加孤苦无依的困顿；而迁入新伦理场域的渔民，可能遭到歧视，难以融入各种生活生产关系。现代社会的物理和心理边界稀释了儒家文化所强调的团结感，抱守传统伦理观的渔村是孤独的，迁入和迁出村落的渔民也是孤独的。实际上，舟山各偏远小岛村的搬迁问题，和国家"双转"政策所面临的挑战如出一辙。

海南莺歌海镇周边的数个原始或传统渔村所经历的失落命运是中国渔村近现代伦理性变迁的一个写照。20 世纪 30 年代，小镇的水产品贸易开始繁荣起来，莺歌海里的鱼可以从海口、湛江等地换回各类生活用品。新中国成立后渔村合作社蓬勃发展，生产队每户人家都能捕到大量海蛇、黄虾、石斑鱼、鲳鱼等经济价值较高的鱼种。村民们合作热情高涨，每年都有许多新的青壮年男性参与捕鱼，村里的妇女和儿童也被调动起来辅助生产，这种状况在 1990 年左右达到鼎盛。近年来，随着海洋资源的衰退和滩涂开发进程的加快，莺歌海镇一些村落当年建起的私家洋房、学校、卫生站、影院歌厅等设施被夷为平地，村里的劳动人口纷纷蜕去渔民身份外出务工，昔日渔村中的热闹关系成了一种乡愁记忆。

随之而来的，是传统渔村伦理系统和自治结构的裂变。一方面，渔村曾经依靠血缘维系的家庭宗族系统，以及依靠地缘维系的生态资源合作系统，正在逐渐被理性的现代话语秩序和社区运行逻辑所取代。"父为子纲""夫为妻纲""仁义礼智信"等儒家传统价值取向对渔村的规训力大大减弱，但老一辈渔民对水域的情感依恋却难以被现代生活场域所瓦解。这种软性约束深刻影响着他们的行动，并通过他们对子女的教化间接影响了下一代渔业群体。当捕鱼收益沦为家庭收入中微不足道一部分时，村中仍有部分渔民不离开海洋，甚至时常修缮早已不出海的渔船。而他们的子女会通过在外打工的部分收益，来孝敬固守海岸的父辈。渔村同渔业自然的关系呈现出从单纯的经济型依赖，转向单纯的情感型依赖的趋势。近年来，"渔二代"的市民和市场理性意识提高，部分驻村青年转战非渔产业，成为渔村中的一股新型劳动力。转产转业政策下渔村的关键要素经历了从单一性到多样性的蜕化。

另一方面，我国传统渔村自治结构在过疏化进程中受到了猛烈冲击。过去，以水为田的渔民抱有很强的集体生产意识，村民经常集体出海、集体承包鱼塘，以提高从水域中获取更大财富的胜算。渔业社群内，成员们共同遵守特定规则，效仿捕鱼能手和道德模范，而一小撮特立独行的渔民会受到群体的谴责，因为其行为会产生对群体的破坏力。长期以来，这种自治做法使渔村这个小型共同体保持了强劲的生命力和稳定性，渔业社群在"集体无意识"中自主开展生产与分配，上下融通，大大减轻了中央的治理负担。然而，现代环境和经济理性致使渔业人口大量脱离集体、出走他乡，千百年来已健全的涉渔道德、习惯、制度和人才难以为继。一些资源枯竭的渔村变成现代性废墟，却无法仅依靠急切自救在废墟上搭造出像样的建筑。脆弱渔村的衰败有其必然性，村落的重建和修复需要更大的伦理智慧。

有人（群居）的地方才有探讨伦理的意义，人口的数量多寡和素质高低也会生发出不同的伦理关系。渔村人口变动、政策和产业结构调整等现实带来了新的村民关系和自治结构，渔村过疏化的现实问题必然需要新型伦理价值作为支撑。

**2. 过溺化的渔民**

如前所述，一切伦理的最终落脚点都是处理人的关系。"三渔"问题中最根本的问题是渔民问题。渔民是最核心、最易受影响的渔业利益相关方，渔业、渔村的好与坏会最直接地增进或损害渔民的幸福状况。渔业福祉、自由、公平原则的提出也是为了解决以渔民为轴心的各类关系。作为更复杂的关系性存在，现代渔民主要面临粘连化、过溺化的困境。

"粘连化"意指劳动者在职业发展中对自身所处行业"过分沉溺"的路径依赖现象：由于长期从事某一传统细分职业，大多数从业人员的思维、习惯、知识和技能趋于固化，随着年龄增大，职业与收入的进步越来越受限，使得他们难以转型，主动或被迫滞留，造成劳动力的浪费。由于整体知识素质不高，渔民对现代渔业和渔村发展的深层矛盾认知不清，加之前期已投入大量资金购买渔船渔具等生产工具，许多渔民家庭仍旧对第一产业高度依赖。渔民与水域的粘连关系，不仅继续消耗着宝贵的生态福利，还影响了国家转产转业政策的推进。当前，我国渔民主要面临三大挑战：

（1）社会关系分化。渔民社会关系分化的主因是群体内部的经济分化。我国的渔民群体是跟随改革开放的脚步先行富裕起来的一个群体。生产关系的变革，以及鱼价由低走高、超越农副产品的趋势，让当时坐拥丰富渔业资源的渔民们最先品尝到了改革开放初期的红利。1979—1988 年，全国渔民人均纯收入从 93 元迅速增长至 1 517 元，超过同期城镇居民可支配收入。一些优良渔场的渔民甚至获得了高额回报，例如在 1988 年的舟山嵊泗县壁下岛，村民年均收入达到 7 700 多元，村里有 30 多家"万元户"。不少内陆偏远地区农民纷纷涌向浙江、山东、福建等沿海渔村打工，成为渔船上的一员。但受水产市场价格变动、野生资源衰退和国家政策调整等因素的影响，渔民收入在经历一轮高速增长后，呈现出下降→恢复增长→再次下降→再次恢复徘徊的波动发展态势。捕捞业在渔民家庭收入的占比有所下降，水产养殖和其他类别的收入占比上升。渔民群体内部出现明显的经济分化。20 世纪 90 年代兴起的渔业股份制合作，让少部分持股人成为原有集体中的"资本家"，其他大多数无股本的渔民则变成无生产资料的雇工。股东和渔民收入存在巨大鸿沟，这是渔业资本主义"异化"渔民身份关系的一种体现。船老大占据优势地位，借机两头牟取暴利，一边同船员签订霸王条款，一边私下收受涉渔回扣。渔企船队内部分配不公，为寻求出路，许多受到压迫的渔民选择自立门户，自己当船老大并招募船工，甚至不惜背负沉重债务。这种恶性竞争的风气不考虑资源的实际承载能力，渔民不退反进，渔船不减反增，极大阻碍了转产转业政策在渔区的顺利推行。

从伦理关系上看，群体中有人从平等者变成被压迫者，有人从被压迫者变成压迫者；在权益保障不充分的情况下，渔区改革发展的成果无法得到合理共享。家庭资金积累结构的差异也是引发收入差距的一个因素。当传统生活中的群体道德情感让位于资本和劳资纠纷所产生的暴力，原有伦理秩序下的自由和公平关系就会解体。

（2）渔权的人权化挑战。渔业权即渔业利益相关方开展涉渔生产经营活动应当取得的权利，是一种与渔业自然相关的环境权。渔业为渔民在生理意义上延续生命、在社会意义上生存发展提供了基本且必要的物质资料，渔业生产活动的权利属于渔民基本人权的范畴。将渔民视作平等的社会人，充分保障渔民的基本生存权和发展权，是我国作为社会主义国家的伦理性任务。

产权是渔业权的核心内容，直接影响水产资源的获取及分配。《中华人民共和国宪法》规定，所有自然资源都属国家所有，即全民所有。新中国成立后，农民先后拥有了集体土地所有权和土地承包经营权，农业耕地的权属相对清晰，农民凭借自有土地就可获得生存权保障。然而，在不同发展阶段，实现渔民人权的生产资料获取存在着不同形式的挑战。在推行"渔业单一所有制"相关政策以前，靠水吃饭的渔民一直处于较为尴尬的境遇。无地又无证的纯渔民一般在户籍上属于农业户口，既不能充分取得水地红利，又无法获得市民身份所附带的社会福利，还可能因无序捕捞引发的公地悲剧影响后代应当享有的基本人权。这一情况在养殖证、捕捞许可证等产权制度逐步实施后，得到了较大改善。随着水域资源吃紧，退捕减船政策出台，一些渔民失去生产资料和生产工具，又面临"下水无鱼，上岸无地；城镇谋职，又缺技艺"的窘境。失海渔民群体基本权益的兜底保障，更加需要国家层面的精细化安排与人性化关怀。此外，渔权也是一种海权，努力捍卫国家海洋权益也是为我国沿海和远洋渔民争取应有生存权与发展权的重要方式。

作为一个特殊主体，渔民家庭成员的涉渔权利同样属于伦理关照的对象，其中最为突出的，就是扮演主要劳动力的女性成员的权利。男主外、女主内是中国传统的家道伦理规训。过去渔业大家族中的经济大权由父系家长掌管和分配。受重男轻女观念影响，渔民大多轻视女性价值，认为她们会带来霉运，是不吉利的象征，因此不允许妇女登船出海。但在男人们捕鱼期间，所有家务农事、照顾老人小孩等活动，以及诸如织网补网、加工售卖鱼品等渔业辅助生产，均落在了这些妇女的肩上。她们承担着异常艰辛的劳动，却无法获得相应的经济和社会承认，产生了一些有违渔业公平的悖论：妇女吃饭不能上桌，自己做的东西自己不能享用；妇女制作网具，若不小心跨越亲手编织的渔网，还可能遭到丈夫的呵斥。渔家妇女主体性缺失，损害了她们使用生计资料、参与劳动分配、获得休息照料的基本权利。直到最近几年，舟山渔民仍然排斥女性访问者登船开展调研活动。在国家和社会的共同努力下，我国女性劳动者的赋能情况有所好转，但渔家妇女和男性家庭成员之间关系的调整，还需要走很长的一段路。

（3）治理中的伦理错位。伦理之为善论的原因，就在于它总是试图超越自我利益叙事，表达出对他（它）者的尊重和关怀。渔民转产转业政策将生态伦理作为善治的出发点，是我国政府可持续伦理意识觉醒在渔业中的重要体现。治理者和渔民之间的关系经历了微妙调整。该措施刚推出时，还带有一丝计划经济的色彩。即便渔民能够理解过度捕捞的恶果，群体当中仍然存在等靠要的依赖思想和怕风险的畏难情绪。他们缺乏能动性，期望政府把一切都安置妥当。另外一边，一些政策执行人员盲目加快推进双转任务，在安置保障尚未到位的情况下，让渔民退渔，颇有一种"责任自负"的自我卸责意味。渔民是弱势群体，本就为拥护国家环保政策而付出了巨大的生计代价。对于渔民当中的很多人来说，失海即失业，失业即返贫。此时，如果治理者选择忽略自己的责任伦理意识，片面让渔民去承担政策的副产品，就是一种伦理的错位和失态。管理者只有积极摆正位置，完善退出机制，给予足够有温度的关怀，才能同渔民构建和谐关系，获得拥护与配合。

衰落的渔业、凋敝的渔村和困顿的渔民是中国"三渔"问题带来的伦理挑战。渔业产业结构性失衡制约了渔业经济的综合平衡发展；渔业社区的自然、人文与政治环境需要得到进一步提升；失海渔民生计权利保障体系的缺位可能导致潜在社会风险。可持续渔业的现代转型之路，在于通过重塑三渔伦理，找到最适方案，以解决渔业过密化、渔村过疏化和渔民过溺化的难题。

## 第二节　中国现代渔业治理的绿色转型

中国的现代渔业治理进程始于新中国成立后的 20 世纪 50 年代，经历了范围从国内到国际、要素从零星到成体系、对象从捕捞到养捕并举、手段从粗放到精细的发展轨迹；实现了从片面强调发展到渔业生态养护优先、困难渔民"应兜尽兜"的伦理价值转向。发展中虽历经曲折，但中国渔业政策的推进始终坚持与国家的政治、经济、社会、生态和文化发展同频共振，相关渔业管理机构整体上发挥着引领和促进的作用。70 多年来，中国政府坚持以人为本，努力维护海洋渔业权益，学习借鉴国外先进治渔方法，走出一条符合中国特色的治渔模式。国家渔业治理理念和治理水平不断提升，治理成果不断涌现。无论是渔业生产力的解放与发展，还是三渔要素的合理布局调整，抑或是主要河湖水产资源的养护，都在探索中国特色治渔之道，都在朝着构建负责任渔业大国形象迈进，都在推动渔业向永续利用的方向发展。本节从伦理视角，梳理中国现代可持续渔业治理理念与实践，展示中国现代渔业发展的伦理性贡献，展望中国渔业治理的绿色未来。

## 一、发展阶段与模式转型

### （一）新中国渔业治理的发展阶段

中国是世界上渔业管理历史最为悠久的国家之一，长期以来形成的传统渔业伦理智慧与社会规范体系为现代渔业治理打下了良好的道德和法律基础。根据渔业发展规划与主要政策法律文件和措施的演变，我国的绿色渔业治理制度体系构建历程主要可分为萌芽探索、改革攻坚与走向成熟三大阶段。

**1. 萌芽探索期**（1949—1977 年）

新中国成立之初，包括渔业在内的各行各业百废待兴。1950 年平均每人每年的水产品占有量（1.65 千克）仅为当时世界平均水平的 20% 左右。此时，渔业管理的主要任务是抓紧恢复生产、促进就业、解决温饱，以保障国民基本的生存权和发展权。首先填饱大家的肚子，改善大伙的生计，才是当时最符合伦理的一种选择。

中国现代渔业治理在一开始时将重心放在以海洋捕捞为核心的捕捞业上。1950 年 2 月，中央在首届全国渔业会议上以"恢复渔业生产"作为工作方针，大力开发渔业资源，并在特定的水产区域如洪泽湖、太湖、长江等地组织统一的渔业管理机构和群众的渔业组织。国家支持设立国营水产公司，并对渔区进行民主改造，鼓励基层渔业合作化运动。1952 年《关于渔民工作的指示》意在指导成立新渔协与工会组织，消除封建残余势力对穷困渔民群体的不平等剥削。次年，《关于农业生产互助合作的决议》出台。在"发展生产，繁荣经济，公私兼顾，劳资两利"的号召下，渔民互助合作社利用当时丰富的野生渔业资源，迅速恢复了捕捞生产，短短 10 年内，就将人均占有量提升至原来的近 3 倍。为避免捕捞和养殖努力量的爆发式增长给资源带来重压，1955 年《水产科学技术十二年发展规划》首次提及"海洋与淡水资源保护"；政府先后颁布《关于渤海、黄海及东海机轮拖网渔业禁渔区的命令》（1955.06），《水产资源繁殖保护暂行条例（草案）》（1957.04），《关于渤海、黄海及东海机轮拖网渔业禁渔区的命令的补充规定》（1957.07）和《对渔轮入侵禁渔区的处理指示》（1957.07）等法律文书[194]。

从1958年到1976年，受到"文化大革命"等的影响，水产部门管理政策的调整出现了一些价值偏差，渔业生产受到较大影响。

1970年后，生产管理秩序趋于稳定，渔港渔区建设被提上日程，随着外海渔场的开发，产量基本恢复至1954年的水平。值得注意的是，我国于1973年恢复了在FAO的合法地位，为后续参与国际渔业合作治理奠定了基础。

这一阶段，促进生产是渔业发展的着力点。虽然渔业管理政策的价值序列中提及资源养护、国营和集体并举，但从总体上看，由于缺乏管理经验和对客观规律的认识，渔区决策安排存在生态剥削、分配不公等现象。

**2. 制度形成期**（1978—1998年）

改革开放正式拉开了我国市场化进程的序幕，水产业被允许包干到户、水产品价格放开，渔业管理进入制度形成期。伴随伦理取向的历史性纠偏，渔业政策法规在解决"吃鱼难"的基础上，开始兼顾生态要素。《渔业许可证若干问题的暂行规定》（1979）、《渔政管理工作暂行条例》（1979）、《海洋捕捞渔船管理暂行条例》（1983）等文件的密集出台初步搭建起渔政管理工作的新框架。《水产资源保护条例》（1979）将渔业生态伦理固化为法律依据；而海洋环境保护、水污染防治、野生动物保护相关法律的问世，为全方位养护生态资源保驾护航。

1986年《中华人民共和国渔业法》是中国现代渔业管理制度的一座里程碑。这部统摄性的文书是渔业产业发展的转折点，正式确立起以养殖为主，养殖、捕捞、加工并举，因地制宜，各有侧重的路线。之后订立和颁布的全国性和地方性渔业法律规章均是以《中华人民共和国渔业法》为基本框架，辐射生产、船舶、渔港管理和资源环境养护等各个方面，渔业管理制度的层次和措施得到不断完善。继1988年水产养殖产量首次超过捕捞产量后，中国以水为田的养殖业一直发挥着主力军的作用，成为全球渔业管理中的一道独特风景线。水产养殖业的进步大大拓展了渔业生产线。广大渔民情绪高涨，借助市场调节转型的东风，在全国各地开展生产。1990年水产品产量跃居全球首位，1992年蛋白质人均占有量达到13.4千克，反超世界平均水平。水产品短缺问题不再成为困扰中国人口的主要矛盾，甚至产量在出现盈余后，助力我国逐步成长为世界主要的水产品出口方。

涉外渔业治理层面，20 世纪 80 年代中期，中国渔业开始尝试与国际接轨，参与到 UNCLOS 所奠定的国际海洋渔业新秩序的构建之中，并开始陆续加入重要的全球性、区域性渔业管理组织。在 1983 年"开辟外海渔场，开发远洋渔业"的国家号召下，我国第一批远洋渔船的 223 名船员于 1985 年从福建马尾抵达西非沿海渔场；同年，白令海峡公海水域上见到了中国上海、大连和烟台渔企船队的身影。《关于进一步加快渔业发展的意见》(1997) 中强调大力提振远洋渔业。90 年代，我国先后与 21 个国家/地区确立合作关系，渔业国际交流合作蓬勃发展，过洋性和大洋性渔业产量在 1997 年突破 100 万吨。

**3. 绿色发展机遇期**（1999 年至今）

这一阶段，在渔业科技进步的加持下，水产品供需结构发生根本性转变。为适应生产关系和资源环境的变化，位于上层建筑的渔业政策法规逐步将重心调整为多层次鼓励可持续渔业发展。从捕捞业强度控制、养殖业高质量增长、加工业机械化进步、濒危水生动物保护、渔民兜底保障、渔村振兴发展、双边多边履约合作等决策部署可看出，"有益生态民生福祉"成为新时期我国渔业治理价值取向的主旋律。

捕捞业是人类与原始渔业自然联系最为紧密的渔业手段，对种群的干扰程度也最大。野生水生资源一旦崩溃，就难以继续和人类进行经济互动。正是意识到了过度捕捞问题的严重性，我国启用严格的供给侧管控举措。1999 年，农业部对海洋捕捞产量设置"零增长"目标，次年这一方针的对象扩展至内陆捕捞，2016 年推出的"十三五"规划中将其修正为"负增长"硬指标。为增进鱼群休养生息的康乐状况，我国的海洋伏季休渔制度从东、黄海海域（1995 年）推广至渤黄东南四大海域（1999 年）；而内陆禁渔期制度的覆盖水域，从长江（2002 年）、珠江（2010 年）、淮河干流（2016 年）、黄河（2018 年），扩大至海河、辽河、松花江和钱塘江（2019 年）。从 2020 年初到 2030 年末，全面禁止长江自然保护区和水产种质资源保护区的生产性捕捞。为避免捕捞强度控制折损退出渔民的福祉，政府从矫正正义的角度出发，自 2002 年起开始对转产转业渔民发放补贴，并资助渔船强制报废项目，通过再分配手段调节渔业结构。当前，我国进一步完善船网工具控制指标管理、捕捞许可证制度和捕捞限额制度，在河海施行增殖放流，对远洋渔业渔船削减燃油补贴，加紧建设资源状况评价指标体系，捕捞业由片面强调发展的 1.0 时代，转入聚焦可持续、负责任发展的 2.0 时代。

改革开放后，我国实行"以养为主"的渔业发展方针。水产养殖业是我国长期以来驯化并利用水生动植物的主要人水互动载体。养殖渔民对水生苗种的情感，就好比是耕农对田生麦苗的情感。水域滩涂和水产苗种是养殖户们获取食物与财富的生计密码，这种排他性的生产资料应当受到合理保护。为规范养殖秩序，我国的水产养殖业治理主要采取许可证制度。2003 年《农村土地承包法》规范了农村家庭联产承包责任制，鱼塘属于农业用地中的"坑塘水面"。人员利用"坑塘水面"从事养殖生产活动须事先向县级以上渔业行政主管部门申领养殖证。我国还建立了面向水生苗种生产、安全、推广、交易等方面的管理制度。针对养殖业中存在的资源环境问题，"十二五"渔业发展规划中明确将"生态健康的"水产养殖业、"环境友好的"增殖渔业和"多元的"休闲渔业作为重点任务。2019 年颁布的《关于加快推进水产养殖业绿色发展的若干意见》进一步助力生态健康养殖和过程性生产改革。2020 年起农业农村部实施了水产绿色健康养殖"五大行动"，包括：生态健康养殖模式推广行动，养殖尾水治理模式推广行动，水产养殖用药减量行动，配合饲料替代幼杂鱼行动和水产种业质量提升行动，以进一步加快推进水产养殖业绿色发展，促进产业转型升级。

我国本土野生水生物种类别丰富，但由于过度开发，一些具备较高经济价值的种群处于濒危甚至灭绝状态，无法发挥原有的造福人类的功能。在水生生物多样性降低的威胁下，我国除推出一系列投入、产出和技术性控制等捕捞强度管控措施外，还专门针对重点流域和特定物种出台了政策文件，采取了包括立法和执法在内的养护行动。文书中既有针对保护区和全濒危物种的《水生动植物自然保护区管理办法》（1997），《中国水生生物养护行动纲要》（2006），《濒危野生动植物进出口管理条例》（2006），又有针对特定物种的《中华鲟拯救行动计划》（2015—2030），《中华白海豚保护行动计划（2017—2026）》和《上海市中华鲟保护管理条例》（2020）。2018 年，《中华人民共和国野生动物保护法》第 4 次修订工作完成。2021 年 2 月 5 日发布的新版《国家重点保护野生动物名录》将归属渔业部门管理的 48 种（类）水生野生动物扩展至 302 种类（294 种和 8 类），新增了 215 种类的保护物种，并将 21 种二级保护动物升至一级。在中国加入 CITES 的 37 年后,《濒危野生动植物种国际贸易公约附录水生物种核准为国家重点保护野生动物名录》(2018) 问世,将 158 种水生野生动物列为国家级重点保护范畴。政府在重点流域和主要河湖划定了各类渔业生态保护区(水产种质资源保护区、水生生物资源保护区、海洋保护区)。此外,中国还推出各级党政作为主要负责人的"河长制",以及生态补偿机制,体现出人对渔业自然的尊重与温度。

上述例子就是我国践行"生态整体主义"和"价值平衡原则",践行基于生态系统的管理理论、基于权利(人权/产权)的管理理论等可持续理念的生动写照。2015 年联合国 SDGs 的出台对渔业伦理提出了更高要求,我国迎来了水产品绿色高质量发展的又一国际机遇期,保障渔业生态社会福祉、构建负责任大国形象将成为新时期渔业治理的重点任务。

**(二)中国现代渔业治理的模式转型**

决定技术发展方向的往往是非技术因素,决定治理模式走向的往往是非治理因素。新中国渔业发展的三个阶段,呈现出在渔业生产力和生产关系演变语境下,治理价值取向的三次飞跃:生计型治理→发展型治理→可持续治理,以及治理体系和治理能力的现代化进程。将中国渔业治理模式转型的经验总结为两方面:

**1. 从"人类中心主义"到"以人为本、生态优先"**

渔业发展建立在对水生生物资源开发利用的基础之上,渔业治理首先要理顺人类利益相关方与渔业自然的关系。决定用何种伦理逻辑统摄利益相关方的行为,会在治理当中激发出不同的"化学反应"。

人类只有先保全自我,才能关照系统。新中国成立伊始,渔业设施和技术较为落后,国民的基本蛋白质需求尚未得到满足,顾及不到鱼类的康乐。因此,水产部门以"人类中心主义"为着力点,着重解决国民生计困境,此时价值仅能发挥出对于人的意义。党的十一届三中全会确立了"解放思想、实事求是"的思想路线,1979 年全国水产工作会议从认识论上重构人与鱼的伦理关系,人类不再是评价万物唯一的尺度。渔业科学化、系统化、制度化管理受到重视,渔政机关和渔业养护性政策法规逐步出台。各级政府治理打出政策组合拳,渔业关系调整朝着可持续的方向发展。一方面注重"以人为本"的可持续生计保障:促进以养为主、养捕并举的渔业综合发展;开展渔区基层治理;完善双转退出和兜底机制;增强困难渔民的获得感、幸福感、安全感。另一方面强调"生态优先"的可持续渔业环境建设：捕捞"零增长""负增长"计划；"双控"、资源总量控制政策；远洋渔业电子监控和观察员制度；伏季休渔、河湖保护区禁休渔；增殖保护费；捕捞证养殖证管理；水产品可追溯体系；生态/休闲渔业、绿色养殖/加工；濒危水生生物保护等。

中国现代渔业治理的伦理转向体现了政府的生态良知与社会责任，政策导向突出资源养护、从生产性向保障性服务迁移，这既是对传统生态智慧和社会道德的系统化延伸，又是对"天时地利人和"科学规律的尊重。

**2. 从"科层治理"到"科层、产权和参与式相结合的多元化治理"**

科层治理是中央集权制度的核心治理模式。中国渔业治理需要面对数量极为庞大、分布范围极广的捕捞船队、养殖渔民、加工企业和其他利益相关方。如果没有强有力的中央政府作为后盾，没有统一的决策部署和规训，一旦发生大规模渔业资源危机、气候变化和疫情灾害，很难在短时间内快速争取到渔业利益相关方的理解、服从和支持。但纯粹的科层治理可能面临治理者决策失误、无法深入掌握当地真实渔况等风险。我国现代管理萌芽探索期就出现了一些忽视客观规律的渔业安排。

改革开放后，渔业经济状况好转，市场交易条件愈发成熟，以养殖权和捕捞权为中心的渔业权制度逐渐步入正轨。各项配套法律确立了市场人权利和义务的边界，加上市场这只无形的手，推动渔业生产者和消费者通过价格协商达成共识。除受政策影响，渔民还受到了消费者选择的伦理约束，提供"物美价廉""绿色可追溯"的水产品自然成为渔民的行业追求。此外，产权制度的建立和完善在一定程度上缓解了公地悲剧下人和鱼的紧张对立关系。国家也在尝试通过树立先进模范等伦理教育方式，解决在这一过程当中出现的道德滑坡问题。如果说法律是中国渔业市场经济的守夜人，那么伦理就是守夜人所携带的那盏明灯。

社会小共同体的成功自治一直是人类将自身文明提升到高级阶段的不二法门，广大渔村构成了一个个小型社会共同体，渔业社区自治是国家行政管理获取合法性和正当性所不应逾越的一道屏障。中国现代渔业出现了多个利益相关方和多种价值诉求，参与者（特别是作为基层参与者的小规模渔民）的主体意识和权利意识不断强化。渔区原有的价值伦理规范、风俗文化习惯等无形规则，以及各类渔业协会的建设，为我国实行社区管理奠定了良好基础。中国渔村的参与化程度不是很高，现有社区式经营案例主要包括集体产权模式（例如山东荣成集体渔业）和行业协会模式（例如老坝港捕捞协会管理模式）。未来，中国应当在组织建设、制度创新、法律支持和配套措施等方面完善社区渔业管理制度，让基层渔民积极参与到决策行动过程之中，解决渔区多层级、非结构化的问题。

各级渔业主管部门主导下的科层治理强调行政理性，负责宏观把控渔业发展走向；市场主导下的渔业产权治理强调经济理性，负责微观引领理性经济人的个体选择；而渔业社区主导下的参与式治理强调沟通理性，负责在中观层面吸纳当地生态知识。当前，中国渔业采取灵活的治理架构，政府作为元治理者，政府、市场和社区三种模式相互开合，在不同条件下灵活应用，这也是今后渔业、渔村、渔民管理进入良性运转轨道的发展方向。

国际治理层面，中国经历了从"封闭式发展"到"广泛参与国际合作"的历程，远洋渔业扮演了我国"走出去"战略的拓荒者。在各级政府、国际市场和沿海社区的共同助推下，我国持续拓展在国际渔业事务中的话语权，认真履行相关国际养护协定，切实减少或消除渔业混捕、兼捕伤害，强化海上执法队伍建设，严厉打击 IUU 捕捞行为，帮助广大发展中国家发展水产养殖，渔业治理能力与治理体系现代化程度不断提高。"为己利他/它"的可持续伦理之维得到不断深耕。

## 二、基于伦理的转型实践

改革开放以来，中国渔业发展不仅收获了丰硕成果，也为未来可持续、负责任渔业的发展积累了大量可贵的实践经验。本节尝试从伦理角度阐释新中国渔业发展的贡献。

### （一）乡村振兴，助力脱贫

党的十九大提出乡村振兴战略，这是一项充满德政惠民伦理关怀的制度安排。该战略以"产业兴旺、生态宜居、乡风文明、治理有效、生活富裕"为总要求，体现出党和国家对拯救乡村衰落、改善乡村生态和建设乡风文明的使命意识与责任担当。现代渔业的高质量发展是实现乡村振兴的重要抓手。

渔业经济繁荣协调发展。新中国成立以来，中国人民经历了奋力争取温饱、稳定解决温饱和实现全面小康的三大跨越式发展阶段，解决了世界 1/5

人口的温饱问题。2021 年 2 月 25 日，中国正式宣布已完成消除绝对贫困的任务，现行标准下，9 899 万农村贫困人口实现全部脱贫，其中包括所有渔业贫困人口。

渔业一直走在脱贫攻坚战线的前列。作为目前唯一一个水产养殖产量超过捕捞产量的国家，我国为全球可持续渔业提供了新的思路：水产养殖将会是未来野生资源收紧状况下，发展绿色渔业、解决人口营养问题的关键方向。近年来，从我国兴起的稻鱼种养复合产业带动 20 万贫困户成功脱贫，为广大水稻种植国家，特别是东南亚发展中国家，提供了可复制的成功经验。

70 多年来，我国成功解决了"吃鱼难"的问题，水产品的产量产值实现巨大进步，渔业总产量从 1950 年的仅 91 万吨增长至 2021 年的 6 690.29 万吨，总产值实现两位数的年均名义增长率，中国人的水产蛋白消费占到动物蛋白消费的 30% 以上（全球平均比例仅为 15%），在世界渔业发展史上创下奇迹。休闲渔业和渔村旅游日益兴盛。渔业经济开放发展不仅提升了国民福祉，还通过贸易填饱和丰富了全球人的味蕾，水产品出口额连续 17 年位居世界第一，发展成果惠及全球。

渔业生产和科技条件持续改善。70 多年来，渔业科技支撑能力和机械化水平大幅提升，在基础和配套设施日趋完善的情况下，港船建设、海洋牧场、深水网箱、安全通信、工业化养殖、垂钓平台等涉渔装备水平不断提高。1998—2017 年，现代化沿海渔港建设工程撬动了近 50 亿元的地方社会投资，整体经济效益超 240 亿元，共保障 15 万个就业岗位、850 万吨鱼货装卸和 85 万吨水产加工业务。"十三五"期间，中央减船转产和渔船升级经费累计达到 130 多亿元，帮助改造 1 万多艘渔船，既有旧船变新船，又有渔船变游船，还有污染破坏型船变节能友好型船。截至 2015 年的 10 年间，我国建成的海洋牧场和人工鱼礁面积分别为 852.6 平方千米和 6 094 万平方千米，为下一阶段的加速建设提供了良好基础。我国十分重视智能渔业的发展，于 2017 年将全球首座深海半潜式大型智能渔业养殖平台"海洋渔场 1 号"交付给挪威；遥感监测、船联网等工程也进入发展的快车道。2020 年渔业科技进步贡献率提升至 63%，预计到 2025 年，水产养殖的育种、防疫、起捕、净水等环节将整体实现 50% 的机械化水平。

渔家女性政治经济地位不断提升。随着新中国妇女地位的整体提升，女性在劳动分配中的发言权也逐步增大。以胶东地区的渔村妇女为例，20世纪50年代末起，农业合作化运动也开始在渔业领域铺开，渔村成立各种形式的合作社，通过集体照料孩子的安排，传统母亲的"家务劳动"转化为"公共劳动"，胶东妇女的双手得以解放。不少女性纷纷加入农渔生产，以贴补加工，参与社区会议，入股渔具并要求分红。合作社还给予妇女人性化的照顾，妇女每月在例假期内可不用出海。在一定的社区保障机制下，辛勤劳动的渔家妇女也在群体内争取到了尊重和认可。

据世界银行统计，中国8亿人脱贫摘帽，帮助全球超过70％的人摆脱贫困，其中不乏为农业发展贡献10％产量的渔业人口的功劳。中国渔业的快速发展从兜底保障的层面提升了渔业人口的整体生计水平（渔业福祉），特别是弱势群体的基本权益（渔业公平），从参与式互助的层面解放了渔家妇女的双手（渔业自由），为世界作出了伦理性贡献。

经过多年的改革发展，中国的人权状况处于历史最好时期。截至目前，中国已完成了消除绝对贫困的艰巨任务，包括贫困渔民在内的9 899万农村贫困人口实现全部脱贫，832个贫困县全部摘帽。随着"十四五"规划出台，渔业治理开启了一个崭新的"五年之约"。

### （二）绿水青山就是金山银山

乡村振兴战略号召"质量兴农、绿色兴农"，强调应当合理利用绿水青山，保住世世代代村民的"金饭碗"。中国的现代渔业发展逻辑超越了对渔业人口的观照，也通过调整人类行动，间接对鱼类资源实施了关怀。改革开放以来，我国一直积极探寻社会经济转型发展的出路，从制度安排和市场调节等角度影响着渔民面对渔业生态危机时所作的善恶评价和行为选择。绿色不仅是一种碧水的底色，也是国人对生态作出的伦理承诺。

绿色转型伴随着物质与经济、精神与思想的巨大阵痛。"十三五"期间，为了让渔业生态切实得到休养生息，我国共压减逾4.5万艘总功率为208万千瓦的渔船，超1.6万艘近海捕捞船实现更新改造。长江沿岸10省份共计23.1万渔民、11.1万艘渔船核定退捕。2019年，渔业人口中的传统渔民和渔业从业人员分别比上年减少17.79万人（2.88％）和34.03万人（2.57％）。渔业捕捞产量同比下降4.45％，养捕产量比扩大到78：22[6]。

退捕渔民的安置问题是转型发展的一大挑战。为贯彻民本伦理思想，我国针对渔民的双转政策本质上是一个自愿型的鼓励政策，而非强制执行的政策。令人动容的是，在政府的积极引导下，很多中国渔民展示出了顾全大局的牺牲精神，主动选择退出坚守了一辈子的捕捞业，转而投身于水产养殖，渔村第二、三产业，或者城市建设之中。正是千千万万渔业基层劳动力的集体观念和艰苦奉献，我国的水产品产量才能持续地造福着全球超过 10 亿的人口。

长江大保护是国家守护水生生物多样性的一个生动案例。长江水系拥有极为丰富的淡水种群资源。党的十八大以来，"共抓大保护、不搞大开发"就成为长江治理的主基调。习近平总书记提出指示，"绝不容许长江生态环境在我们这一代人手上继续恶化下去"，长江绝不可无鱼。长江生态环境修复被摆在压倒性位置。河长制、产业准入负面清单、最严格的禁捕措施、退田还湖政策、濒危物种专门性保护等策略的推行倒逼变革创新。继 2020 年 5 月上海市出台全国首部单一物种保护法律《中华鲟保护管理条例》后，我国又于 2021 年 3 月推出首部流域法《中华人民共和国长江保护法》。作为长江生态系统指示物种的江豚数量被保持在约 1 012 头，长江江豚虽未脱离极度濒危，但其种群数量骤降趋势基本得到遏制。

国家还大力发展蓝色粮仓，推动海洋牧场建设，利用蓝色碳汇机遇应对全球气候变化风险。水生生物养护助力实现"2030 年前碳达峰、2060 年碳中和"的目标。近年来，中国渔政亮剑专项执法行动在各地如火如荼地展开，发扬担当作为、吃苦奉献的渔政精神，严厉打击非法捕捞和涉渔违法违规案件。绿色水产品加工流通业和休闲渔业蓬勃发展，渔业产业结构不断优化，生产模式发生根本性转变。

通过顶层设计和基层落实，我国守住了渔业生态底线伦理。渔业生态资源养护所付出的代价是暂时的，而遵循种群代际生长规律的绿色健康发展却会带来长期的、可持续的收益。

### （三）立体复合，多元经营

与自然共融共存的整体理念和生态哲思贯穿着几千年中华农耕文明。傍水而居的农业人口不满足于单一的土地利用方式，而是最大程度地利用自然规律和资源，以高效实现经济、生态和社会综合效益。国人将所处的大农业环境视作不可分割的一个有机空间，空间内部的要素之间相互依存、相互影响。当技术和实践发展到一定阶段，先民们便培育出联结并融合水、陆生态系统的循环性生产模式。在水产养殖方面，主要可分为：经济鱼类多品种混养的一元混合模式，牧渔结合、稻田养鱼、桑（蔗、果、畜）基鱼塘等经典二元复合模式，以及多元产业综合发展的多元模式。在此过程中，人界与自然界形成了一种促进双方价值增值的共生合力，有益于推动系统内的能量流动与物质循环。

互生互惠、互利共赢是我国传统生态农业所推崇的天人伦理关系，通过对人文生产力的奇巧构思与整合运用，充分散发出农业伦理美学的产业价值和教育价值。浙江省青田县的"青田稻鱼共生系统"就是美学在渔业实践中得到活态传承的一个典例。青田县（28.45°N，120.28°E）位于浙江东南，多山地梯田，有瓯江水系贯穿全境，其半水半田的地形和中亚热带季风气候非常适宜稻鱼生长。由于缺少利于规模化开塘养鱼的平原地带，青田农民在反复的驯养实验中，筛选出契合当地饲养环境的一种鲤形目：青田田鱼。该县下辖的龙现村还享有"中国田鱼村"的美誉。"有塘就有水，有水就有鱼"成为青田村民信奉的生态养殖哲学。家家户户把田鱼当作家禽来饲养，实施田埂加高、鱼苗放养、培植水稻、水肥管理等精细化种养流程。田能为鱼供饵、遮阴，鱼能为田施肥、除草、灭虫。稻、鱼在同一空间内相互作用，形成良性动态循环，不仅节省了土地和人力耕作成本，还提升了生态环境质量和鱼产品的生态安全性。稻熟鱼肥的共生或轮作机制，可将同一片田地的产量提升 5％～15％，还能够发挥增收促就业、饱腹善生活、环保添绿色、文化驻乡村的综合效应，可谓是一举多得。民间广泛流传着"樵夫与田鱼""陈十四除妖救田鱼""罗隐与方山龙现"和"田鱼报恩救善人"等[195]伦理传说，拟人化的鱼与人类的命运休戚与共、互相拯救，展现出当地人对鱼的深厚情谊。在青田人看来，鱼儿供养了他们的身体和心灵，杀鱼不打鳞、适时放生田鱼等文化习俗是他们回报自然之恩的美学方式。

在青田稻鱼共生系统于 2005 年被联合国选为全球重要农业文化遗产后，"湖州桑基鱼塘"也在 2019 年成功入选保护名录。苏南多元产业复合更是将农田、果园、菜畦/水洼（种植业）同鸡笼、猪舍（家禽家畜养殖业）或鱼池（水产养殖业）有机结合，在立体空间中创造出层次分明的多产业子系统联结。立体空间高效促进了自然物质能量循环：作物供畜食→畜粪当鱼肥→鱼池积塘泥→塘泥养农田→农田生作物。多次循环的过程滋养出颇具特色的优质水产品，还创造了人与自然融为一体的亲近情感和生态文化。

近几年兴起的循环水养殖也是我国在立体空间开展复合农业的一次美学尝试。

这种强调维护生态平衡的农耕思想还进一步拓展到了海洋领域。为提升渔业生产效能，我国基于本土和海外水产增养实践经验，于 20 世纪 50 年代首次提出"海洋农牧化"的创新理念。"耕海"的设想将水域视作鱼类的牧场，以人工介入（鱼礁建设、苗种投放、技术管理、三产贯通等）形式营造或恢复健康的海洋生境，促进海洋渔业资源的可持续发展。我国规划"到 2025 年在全国建设 178 个国家级海洋牧场示范区"，当前已完成覆盖渤黄东南四大海域的 110 个增殖型、养护型和休闲型示范区的建设。

除了和其他涉农第一产业结合，我国渔业政策还大力引导绿色都市渔业的发展。渔民们充分挖掘渔业资源的生态服务价值，将养鱼与休闲文旅等结合起来，让城镇居民不仅能在吃鱼中获取物质能量，还能从赏鱼钓鱼中获得心灵满足。鱼与人的互动从单一的食物链关系，演进到相得益彰的多元关系。传统渔民也通过经营渔家乐转型为真正的"上班族"。渔家乐成为打通陆地与水体、连接乡村和城市、聚拢渔人与市民的伦理场域。在政策的积极扶持下，我国休闲渔业产值从 2010 年的 221.25 亿元增至 2021 年的 805.4 亿元，山东、湖北、广东三省产值均超百亿元，全国休闲渔业主体超 4 万家。作为渔业转型升级的关键推手，休闲渔业具有广阔的发展前景，为加快推进工业化、城镇化进程提供重要支撑。

在气候变化、野生渔业资源衰退、全球不确定性风险日益增加的大背景下，我国渔业治理者积极探索出一条促进中国可持续渔业发展的道路，培育出政府元治理者主导下，科层、市场和参与式治理协同发展的多元治理形态，形成了顺应自然、生态优先、以养为主、立体复合、科技导向、体系健全、应兜尽兜的发展模式。水产养殖的大力发展缓解了捕捞野生鱼种的压力，为众多渔民提供了生计来源，同时满足了人口增长和生活水平提高对更多水产品的需求。稻田养鱼、海洋牧场、都市渔业等生态渔业也为农村贫困人口提供了既能保护生态环境又能摆脱贫困的有效途径，形成可向广大发展中国家推广的中国模式。中国渔业产业的协调发展有助于减少贫困人口，解决性别不平等问题。这是中国渔业对世界的伦理性贡献。

在今后的渔业治理中，我国渔业领域各利益相关方应本着福祉、自由和公正的原则，进一步促进渔业领域的转型发展。

### 三、未来发展的伦理展望

关涉渔业伦理的治理研究属于基础性研究，主要关注"为什么这么做"的本质类问题，而非技术性或应用性问题。综上所述，本书认为有以下几个方面值得进一步深入挖掘。

#### （一）加强对可持续、负责任渔业的深层学理探讨

可持续、负责任渔业是现代渔业的发展方向。目前，全球在倡议、立法、决策和监督等实践中逐步展示出符合渔业伦理的价值体认，表明现代渔业治理者已开始在善恶是非判断的基础上，设计和践行"惩恶扬善"的制度。研究这些制度实践背后的学理色彩，能够帮助各级治理者更好把握理论、统领全局，也能让参与方更加接受可持续理念，开展负责任行为。值得注意的是，由于渔业细分领域具有不同特征，不同领域的伦理要求与治理策略有所差异（例如："捕捞经济鱼类"和"养护野生濒危渔业资源"对标的是不同的伦理现实），有待分别在日后专门性的研究中进一步探讨。

#### （二）加强面向渔业利益相关方的伦理教育

对于他人或他物，个人、集体、社会负有基于道德规范、标准和传统的责任与义务。市场经济的推动力是供给和需求，其逐利本质潜在蕴藏着诸如生态崩溃、社会失落、科技爆炸等各类伦理风险。如果渔业市场中的参与者都按照所谓的理性人逻辑行动，将短期私利最大化，那么整个渔业界就会出现道德滑坡现象，一旦资源矛盾在长期累积中达到临界点，就可能导致不可挽回的现代性危机。价值观是影响行动的决定性因素，由于相关制度缺陷，目前我国伦理教育相对滞后，渔业从业者在认识和遵守职业道德方面还存在一些问题。因此，除加强对利益相关方实际行为的管理外，还应开展伦理教育，提升其伦理意识和素质。《负责任渔业行为守则》以及相关文件精神应当浸润每一个渔业行为者的灵魂，并成为行动自觉。关于渔业伦理教育的研究也需要得到更多的学术注意力。

#### （三）在伦理确认的情况下深耕精细化治理之道

涉渔价值性研究不仅要能作出模糊的"好""坏"判断，还应指导治理者制定清晰明确、易于操作的目标和标准。包括具体治理目标在内的各类定义要尽量规范，让决策者和执行者清楚理解决策和执行基础（例如：现有最佳科学知识）、工作职能边界（即哪些事应当管，哪些事不应当管），让利益

相关方清楚知晓自己的权利和义务（即哪些事可为，哪些事不可为）。当前，越来越多渔业发达的国家逐步实行精细化管理，利用科技和市场手段提升水产品透明度，采取大数据监测与信息公开、水产品公平贸易与可追溯制度、针对特定流域或水生物种立法等措施。精细化治理在我国的应用应当得到更多关注。

### （四）充分挖掘中国的渔业道德资源和治理伦理

中国既是一个渔业大国，又是一个道德资源极为丰富的国家。从古至今，无论是官方文书，还是民间实践，都积聚了很多涉渔生态、社会层面的道德智慧与规范。目前，针对这方面的探讨较为缺乏。研究者可从相关古籍文献、民间传说、口述事件、涉渔实物、可持续实践案例等资料中，梳理中国渔业伦理的发展脉络和特点，结合地方渔况开展价值性分析，总结反思渔业治理的经验（"善"）教训（"恶"）；增强国际履约能力，积极同其他渔业国家开展交流合作，推广本国可持续渔业经验，构建负责任渔业大国形象。中国的可持续渔业发展，渔业伦理原则如何对接国家海洋强国战略和乡村振兴战略，将成为未来研究中的一项重要内容。

# 第六章　结论与反思

　　本书从渔业伦理的规范性视角出发，梳理归纳渔业的伦理之维，提出渔业伦理概念体系，审视现代治理决策的伦理因素，探讨伦理建构在中国渔业治理中的应用和成效，主要的研究结论可归纳为以下几点。

　　（1）系统提出了渔业伦理研究视角。通过反思人类社会长期存在的渔业问题和伦理治理手段之缺失，以及梳理国内外文献，阐释现阶段开展渔业伦理研究的必要性和重要性。

　　研究发现，从"人类中心主义"到"生态中心主义"是现代渔业发展理念的伦理性飞跃，表明一种新的渔业道德观和新的人鱼互动方式正在形成。国外文献涵盖：①对渔业资源危机的伦理性反思，②围绕渔业伦理的专门性论述，③渔业正义问题，④相关理论观照：生态伦理、农业伦理、消费伦理、食品伦理和管理伦理等层面，已出现渔业伦理的专门性探讨，其中加拿大英属哥伦比亚大学团队的研究最具代表性。国内文献主要指向：①海洋伦理，②水生动物福利，③可持续渔业等议题，对渔业的伦理维度稍有提及，但缺乏专门性论述。国内外治理都经历了从理念到实践的伦理化过程，国外学者对渔业伦理的研究较为完善，但其对渔业伦理概念、内涵和原则的系统界定，以及渔业伦理对具体国家在立法与治理方面的指导和案例鲜有讨论；而国内有关研究相对滞后。鉴于目前国内外渔业发展遇到的现实难题，针对渔业伦理理论与实践的研究亟待加强。

　　（2）详细阐释了渔业伦理的立论基础。指明渔业伦理的学理基础，探讨作为一个新兴分支的渔业伦理学所产生的背景、在交叉学科（特别是与现代渔业治理相关学科）当中的地位、概念、原则和具体类别——从最初引发渔业伦理问题思考的渔业生态伦理，到渔业社会的资源分配伦理，然后到主要渔业产业（捕捞、水产养殖和水产品加工）伦理，再到现代技术发展所催生的渔业科技伦理。

研究发现：①生态伦理学将道德共同体扩展至包括渔业资源在内的非人类存在物，为渔业资源成为"道德关怀的对象"提供了可能。渔业资源本身具备多元化价值，对人类社会作出了政治、经济、社会、文化、宗教等多方面的贡献，人类对其负有养护义务。动物应当享有生理、环境、卫生、行为和心理福利，水生动物福利构成了实施养护的学理基础。近年来，负责任和可持续渔业倡议在全球逐步兴起，主张科学人道地利用动物，为渔业伦理研究提供了现实土壤。②渔业伦理即关于渔业道德的价值系统，是指导渔业行为的规范和原则的总和，以渔业现象的合理性和正当性为研究对象，为渔业行为实践好坏提供了判断依据，有助于拓展人类对渔业资源价值的认知，也能为渔业道德、法律和制度提供有益补充。③渔业中的道德原则包含涉渔行为的基本信念和规范，是渔业伦理的核心所在。渔业伦理原则内涵丰富，其中，渔业正义是渔业伦理的最高原则；渔业福祉、渔业自由、渔业公平是渔业伦理的三大基本原则；在基本原则指导下，又衍生出适用于某一国家/地区的具体准则和指南。④渔业生态伦理、社会伦理、产业伦理和科技伦理构成了渔业伦理研究的主要内容。渔业生态伦理强调人同渔业生态的抽象与现实联结，是渔业伦理中最必要、最核心、最基础的伦理类别。渔业社会伦理是运用社会学理论协调渔业社会关系的道德之理，涉及渔民的关系是渔业社会伦理调整的核心关系。在渔业细分产业中，鉴于捕捞、养殖和加工的特性，其伦理表征各有特色。现代社会科技的迅猛发展又催生出诸如生物多样性、转基因等异化风险。

（3）分析整理了基于渔业伦理的治理范式。通过元治理的理论反观当今渔业治理的合法性和正当性，提出符合伦理的治理框架与措施，并从评估角度审查渔业伦理分析矩阵和定量评估工具。

研究发现：①元治理即为克服治理障碍而采取的"关于治理本身的治理"，聚焦科层（政府）、市场和网络（参与式）三种模式的有机组合。该工具可根据具体时间段和情形，灵活开合不同的治理模式：当科层模式无法触及所有渔业问题或获得渔业利益相关方广泛接受时，可开启市场或参与式模式；当参与式治理导致监管过于复杂、进入无休止协商状态时，可启动科层模式。政府元治理者领导下的参与式治理应当成为主流。②符合伦理的现代渔业治理理论可总结为两大类：基于"生态整体主义"的治理理论，以及基于"价值平衡原则"的治理理论。生态整体主义本质上倡导一种综合管理模式，空间上强调采用渔业生态系统方法、均衡捕捞等策略，时间上注重实施预防性原则。价值平衡原则旨在寻求多目标下的策略平衡，以求达成最佳方案，相关理论包括管理策略评估、正当性理论等。③伦理矩阵是分析伦理问题的通用工具。渔业伦理分析矩阵可帮助我们定性分析在福祉、公平、自由三大原则之下，渔业行为的善恶是非。Rapfish 也为伦理评估提供了分析工具，它是一种半定量、多学科的快速评估技术，主要用于评估渔业的健康状况和可持续性，对不同渔业指标进行多维等级打分和排序。两种工具为负责任渔业实践分析和评估提供价值评判参考。

（4）提出了渔业治理中的伦理困境和出路。研判渔业治理之问题，发掘与伦理原则不相协调的制度和实践，阐明可持续、负责任渔业倡议中面临的挑战，厘清渔业利益相关方之间复杂的时空博弈关系，并对治理实践进行伦理分析和评价，探讨伦理视角下的解决方案。

研究发现：①可持续渔业中的时间、空间、人际维度中蕴含着丰富的代际伦理、空间伦理和共同体伦理意蕴。如何平衡现代人与未来人的渔业利益，平衡发达国家与发展中国家的渔业利益，平衡渔业利益相关方中强势群体与弱势群体的权利与义务，是可持续渔业面临的博弈课题。治理者应当：在渔业生态和社会方面关注上一代人的"债务"，关心下一代人的福利；在国家管辖范围内外协调安排生态、行政和产业空间，明确各方开发和保护义务；在提升整体利益的同时，向渔家妇女、小规模渔业倾斜，发展可持续生计。②现代渔业面临三大困境：集体行动的困境（个体理性和集体理性产生冲突，导致新公地悲剧与囚徒困境），环保主义的困境（可持续理论存在玫瑰色滤镜，激进鱼类保护主义走向另一个"利它"极端），知易行难的困境（治理者在政策推行和执法问责层面遭遇操作性障碍）。上述三大困境体现出渔业治理中管束与自由、养护与开发、理解与执行之间的伦理矛盾。负责任渔业的核心就是要建立和完善渔业责任制。③破解困境的关键：如果价值观不发生重大变化，资源使用活动的模式就不大会发生变化，最大的挑战是政治进程、决策和解决冲突的机构如何领导参与式治理。具备正当性与合法性的价值应当贯穿从制定渔业价值目标，到开展渔业伦理决策，再到执行伦理监督和评估的治理全过程。第一步是通过激发道德想象力，为渔业政策制定符合伦理的目标；第二步是通过优化伦理决策程序，开展伦理决策，为后续执行伦理监督和评估提供参考。

（5）将现代渔业治理的伦理逻辑运用于对中国渔业治理的分析当中：梳理从古至今可持续伦理视角下的中国渔业道德基础与现代问题，回顾我国古代涉渔生态伦理理念和社会规范体系，解读中国"三渔"问题的伦理之维，提出中国现代渔业治理转型构想。

研究发现：①中国拥有十分丰富的涉渔伦理文化资源。生态方面，我国渔业治理史就是一部鱼类资源养护史。从先秦时期到近现代以前，渔业治理遵循着"天人和谐相处"的朴素养护逻辑，设立涉渔管理制度调整渔业开发秩序，在实践中关怀鱼类福利，注重师法自然。社会方面，中国渔民拥有较强的群体意识，传统渔家行规充当了"道德规范"的角色，在无形中约束着民间捕捞行为；他们当中的一些人自发形成各类渔业团体，这些组织在渔政机构的指导和扶持下，产生了一定的伦理凝聚效应。②中国的渔业发展困境同世界其他国家相比，既有共通性，也有特殊性。有效解决"三渔"问题是中国政府在渔业可持续发展方面所面临的伦理挑战。"三渔"问题的本质是渔业的过密化，渔民的过溺化，以及渔村的过疏化。捕捞、养殖、加工领域分别面临资源生境崩溃、结构品种单一、技术装备落后等现实困境，而珍稀野生水生动植物的保护需要更严格、更强力的手段。③我国的现代绿色渔业治理制度体系构建历程主要可分为三大阶段，1949—1977 年为萌芽探索期，新中国成立初期，主要任务是填饱肚皮、改善生计；1978—1998 年进入到制度形成期，改革开放后，伴随伦理取向的历史性纠偏，渔业政策法规在解决"吃鱼难"的基础上，开始兼顾生态要素；1999 年至今为绿色发展机遇期，治理体系逐步走向成熟，进入聚焦可持续、负责任发展的 2.0 时代。新中国成立以来，治理理念实现从"人类中心主义"到"以人为本、生态优先"的绿色转型，而治理模式实现从"科层治理"到"科层、产权和参与式相结合的多元化治理"的现代化过渡。④改革开放以来，中国渔业发展不仅收获了丰硕成果，也为未来可持续、负责任渔业的发展积累了大量可贵的实践经验。我国渔业中的以养为主、综合发展，乡村振兴、助力脱贫，绿水青山、生态优先，立体复合、多元经营等做法，展示出中国现代渔业发展对本国乃至世界渔业作出的伦理性贡献，体现出党和国家"生态优先""以人为本"的使命意识与责任担当。构建符合中国渔况、具有中国渔业之特色的可持续思想体系和治理模式，是我国未来的发展方向。

# 参 考 文 献

［1］黄有光，张清津. 福祉经济学［J］. 东岳论丛，2016，37（1）：5-14.

［2］农业农村部渔业渔政管理局. 2022 年中国渔业统计年鉴［M］. 中国农业出版社，2022.

［3］Hale，P. J. Labor and the human relationship with Nature：The naturalization of politics in the work of Thomas Henry Huxley，Herbert George Wells，and William Morris［J］. Journal of the History of Biology，2003，36（2）：249-284.

［4］Sette，O. E. Studies on the Pacific pilchard or sardine［J］ US Fish and Wildlife Service，1943：4-10

［5］Gordon，S. The Economic theory of a common——property resource：The fishery［J］. The Journal of Political Economy，1954，62（2）：124-142.

［6］Scott，A. The fishery：The objectives of sole ownership［J］. Journal of Political Economy，1955，63（2）：116-124.

［7］Hardin，G. The tragedy of the commons［J］. Science，1969，162（5364）：1243-1248.

［8］Ostrom，V.，Ostrom，E. Public Goods and Public Choices［A］//Emanuel Savas（eds）. Alternatives for Delivering Public Services：Toward Improved Performance［C］. Boulder，Colo：Westview Press，1977：7-49.

［9］Levhari，D.，Mirman，L. The great fish war：An example using a dynamic Cournot-Nash solution［J］. Bell Journal of Economics，1980，11（1）：322-334.

［10］Danielsson，A. Fisheries management in Iceland［J］. Ocean & Coastal Management，1997，35：121-135.

［11］Krupa，M. B.，Valcic，B. Sustainable fisheries：How externalities impact urban fishery management? ［J］. Journal of Environmental Studies and Sciences，2011，1（3）：159-168.

［12］Porcelli，A. The tragedy of the commodity：oceans，fisheries，and aquaculture［J］. 2015，7（3）：86-88.

［13］Ludwig，D.，Hilborn，R.，Walters，C. Uncertainty，resource exploitation，and conservation：Lessons from history［J］. Science，1993，260.

［14］Pister，E. Ethical principles［C］//Williams，J.，Wood，C. and Dombeck，M.（eds），Watershed Restoration：Principles and Practices［M］. Bethesda：American

Fisheries Society，1997.

[15] Miller，G. Jr. Living in the Environment ［M］. Belmont：Wadsworth Publishing Company，1988.

[16] Krutilla，J. V. Conservation reconsidered ［J］. The American Economic Review，1967，57 (4)：777 - 786.

[17] Vanni，M. J. ，Flecker，A. S. ，Hood，J. M. ，et al. Stoichiometry of nutrient recycling by vertebrates in a tropical stream：Linking species identity and ecosystem processes ［J］. Ecology Letters，2010，5 (2)：285 - 293.

[18] Sumaila，U. R. Intergenerational cost-benefit analysis and marine ecosystem restoration ［J］. Fish and Fisheries，2004 (5)：329 - 343.

[19] FAO. Code of Conduct for Responsible Fisheries ［M］. Rome：FAO Publications，1995.

[20] FAO. Ethics Series 4：Ethical Issues in Fisheries ［R］. Rome：FAO Publications，2005.

[21] Coward，H. ，Ommer，R. ，Pitcher，T. Just fish：Ethics and Canadian Marine Fisheries ［M］. St. John's，Newfoundland：Institute of Social and Economic Research Books，2000.

[22] Pitcher，T. J. Rapfish，a rapid appraisal technique for fisheries，and its application to the Code of Conduct for Responsible Fisheries ［J］. FAO Fisheries Circular，1999.

[23] Pitcher，T. J. ，Lam，M. E. ，Ainsworth，C. ，et al. Improvements to the 'Rapfish' rapid evaluation technique for fisheries：Integrating ecological and human dimensions ［J］. Journal of Fish Biology，2013，83 (4)：865 - 889.

[24] Kaiser，M. Fish-farming and the precautionary principle：Context and values in environmental science and policy ［J］. Foundations of Science，1997 (2)：307 - 341.

[25] Kaiser，M. ，Forsberg，E. M. Assessing fisheries：Using an ethical matrix in a participatory process ［J］. Journal of Agricultural and Environmental Ethics，2011 (14)：191 - 200.

[26] Kaiser，M. ，Millar，K. ，Thorstensen，E. ，et al. Developing the ethical matrix as a decision support framework：GM fish as a case study ［J］. Journal of Agricultural and Environmental Ethics，2007 (20)：65 - 80.

[27] Lam，M. E. ，Pitcher，T. J. The ethical dimensions of fisheries ［J］. Current Opinion in Environmental Sustainability，2012a (4)：364 - 373.

[28] Lam，M. E. ，Pauly，D. Who is right to fish? Evolving a social contract for ethical fisheries ［J］. Ecology and Society，2010，15 (3)：16.

[29] Lam，M. E. ，Borch，T. Cultural valuing of fishery resources by the Norwegian Saami ［C］// L. Westra，K. Bosselmann & C. Soskolne. Globalisation and Ecological Integrity in Science and International Law ［M］. Cambridge：Cambridge Scholars Publishing，2011：

361 – 376.

[30] Lam, M. E., Calcari, C. M. E. The privilege to fish [J]. Ecology and Society, 2012, 17 (4): 19.

[31] Lam, M. E. The ethics and sustainability of capture fisheries and aquaculture [J]. Journal of Agricultural and Environmental Ethics, 2016, 29 (1): 35 – 65.

[32] Lam, M. E. Aboriginal freshwater fisheries as resilient social-ecological systems [C]// J. Craig. Freshwater Fisheries Ecology [M]. Oxford: Wiley-Blackwell, 2015a: 422 – 437.

[33] Lam, M. E. Of fish and fishermen: Shifting societal baselines to reduce environmental harm in fisheries [J]. Ecology and Society, 2012, 17 (4): 18.

[34] Sen, A. The Idea of Justice [M]. Harvard: Harvard University Press, 2011.

[35] Rawls, J. A Theory of Justice (2nd edition) [M]. Cambridge: Belknap Press of Harvard University Press, 1999.

[36] Costanza, R., D'Arge, R., Groot, R., et al. The value of the world's ecosystem services and natural capital [J]. Nature, 1997, 387: 253 – 260.

[37] Bullard, R. D. Overcoming environmental racism [J]. Environment, 1994, 36 (4): 10 – 20, 39 – 44.

[38] Shiva, V. Close to home: Women Reconnect Ecology, Health and Development [M]. London: Earthscan Publications Ltd, 1994.

[39] Carbonell, E. The Catalan fishermen's traditional knowledge of climate change and the weather: A distinctive way of relating to nature [J]. International Journal of Intangible Heritage, 2012 (7): 61 – 75.

[40] Neilson, A. L., Gabriel, R., Arroz A M, et al. Perspectives about the sea in the Azores: Respecting narratives that sustain inshore fishing communities [C]//Social Issues in Sustainable Marine Fisheries Management [M]. Netherlands: Springer Netherlands, 2014.

[41] Ainsworth, C. H., Sumaila, U. R. Intergenerational valuation of fisheries resources can justify long-term conservation: A case study in Atlantic cod (Gadus morhua) [J]. Canadian Journal of Fisheries and Aquatic Sciences, 2005 (62): 1104 – 1110.

[42] Birte, K., Klara, H. S., Stefan, B. Notions of justice held by stakeholders of the Newfoundland fishery [J]. Marine Policy, 2015 (62): 37 – 50.

[43] Laurie, R. Incorporating indigenous rights and environmental justice into fishery management: Comparing policy challenges and potentials from Alaska and Hawaii [J]. Environmental Management, 2013.

[44] Sumaila, U. R., Bawumia, M. Fisheries, ecosystem justice and piracy: A case study of Somalia [J]. Fisheries Research, 2014 (157): 154 – 163.

[45] Mcclanahan, T., Allison E. H., Cinner, J. E. Managing fisheries for human and food

渔业伦理与渔业治理

security [J]. Fish and Fisheries, 2015, 16 (1): 78 - 103.

[46] Leenhardt, P., Teneva, L., Kininmonth, S., et al. Challenges, insights and perspectives associated with using social-ecological science for marine conservation [J]. Ocean & Coastal Management, 2015 (115): 49 - 60.

[47] Song, A. M. Human dignity: A fundamental guiding value for a human rights approach to fisheries? [J]. Marine Policy, 2015 (61): 164 - 170.

[48] Ratner, B. D., Asgard, B., Allison, E. H. Fishing for justice: Human rights, development, and fisheries sector reform [J]. Global Environmental Change, 2014 (27): 120 - 130.

[49] Gray, T., Korda, R. C., Stead, S., et al. Quota discarding and distributive justice: The case of the under-10m fishing fleet in Sussex, England [J]. Marine Policy, 2011, 35 (2): 122 - 129.

[50] Hernes, H. K., Jentoft, S., Mikalsen, K. H. Fisheries Governance, Social Justice and Participatory Decision-Making [C]// Participation in Fisheries Governance [M]. Netherlands: Springer Netherlands, 1970.

[51] Derek J., Maarten, B. Social justice and fisheries governance: The view from India [J]. Sharing the Fish, 2010.

[52] Leibbrandt, A., Lynham, J. Does the allocation of property rights matter in the commons? [J]. Journal of Environmental Economics and Management, 2018, 89.

[53] O'Neill, C. Variable justice: Environmental standards, contaminated fish, and "acceptable" risk to native peoples [J]. Social Science Electronic Publishing, 2000.

[54] Troell, M., Naylor, R. L., Metian, M., Beveridge, M., Tyedmers, P. H., Folke, C., et al. Does aquaculture add resilience to the global food system? [J]. Proceedings of the National Academy of Science of the United States, 2014: 111 (37): 13257 - 13263.

[55] Paddock, R. J. Changing consumption, changing tastes? Exploring consumer narratives for food secure, sustainable and healthy diets [J]. Journal of Rural Studies, 2017 (53): 102 - 110.

[56] Rocklinsberg, H. Fish consumption: Choices in the intersection of public concern, fish welfare, food security, human health and climate change [J]. Journal of Agricultural and Environmental Ethics, 2015 (28): 533 - 551.

[57] Schumann, P. L. A moral principles framework for human resource management ethics [J]. Human Resource Management Review, 2001, 11 (1): 93 - 111.

[58] Song, A. M., Chuenpagdee, R., Jentoft, S. Values, images, and principles: What they represent and how they may improve fisheries governance? [J]. Marine Policy, 2013 (40): 167 - 175.

[59] Ives, C. D., Kendal, D. The role of social values in the management of ecological

systems [J]. Journal of Environmental Management, 2014, 144 (21): 67-72.

[60] Linke, S., Jentoft, S. Exploring the phronetic dimension of stakeholders' knowledge in EU fisheries governance [J]. Marine Policy, 2014 (47): 153-161.

[61] Cochrane, K. L., Garcia, S. M. A Fishery Manager's Guidebook [M]. New York: John Wiley & Sons, 2009.

[62] Jacobsen, R. B., Raakjær, J. Who defines the need for fishery reform? Participants, discourses and networks in the reform of the Greenland fishery [J]. Polar Record, 2014, 50 (4): 391-402.

[63] Arnason, R. Fisheries management and operations research [J]. European Journal of Operational Research, 2009, 193 (3): 741-751.

[64] Saioa, R., Ian, V., et al. Environmental assessment of the Atlantic mackerel (Scomber scombrus) season in the Basque Country. Increasing the timeline delimitation in fishery LCA studies [J]. International Journal of Life Cycle Assessment, 2011, 16 (7): 599-610.

[65] Daniel, S. H. Integrating spatial management measures into traditional fishery management systems: The case of the Georges Bank multispecies groundfish fishery [J]. Ices Journal of Marine Science, 2003, 60 (5): 915-929.

[66] Joshua, K. A., Haynie, A. C. What are we protecting? Fisher behavior and the unintended consequences of spatial closures as a fishery management tool [J]. Ecological Applications, 2012, 22 (3).

[67] Garcia, S. M., Rice, J., Charles, A. Governance of Marine Fisheries and Biodiversity Conservation (Interaction and Coevolution) [M]. New York: John Wiley & Sons, Ltd., 2014.

[68] Xu, B. D., Zhang, C. L., Xue, Y., et al. Optimization of sampling effort for a fishery-independent survey with multiple goals [J]. Environmental Monitoring and Assessment, 2015, 187 (5).

[69] Caddy, J. F. Fisheries management in the twenty-first century: Will new paradigms apply? [J]. Reviews in Fish Biology and Fisheries, 1999 (9): 1-43.

[70] Gray, T. S. Participation in Fisheries Governance [M]. Netherlands: Springer Netherlands, 2005.

[71] Jentoft, S., Chuenpagdee, R., Bundy, A., et al. Pyramids and roses: Alternative images for the governance of fisheries systems [J]. Marine Policy, 2010, 34 (6): 1315-1321.

[72] González, L., Fernando, B., Federico M., Palmero, F. M., et al. Governance of the fishery industry: A new global context [J]. Ocean & Coastal Management, 2018

(153)：33 - 45.

[73] Kenneth，S. The large marine ecosystem concept：Research and management strategy for living marine resources [J]. Ecological Applications，1991，1 (4).

[74] Aguado，S. H.，Segado，S.，Pitcher，T. J. Towards sustainable fisheries：A multi-criteria participatory approach to assessing indicators of sustainable fishing communities：a case study from Cartagena (Spain) [J]. Marine Policy，2016 (65)：97 - 106.

[75] 邱文彦. 海洋新伦理：跨世界的环境正义 [J]. 应用伦理研究通讯，2006 (37)：25 - 26.

[76] 余树彪. 海洋公共伦理研究 [M]. 北京：海洋出版社，2009：92 - 99.

[77] 王刚，吕建华. 论海洋伦理及其内涵 [J]. 湖北社会科学，2007 (7)：101 - 103.

[78] 吴建华，吴失. 论海洋伦理及其建构 [J]. 中国海洋大学学报 (社会科学版)，2012 (3)：36 - 41.

[79] 滕娜. 我国海洋环境伦理规范理论与实践探析 [D]. 大连：大连海事大学，2009：14.

[80] 杨子江，赵文武，阎彩萍. 现代渔业公共政策的价值取向研究 [J]. 中国渔业经济，2009 (5)：16 - 22.

[81] 同春芬，安招. 我国海洋渔业政策价值取向的几点思考 [J]. 中国渔业经济，2013 (4)：16 - 20.

[82] 高利红. 动物福利立法的价值定位 [J]. 山东科技大学学报 (社会科学版)，2006，8 (1)：39 - 45.

[83] 刘宁. 动物福利与人权的冲突及应对之策 [J]. 昆明理工大学学报 (社会科学版)，2011 (3)：1 - 8.

[84] 罗施福，肖金发，等. 论我国水生野生动物所有权的制度重构 [J]. 河北法学，2009，27 (12)：103 - 106.

[85] 高玉玲，张爱军，王泰祺. 生态文明视阈下对海洋动物福利的几点认识 [J]. 中国海洋经济，2017 (2)：153 - 164.

[86] 唐启升. 中国海洋渔业可持续发展及其高技术需求 [J]. 中国工程科学，2001 (2).

[87] 黄硕琳，邵化斌. 全球海洋治理发展的趋势和特点 [J]. 太平洋学报，2017，26 (4)：65 - 78.

[88] 陈新军. 海洋渔业资源可持续利用评价 [D]. 上海：上海海洋大学，2001.

[89] 孙吉亭. 中国海洋渔业可持续发展研究 [D]. 青岛：中国海洋大学，2003.

[90] 李茂林. 渔业相关传统生态智慧与水域生态养护研究 [D]. 青岛：中国科学院海洋研究所，2011.

[91] 李睿. 基于 ECOPATH 与 Rapfish 东海区生物资源可持续开发与保护研究 [D]. 上海：上海海洋大学，2011.

[92] 董晓清. 沿海开发背景下失海渔民可持续生计的困境与构建路径——以江苏省沿海开

发为例 [J]. 江西农业学报，2013，25 (3)：131 - 134.

[93] 丁琪，陈新军，李纲，等. 基于渔获统计的西北太平洋渔业资源可持续利用评价 [J]. 资源科学，2013，35 (10)：2032 - 2040.

[94] 曾呈奎. 关于我国专属经济海区水产生产农牧化的一些问题 [J]. 自然资源，1979 (1)：59 - 64.

[95] 杨红生. 我国海洋牧场建设回顾与展望 [J]. 水产学报，2016 (7)：1133 - 1140.

[96] 章守宇，周曦杰，王凯，等. 蓝色增长背景下的海洋生物生态城市化设想与海洋牧场建设关键技术研究综述 [J]. 水产学报，2019，43 (1)：83 - 98.

[97] 宁波，边黎明，郑卫东. 水产伦理问题的产生及其遵循原则 [J]. 中国渔业经济，2008，26 (6).

[98] 张旭光，郭弘艺，邵露，等. 浅析水产实验动物的伦理与福利 [J]. 中国校外教育，2014 (S3)：458 - 458.

[99] 余谋昌. 走出人类中心主义 [J]. 自然辩证法研究，1994，10 (7)：8 - 14.

[100] 朴秀娟. 马克思恩格斯生态观及其影响探究 [D]. 沈阳：东北大学，2008.

[101] 周志山. 马克思生态哲学的社会视阈与科学发展观 [J]. 马克思主义研究，2011 (5)：87 - 94.

[102] 李欣，刘舜斌. 简论我国现代渔业管理新体系的构建 [J]. 中国渔业经济，2012 (5)：40 - 44.

[103] 徐胜，吕广朋. 试论我国传统渔业向现代渔业的转型 [J]. 中国海洋大学学报（社会科学版），2006 (3)：6 - 9.

[104] 唐议，李富荣，黄硕琳，等. 我国政府渔业管理职能转变的探讨 [J]. 中国渔业经济，2009，27 (3)：5 - 11.

[105] 孟庆武，李丁军，赵斌. 我国现代渔业制度建设对策研究 [J]. 海洋开发与管理，2011，28 (3)：21 - 25.

[106] 同春芬，吴楷楠. 多重目标、内在矛盾与治理失灵：我国海洋渔业治理的制度体系及其逻辑分析 [J]. 中国渔业经济，2019，37 (2)：5 - 13.

[107] 易传剑，周梅芳，俞存根. 政府规制理论在我国近海渔业管理中应用的探讨 [J]. 水产学报，2012，36 (5)：787 - 793.

[108] 郑建明. 海洋渔业资源治理的制度分析及其路径优化 [J]. 中国海洋大学学报（社会科学版），2014 (4)：8 - 11.

[109] 唐建业，黄硕琳. 渔业社区管理在中国的实施探讨 [J]. 海洋通报，2006 (4)：65 - 70.

[110] 赵丽丽. 中国基于社区的渔业管理研究 [D]. 上海：上海海洋大学，2009.

[111] 褚晓琳. 试论预警原则与中国海洋渔业资源的可持续利用 [J]. 资源科学，2010 (2)：166 - 171.

[112] 韦记朋，黄硕琳．我国海洋环境保护适用预警原则的分析 [J]．上海海洋大学学报，2011，20（4）：579－586.

[113] 蔡利平，黄硕琳．生态系统方法在太湖渔业管理中的应用 [J]．上海海洋大学学报，2010，19（3）：385－390.

[114] 慕永通，吕思言．基于生态系统的渔业管理：产权、契约和治理结构 [J]．农业经济与管理，2013（3）：49－53.

[115] 房可情．基于生态系统的我国海洋渔业管理问题研究 [D]．青岛：中国海洋大学，2014.

[116] 苏萌．渔业生态系统方法简述 [J]．水产学报，2015，39（8）：1264－1272.

[117] 黄硕琳．国际渔业管理制度的最新发展及我国渔业所面临的挑战 [J]．上海海洋大学学报，1998（3）：223－230.

[118] 刘佳英，黄硕琳．我国水产养殖管理中实施《负责任渔业行为守则》的研究 [J]．中国渔业经济，2006（1）：28－32.

[119] 刘小兵，孙海文．国际渔业管理现状和趋势（一）（二）[J]．中国水产，2008，395（10－11）.

[120] 唐国建，崔凤．国际海洋渔业管理模式研究述评 [J]．中国海洋大学学报（社会科学版），2012（2）：8－13.

[121] 韩杨．1949 年以来中国海洋渔业资源治理与政策调整 [J]．中国农村经济，2018（9）：14－28.

[122] 黄硕琳，唐议．渔业管理理论与中国实践的回顾与展望 [J]．水产学报，2019，43（1）：213－233.

[123] Engels，F. Dialectics of Nature [M]．London：Lawrence and Wishart，1940.

[124] 戴维·埃伦费尔德．人道主义的僭越 [M]．李云龙，译．上海：国际文化出版公司，1988.

[125] 巩固．环境伦理学的法学批判 [D]．青岛：中国海洋大学，2008.

[126] Singer，P. Animal liberation [M]．New York：Peter Singer Ecco，2002.

[127] Regan，T. The Case for Animal Rights [M]．London：Routledge，241.

[128] Goodpaster，K. E. On being morally considerable [J]．The Journal of Philosophy，1978，75（6）：308－325.

[129] 王海明．新伦理学原理 [M]．北京：北京大学出版社，2017：3－5.

[130] Hinterberger，F.，Luks，F.，Schmidt-Bleek，F. Material flows vs. 'natural capital'：What makes an economy sustainable? [J]．Ecological Economics，1997（23）：1－14.

[131] Barbier，E. B. Valuing ecosystem services as productive inputs [J]．Economic Policy，2007（49）：177－229.

[132] Rolston，Ⅲ. H. Environmental Ethics：Duties to and Values in the Natural World [M].

Philadelphia：Temple University Press，1988.

[133] 唐议，黄硕琳. 论渔业资源服务价值的构成 [J]. 资源科学，2011，33 (7)：1298 - 1303.

[134] 黄硕琳. 渔权即是海权 [J]. 中国法学，2012 (6)：70 - 79.

[135] Alday，V.，African，S.，Finegold，C.，*et al*. The Importance of fisheries and aquaculture to development [J]. Fisheries, Sustainability and Development，2009：353 - 364.

[136] Fraser，A. F. The welfare—behavior relationship [J]. Application Animal Behavioral Science，1989a (22).

[137] 邵化斌. 海洋动物保护的国际管理机制研究 [D]. 上海：上海海洋大学，2018.

[138] Butterworth，A. Marine Mammal Welfare [M]. New York：Springer International Publishing，2017.

[139] Balian，E. V.，Segers，H. C. Lévèque，*et al*. The freshwater animal diversity assessment：An overview of the results [J]. Hydrobiologia，2008，595 (1)：627 - 637.

[140] Meijbooom，F. L. B. Fish Welfare：Challenge for science and ethics - why fish makes the difference [J]. Journal of Agricultural and Environmental Ethics，2013 (26)：1 - 6.

[141] Karianne，K.，Meijboom，F. L. B.，*et al*. Sustainability at the crossroads of fish consumption and production ethical dilemmas of fish Buyers at retail organizations in the Netherlands [J]. Journal of Agricultural & Environmental Ethics，2013.

[142] 费孝通. 乡土中国 [M]. 上海：上海人民出版社，2006.

[143] Bhardwaj，M.，Maekawa F.，Niimura，Y.，Macer，D. R. J. Ethics in food and agriculture：Views from FAO [J]. International Journal of Food Science and Technology，2003，38 (5)：565 - 588.

[144] Delgado - Ramírez，C. E.，Ota Y.，Cisneros - Montemayor，A. M. Fishing as a livelihood，a way of life，or just a job：Considering the complexity of "fishing communities" in research and policy [J]. Reviews in Fish Biology and Fisheries，2022，33 (1)：265 - 280.

[145] Blanco，M.，Sotelo，C. G.，Chapela，M. J.，*et al*. Towards sustainable and efficient use of fishery resources：Present and future trends [J]. Trends in Food Science & Technology，2007，18 (1)：1 - 36.

[146] Maslow，A. H. A theory of human motivation [J]. Psychological Review，1943，50：370.

[147] FAO. Main ethical issues in fisheries [EB/OL]. http：//www. fao. org/3/y6634e/y6634e04. htm，last accessed Mar 2022.

[148] 范忠信. 中华法系的亲伦精神：以西方法系的市民精神为参照系来认识 [J]. 南京大

学法律评论, 1999 (1): 110-116.

[149] Wilson, E. O. Biophilia [M]. Cambridge: Cambridge University Press, 1984.

[150] Rosenau, J. N. Governance, order, and change in world politics [A] // Rosenau, JN and Czempiel, E-O (eds) Governance without Government: Order and Change in World Politics [C]. Cambridge: Cambridge University Press, 1992.

[151] 俞可平. 治理与善治 [M]. 北京: 社会科学文献出版社, 2000: 8-9.

[152] Jessop, B. Capitalism and its future: Remarks on regulation, government and governance [J]. Review of International Political Economy, 1997 (4): 561-581.

[153] Meuleman, L. Public Management and the Metagovernance of Hierarchies, Networks and Markets: The Feasibility of Designing and Managing Governance Style Combinations [M]. Heidelberg: Physica-Verlag Springer, 2008.

[154] Walker, M. J., Giles, R., Geary, C., et al., Business innovation method and system [J]. US, 2002.

[155] Dryzek, J. S. The politics of the earth [J]. Human Ecology Review, 1997 (2): 269-272.

[156] Habermas, J. Between Facts and Norms [M]. Cambridge: The MIT Press, 1996.

[157] Bevir, M. The Sage Handbook of Governance [M]. London: Sage, 2011: 518-534.

[158] Rolston, H. Philosophy gone wild: Essays in environmental ethics [J]. Buffalo: Prometheus Books, 1986.

[159] O'Higgins, T. You can't eat biodiversity: Agency and irrational norms in European aquatic environmental law [J]. Challenges in Sustainability, 2017, 5 (1): 43-51.

[160] Kolding, J., Bundy, A., van Zwieten, P. A. M., Plank, M. J. Fisheries, the inverted food pyramid [J]. Ices Journal of Marine Science, 2016 (73): 1697-1713.

[161] Jonas, H. The imperative of responsibility: In search of an ethics for the technological age [J]. Journal of Policy Analysis & Management, 1984, 8 (2).

[162] Australian Fisheries Management Authority. Objectives, functions and powers [EB/OL]. https: //www. afma. gov. au/about/objectives-functions-powers, last accessed May 2022.

[163] Ignatius, S., Haapasaari, P. Justification theory for the analysis of the socio-cultural value of fish and fisheries: The case of Baltic salmon [J]. Marine Policy, 2018 (88): 167-173.

[164] 日本农林水产省. 2016 统计报告 [R]. 东京: 日本农林水产省出版, 2016.

[165] EC (European Commission) Regulation (EU) N° 508/2014 of the European Parliament and of the Council of 15 May 2014 on the European Maritime and Fisheries Fund and repealing Council Regulations (EC) No 2328/2003, (EC) No 861/2006, (EC) No 1198/2006 and (EC) No 791/2007 and Regulation (EU) No 1255/2011 of the European Parliament and of the Council. 2014b [EB/OL]. http: //eur-lex. europa. eu/

legal-content/DE/TXT/？ Uri ＝ uriserv： OJ. L ＿ .2014.149.01.0001.01.ENG. last accessed Mar 2022.

[166] Martínez‐Novo, R., Lizcano, E., Herrera-Racionero, P., *et al*. Aquaculture stakeholders role in fisheries co-management ［J］. Marine Policy, 2017, 76 (2)：130－135.

[167] Pitcher, T. J., Kalikoski, D., Pramod, G., & Short, K. Not honouring the Code ［J］. Nature, 2009, 457：658－659.

[168] Mepham, B. Ethical Principles and the Ethical Matrix ［M］. Hoboken, John Wiley & Sons, Ltd, 2013.

[169] Meadows, D. Indicators and Information Systems for Sustainable Development ［R］. South Carolina：The Sustainability Institute, Hartland Four Corners, 1998：78.

[170] Rapfish. Evaluation fields attributes ［EB/OL］. http：//www. Rapfish. org/evaluation-fields-attributes/to-dos, last accessed June 2022.

[171] Rapfish official website ［EB/OL］. www. Rapfish. org, last accessed June 2022.

[172] 刘卫先. 后代人权利论批判 ［M］. 北京：法律出版社，2012：13.

[173] Hutchings, J. Collapse and recovery of marine fishes ［J］. Nature, 2000, 406：882－885.

[174] 唐国建. 海洋渔村的"终结"：海洋开发、资源再配置与渔村的变迁 ［M］. 北京：海洋出版社，2012：164.

[175] Fisher, T. The Architecture of Ethics ［M］. New York：Routledge, 2018.

[176] 付玉. 历史性捕鱼权问题研究 ［D］. 上海：上海海洋大学，2015.

[177] 帕特莎·波尼，埃伦·波义尔. 国际法与环境 ［M］. 那力，译. 北京：高等教育出版社，2007.

[178] 尚杰. 空间的哲学：福柯的"异托邦"概念 ［J］. 同济大学学报（社会科学版），2005，16 (3)：18－24.

[179] 尤金·W. 霍兰德. 导读德勒兹与加塔利（千高原）［M］. 周兮吟，译. 重庆：重庆大学出版社，2016.

[180] Serrat, O. The Sustainable Livelihoods Approach ［M］. Singapore：Springer Singapore, 2017.

[181] Brookfield, K., Gray, T., Hatchard, J. The concept of fisheries-dependent communities. A comparative analysis of four UK case studies：Shetland, Peterhead, North Shields and Lowestoft ［J］. Fisheries Research, 2005 (72)：55－69.

[182] 阳晓伟，闭明雄，庞磊. 对公地悲剧理论适用边界的探讨 ［J］. 河北经贸大学学报，2016，37 (4)：36－44.

[183] Thoreau, H. D. Walden ［M］. New York：W. J. Black, 1942.

[184] Latour, B. Reassembling the Social：An Introduction to Actor-Network-Theory ［M］. Oxford：Oxford University Press, 2005.

［185］ Senaga，K. Becoming salmon：Aquaculture and the domestication of a fish ［J］. Agricultural History，2017.

［186］ Rest，J. R. Moral Development，Advances in Research and Theory ［M］. New York：Praeger，1986.

［187］ US Federal government. Magnuson-Stevens Fishery Conservation and Management Act ［R］. 1976：12 - 20.

［188］ Burgess，R. G. The Ethics of Educational Research ［M］. Oxfordshire，Taylor & Francis Group，1989.

［189］ 何好如，黄硕琳，邱亢铖. 现代渔业治理的伦理逻辑 ［J］. 水产学报，2021，45 （4）：621 - 631.

［190］ 李士豪，屈若搴. 中国渔业史 ［M］. 上海：商务印书馆，1937.

［191］ 方长生. 舟山民俗与民间文学研究 ［M］. 北京：中国文史出版社，2015.

［192］ 王建友. "三渔"问题与渔民市民化研究 ［M］. 武汉：武汉大学出版社，2014.

［193］ 张立军. 致力乡村振兴建设"和美小岛"：普陀区偏远海岛发展的调研报告 ［R］. 普陀区政府，2018.

［194］ 黄硕琳. 海洋法与渔业法规 ［M］. 北京：中国农业出版社，1995.

［195］ 焦雯珺，闵庆文. 浙江青田稻鱼共生系统 ［M］. 北京：中国农业出版社，2015.

# 后　记

　　本书是我完成的首部著作，既可视作我博士学术生涯所悟的一个系统总结，亦可视为未来漫漫学海征途上的一次思想练兵。从事新知探究的艰辛和孤独，在落笔的那一瞬间，都化作了无尽的成长和收获。我怀着诚惶诚恐而又万分激动的心情，迎接它的问世。

　　这是一部和鱼有关的书。从小，鱼就是我家餐桌上的常客，爸妈总是想尽各种办法，在厨房里和鲫鱼、带鱼、鳜鱼、鲢鱼们斗法，捣鼓出一盘盘珍馐美味，童年的记忆总是充斥着大快朵颐的"鱼腥味"。那时的我怎么也不会想到，日后有一天，鱼不再仅仅满足了我的美味探索，还会极大地丰富我的精神世界。我所工作的单位上海海洋大学是一所以水产研究见长的高校，汇聚了一大批矢志海洋的大家名师，在颇具海洋底蕴的学术氛围的熏陶下，我对"如何看待和应对人与鱼之间的丰富关系"逐渐产生了浓厚的兴趣。承蒙导师黄硕琳教授的悉心指导和鼓励，我开启了对这一新锐、艰涩而庞杂论题的无厌求索。

　　与渔结缘，何其必要！随着人类社会的发展，渔业资源的功能早已超越了满足口腹之欲，鱼群在保障生态安全、增加就业收入、密切文化联结、促进社区发展、丰富精神生活等诸多领域贡献了自己的价值，从而增进了人类的福祉。然而，人类在坐享鱼类开发权利的同时，却并未履行好与之对等的责任和义务。鱼不会说话，但人单向度、无节制对鱼的利用也招致了后者无声却有力的回击：生态秩序崩坏、水生资源衰退、渔村渔民式微；一些西方学者开始将道德关怀逐步拓展到渔业资源之上，强调以负责任的态度，在认知（伦理）和行动（治理）上承担相应的道德义务，而在这一领域还鲜有中国的声音。

　　与渔结缘，何其顺意！本书围绕渔业福祉这一议题，展开了探索渔业伦理与治理关系的奇妙之旅，聚焦过密的渔业、过疏的渔村、过载的渔船，探讨现代渔业资源养护与管理中面临的道德难题，系统性地构建了渔业伦理的概念体系和渔业治理的伦理范式，在总结中国自古以来在渔业管理方面的伦理智慧与经验教训的基础上，提出了推进可持续、负责任渔业的相关建议。希望书稿中的浅见能够抛砖引玉，为读者们提供些许有益思考，并以此为契机与在相关领域深耕的同行们交流学习。

　　与渔结缘，何其幸运！在成书过程中，诸多鸿儒硕学的渔业专家和良师不吝赐教，在专业问题上给予了我莫大的指导和启发，众多国内外学者发表的文献资料也为我的写作之路点亮明灯，在此一并对所有帮助过我的专家学者表示衷心的感谢。感谢中国农业出版社郑君编辑对本书出版的大力支持。与此同时，我还想感谢我的家人，他们在生活上给予我细致入微的关怀，开明地支持我去实践每一个梦想，是他们赋予了我更多生命的意义。渔业管理，本质上是对人的管理。感谢在艰苦环境中负重前行的渔民群体，以及坚守一方绿水青山的治理者，他们流淌在血脉里的勤劳和担当令人动容，为他们正名，也是本书的夙愿。

　　从鱼类个体生命的迁徙，到渔民人生命运的流转，时间的脚步从来不曾停歇。人，可以成为鱼类的挚友，以共存者的胸怀对这些带给我们优质蛋白质的生命给予慷慨的接纳和关怀。人鱼博弈的天平需要道德系统去校准，渔业良性秩序的构建深切关涉着根本性的价值取向问题。渔业伦理视角是现代渔业治理的价值坐标和道德罗盘，关系着人类自身与生态系统的长期福祉。

　　希望"年年有鱼"不再是一个餐桌上虚有其表的期待，而是在沿袭祖先生活智慧、厘清现代实践法则的基础上，演化成为象征鱼水和谐的图腾！

何妤如

2023.12

图书在版编目（CIP）数据

渔业伦理与渔业治理 / 何好如著. —北京：中国
农业出版社，2024.10
ISBN 978-7-109-31691-1

Ⅰ.①渔…　Ⅱ.①何…　Ⅲ.①渔业管理—研究—中国
Ⅳ.①F326.4

中国国家版本馆 CIP 数据核字（2024）第 033369 号

渔业伦理与渔业治理

**YUYE LUNLI YU YUYE ZHILI**

中国农业出版社出版
地址：北京市朝阳区麦子店街 18 号楼
邮编：100125
责任编辑：郑　君　　文字编辑：喻瀚章
版式设计：杨　婧　　责任校对：吴丽婷
印刷：中农印务有限公司
版次：2024 年 10 月第 1 版
印次：2024 年 10 月北京第 1 次印刷
发行：新华书店北京发行所
开本：700mm×1000mm　1/16
印张：14
字数：230 千字
定价：78.00 元